史上最強

玉手箱
&C-GAB
超実戦問題集

オフィス海著

ナツメ社

「玉手箱&C-GAB」対策の決定版!!

本書は「玉手箱&C-GABに確実に合格するための問題集」です。

本書は直近5年間の「WEBテスト調査」の結果をもとにして制作された、きわめて再現性の高い問題集であり、次のような特長があります。

- 掲載問題数ダントツNo.1!! 全502問、「計数」344問を収録!!

- 計数、言語、英語…本番とまったく同じ難易度の「再現」問題!!

- 試験前1週間の速習で、玉手箱&C-GABの得点が飛躍的にアップ!!

- 「速く解く」ことにこだわった、わかりやすくて実践的な解説!!

- いろいろな解き方が習得できる豊富な【別解】&【即解】!!

- 本番と同じ問題数&制限時間の【模擬テスト】で合格判定ができる!!

- 代表的な尺度を判定できる【簡易版性格テスト】を収録!!

 玉手箱は「情報を正しく処理するスピードを判定するテスト」といえます。本番とまったく同じ制限時間を設定してある本書は、**受検前に欠かせない時間配分トレーニングと力試しにも最適です!!**

　本書は、就職対策本で売上・支持率No.1の『史上最強 SPI&テストセンター超実戦問題集』のスタッフが、満を持して刊行した「玉手箱&C-GAB」専用対策本です。本書に掲載されている問題を制限時間内で解けるようなら対策は万全といえます。

　玉手箱をはじめとするWEBテストの得点は内定を左右します。本書があなたの内定の一助となれば、これに勝る喜びはありません。

　あなたが志望企業に採用されることを心より信じ、願っております。

オフィス海【kai】

玉手箱は、独特な問題形式と制限時間の短さが特徴のWEBテストです。
問題に慣れておくことと、時間配分が合否の鍵を握ります。圧倒的な問題数と制限時間を忠実に再現した本書で効果的な実力アップが望めます。→次ページ

本書の特長と活用法

得点が劇的にアップする4つの秘密！

秘密1　圧倒的No.1 !!　収録問題数502問は類書最多 !!

　玉手箱の得点をアップするには、問題パターンに対応した**速く解くための解法を覚える**ことがいちばんの近道。本書の収録問題数は、**類書No.1の502問**。「**問題数が多い**」ということは「**覚えられる解法が多い**」ということです！

＊収録問題数 …**本書502問** ←市販の主な対策本は約200～360問
　うち【計数】…**本書344問** ←市販の主な対策本は約100～210問
　練習量が得点に直結する【四則逆算】…**本書165問** ←市販の主な対策本の倍以上
　最難関の【表の空欄推測】…**本書100問** ←市販の主な対策本の倍以上

＊ 2024年3月調べ（WEBテスト専用の市販対策本の収録問題数との比較調査）。

秘密2　本番とまったく同じ難易度の再現問題！

　いくら多くの問題を解いても実際のテストと異なっていては意味がありません。本書には、多くの受検者の報告と独自のリサーチをもとにした、**再現性の極めて高い問題**を収録！　**本番とまったく同じ難易度の問題演習が可能**です。

　玉手箱の計数は先に進むほど難しい問題が出題される傾向にあります。本書の【練習問題】と【模擬テスト】も、先に進むほど難しい問題になるように設定されていますので、本番をイメージした演習が可能です。

秘密3　「速く解く」ことにこだわった、わかりやすい解説！

　本書の解説は、**学習参考書制作のプロ**が執筆し、**東大の理系卒業生**と**数学専門の編集者**が【別解】＆【即解】を追加しました。さらに、**私立文系卒の算数が苦手な編集者**が誰にでもわかるよう丁寧な補足を加えてあります。

　玉手箱は、図表、数式、文章から必要な情報を見つけて短時間で処理する形式で、いわば**情報を処理するスピードを判定するテスト**といえます。「**速く解く**」ことにこだわった本書の実戦的な解説が、**玉手箱攻略の決め手**になります。

　本書は、玉手箱の初学者から2冊目の学習者まで、**わかりやすく、短期間で効率的に得点アップができる唯一無二の対策本**といえます。

対策本選びは合否を分けます。**書店で実物を比較**したり、知人の受検者の意見など**実名の口コミを参考**にしたりして選びましょう。ネットのレビューや質問掲示板などには**正確ではない情報やステルスマーケティング**が見受けられます。匿名による情報をうのみにするのは避けましょう。

秘密4 本番と同じ問題数&制限時間の【模擬テスト】

　計数3科目、言語2科目、英語2科目、**計7科目の模擬テストを収録**。計数と言語では本番とまったく同じ問題数と制限時間を再現していて、**本番同様の訓練**ができます。本番さながらの緊張感を持って取り組んでください。

　巻末には類書史上初**「セルフチェックができる簡易版性格テスト」**を収録！簡単なチェックで、性格テストのマイナス評価を避けることができます。

■本書の効果的な活用法

❶ 計数の【即解法】、言語・英語の【攻略のポイント】で解法の要点をつかみます。

❷ 【例題】で解法の基本手順とコツを覚えます。

❸ 【練習問題】に取り組みます。筆記用具、メモ用紙、電卓、タイマーを準備します。

1周目……制限時間を守って解き、現時点での実力を確認してみましょう。

制限時間が過ぎたら終了し、答え合わせをして点数を記入しておきましょう。

全問攻略…制限時間なしで、問題に取り組みましょう。

別冊の解説をじっくり読んで、**解き方を理解**することが重要です。

2周目……もう一度、練習問題に取り組みましょう。

・タイマーを制限時間の半分の経過時点、および終了時点で鳴るようにセットします。

制限時間の半分が経過した時点で問題数の半分以上を回答していることが大切です。

これによって、時間配分と得点感覚をつかむことができます。

・回答に時間がかかる問題は、候補を絞り選択肢を選んで先に進み、とにかく**制限時間内に全問回答**できるようにします。

・練習問題が、①と②で2回分掲載されている「四則逆算」と「表の空欄推測」は、

練習問題①の2周目を終えてから、練習問題②に移ることで、効果的な学習ができます。

❹ 【模擬テスト】にチャレンジ！

わからない問題に時間をかけすぎないよう、ペース配分に注意しながら進めます。本番と同じく先に進むほど難しい問題になっていきます。**全問に回答することが最大のコツ**です。正解できなかった問題は、時間をおいて復習します。

※時間を計って取り組むこと、最低でも2周することで、大きな効果が得られます。

CONTENTS［目次］

1章 計数　13

2章 言語　117

3章 英語 141

4章 模擬テスト 169

5章 性格テスト 243

玉手箱とは

自宅受検型を玉手箱、テストセンター受検型をC-GABという

玉手箱は自宅で受検するWEBテストでトップシェア

玉手箱は、日本エス・エイチ・エル（SHL社）が提供している、**日本で最も多く使われている自宅受検型のWEBテスト**です。SPIと並んで、就職試験では必ずといってよいほど受検するテストなので、対策が欠かせません。

自宅受検型の玉手箱（Web-GABを含む）に対して、**テストセンター受検型をC-GAB、ペーパーテストをGAB**といいます。

本書は、**玉手箱（Web-GABを含む）とC-GABを攻略できる問題集**です。

※玉手箱のうち、計数「図表の読み取り」と言語「論理的読解」の組み合わせをWeb-GABと呼ぶことがあります。ペーパーテストのGABは、玉手箱とよく似た問題が出題されるので本書で対策が可能です。

WEBテストの実施時期

WEBテストとテストセンターでの採用試験は、**卒業・修了年度に入る直前の3月1日（広報活動解禁日）以降、ネットエントリーの段階で多く実施**されます（外資系・IT企業・テレビ局などの一部企業は、3月1日の解禁日よりも早い時期、10月頃から本選考のWEBテストを開始することがあります）。

また、**自宅受検型のWEBテスト**は、**夏のインターンシップ参加者の選考に利用**されて、企業によっては本選考で同じテストを使用したり、インターンシップ参加者に本選考のテストを免除したりすることがあります。従って、**企業と接触し始める時期には、本書を一通り終えていること**をお勧めします。

※なお、ペーパーテストや面接は、卒業・修了年度の6月1日（選考活動解禁日）以降に実施されます。

受検期間の締切直前は避ける

自宅受検型の玉手箱は、受検期間であれば自宅などのパソコンでいつでも受検できます。ただし、受検期間の締切直前はアクセスが集中して回線トラブルが起きやすいので、できるだけ**締切直前の受検は避けるようにします**。

ネットで配信されてパソコンで受検する採用テストを「WEBテスト」と総称します。専用会場に出向いて受検するものと、自宅で受検するものがあります。受検時にパソコンのWEBカメラ等を通じて受検者や部屋の中を監視する「オンライン監視型WEBテスト」が普及しています。

科目一覧と制限時間

1 玉手箱で出題されるテスト

言語、計数、英語のそれぞれに下に挙げた科目があります（性格テストは5章を参照）。

科目	テスト名	問題数	テスト時間	1問あたり	参照ページ
計数	図表の読み取り	29問	15分	31秒	14ページ
		40問	35分	52.5秒	
	四則逆算	50問	9分	10.8秒	48ページ
	表の空欄推測	20問	20分	60秒	68ページ
		35問	35分	60秒	
言語	論理的読解	32問（8長文）	15分	28.1秒	118ページ
		52問（13長文）	25分	28.8秒	
	趣旨判定	32問（8長文）	10分	18.8秒	119ページ
英語	長文読解	24問（8長文）	10分	25秒	144ページ
	論理的読解	24問（8長文）	10分	25秒	156ページ

※ 青字→本書の【練習問題】と【模擬テスト】で、本番と同じ時間配分のトレーニングができます。

➡ 受検開始画面で玉手箱の科目を見分ける

自分がどのテストを受検するのかは、受検開始画面（実施説明画面）のテスト時間（制限時間）で確認できます（11ページ参照）。

テストの種類は、**「図表の読み取り」と「論理的読解（言語）」（← Web-GAB）**、「表の空欄推測」と「論理的読解」、「四則逆算」と「趣旨判定」と英語「論理的読解」など、**企業によって異なる組み合わせ**で実施されます。

2 C-GAB（テストセンター受検）で出題されるテスト

計数・言語・英語で下記の3つの科目が出題されます。（性格テストは5章を参照）

科目	テスト名	問題数	テスト時間	1問あたり	参照ページ
計数	図表の読み取り	29問	15分	31秒	14ページ
言語	論理的読解	32問（8長文）	15分	28.1秒	118ページ
英語	長文読解	24問（8長文）	10分	25秒	142ページ

※いずれの科目も玉手箱と同様で、本書で対策可能です。
※上表は最も一般的なパターンです。企業により問題数やテスト時間が異なる場合があります。

出題画面と受検時の注意点
受検時の注意点と心構え

出題画面の例

玉手箱の出題画面は、下の通りです。

▼出題画面の例

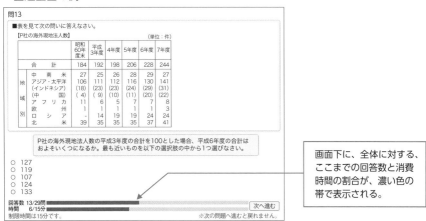

※次の問題へ進むと前に戻れない設定が一般的ですが、前の問題に戻れる設定の企業もあります。

画面（問題）ごとの制限時間がない

画面（問題）ごとの「制限時間がない」という点が最大の注意点です。

前半でじっくり考えていると、後半の問題に行く前に全体の制限時間が来てテストが終わってしまうことがあります。実際に、「半分くらい回答したところで終わってしまった」という受検者も多いようです。

画面下の**回答数の割合が消費時間の割合よりも大きい（回答数の帯が時間の帯より右に出ている）ことを確認しながら受検**することが大切です。玉手箱の回答時間は1問10.8秒（四則逆算）から60秒（表の空欄推測）と、とても短いことが特徴です。全問に回答できなくなることがないよう、画面下の表示を見ながら、**時間配分に気を配って全問回答をすることが最大のコツ**です。

玉手箱の代表的な受検画面を紹介したうえで、受検時の注意点をまとめました。

選択肢の数は計数5つ、言語3つ、英語3～5つです。確率で言えば、全問に回答すると約20～33％は得点できます。いちばん大切なことは、「制限時間内にすべての問題に回答する」ことです。

予約時・受検時の注意点

❶ 受検前の注意点

受検・予約時期…玉手箱は、受検期間であれば自宅などのパソコンでいつでも受検できます。ただし、受検期間の締切直前は、アクセスが集中して回線トラブルが起きやすいので、**締切直前での受検はなるべく避けて、余裕のあるタイミングで受検**しましょう。なお、テストセンター形式のC-GABは、自分で受検日時を予約します。予約が遅いと希望する会場や日時が埋まってしまうことがあるので、**早めに予約することが大切**です。

環境設定…ほとんどのWEBテストでは、対応ブラウザや推奨バージョンなど、パソコンの動作環境や注意点が事前に告知されます。事前説明をよく読んで、環境設定を行い、トラブルなく動作することを確認してください。

筆記用具、メモ用紙、使い慣れた電卓を用意…計数では、問題文のキーワードと数値をすぐにメモしていくことが速く解くポイント。簡単な計算は暗算で、手間がかかる計算は電卓で行います。なお、**C-GABでは電卓が使えません。**

❷ 受検中の注意点

受検中のトラブル…受検中にパソコンがフリーズしたり、ネット回線が途切れたりした場合、再ログインをすれば、ほとんどの場合は中断前の箇所から再開できます。テストの経過時間もストップしているため、制限時間が少なくなることもありません。ただし、まれにテストを再開できないことがあります。その場合は、すぐに**「トラブル発生時の連絡先」に連絡**して指示を仰いでください。

全問回答の重要性…玉手箱では誤謬率（誤答割合）は計測されず、正答数をもとに採点されます。選択肢の数は計数5つ、言語3つ、英語3～5つなので、当て推量でも約20～33％は得点できます。さらに、**確実に間違っている選択肢を除いて回答していけば、正解率はグンとはね上がります。**

全問に回答して正答数を増やすことが重要です。

WEBテストの種類と見分け方
WEBテストは受検案内のメールが来る前から学習を開始する

就活掲示板やOB・OG訪問などで情報を得る

「みん就」などの就活掲示板や就職サイト、SNSなど、ネット上では主な企業がどのテストを実施しているのかという情報が出回っていて、人気企業であれば、昨年のテストの種類を見分けることができます。

また**OB・OG訪問**でテストの内容や形式を質問することもできます。

ほとんどの場合、昨年と今年のテストの種類は同じなので、**事前の情報収集でテストの種類を特定して、早めの対策を立てる**ことができます。

※まれに昨年と今年のテストが違う場合がありますので、ご注意ください。

複数の企業を受ける場合には**SPIと玉手箱を受検することが多い**です。SPIと玉手箱だけは、志望先が決まる前でも本書をはじめとする**「史上最強シリーズの就職対策本」で学習**を始めておくことをお勧めします。

受検案内のメールが来てから調べる

WEBテストを受ける際は、まず企業からWEBテストのURLが記載された受検案内メールが送られてきて、記載されたURLにアクセスをすることで受検します。テストごとにURLが違うため、**URLによって見分ける**ことができます。また、**受検開始画面（実施説明画面）の情報で見分ける**こともできます。

多くの場合、WEBテストの受検期限はメールが送られてきてから約1週間以内です。対策する時間は限られますが、確実に見分けることができます。

受検ページにアクセスして、サイトのURLと開始画面の情報をチェックします。開始画面では、問題の形式や流れが説明されています。開始画面を開いたからといって、すぐテストを始める必要はないので、開始画面で**テストの種類を見分けてから、ウィンドウを閉じていったん中止**します。間違っても「受検する」ボタンや「開始」ボタンは押さないようにしましょう。

自分が受ける企業がどのWEBテストを使用しているのかを事前に知ることで、効果的な対策を立てることができます。就活掲示板やOB・OG訪問を活用して、情報を入手しましょう。

URLと開始画面の情報

❶ C-GAB（テストセンター）を見分ける

テストセンター形式なら、受検案内メールに **「テストセンター」「受検予約」** などの言葉があります。予約サイトにアクセスして予約をします。予約サイトで **「ピアソンVUE」「パーソナリティ」という言葉があればC-GAB** です。

❷ 自宅で受検するWEBテストを見分ける

代表的なWEBテストであるSHL社の「玉手箱」「Web-CAB」とSPIの「WEBテスティング」は、次のように見分けます。

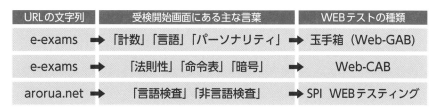

URLの文字列	受検開始画面にある主な言葉	WEBテストの種類
e-exams ➡	「計数」「言語」「パーソナリティ」 ➡	玉手箱（Web-GAB）
e-exams ➡	「法則性」「命令表」「暗号」 ➡	Web-CAB
arorua.net ➡	「言語検査」「非言語検査」 ➡	SPI WEBテスティング

受検開始画面で **「計数」「言語」「パーソナリティ」という言葉があれば玉手箱** です。さらに、テスト時間で科目を見分けることができます。

▼受検開始画面の例

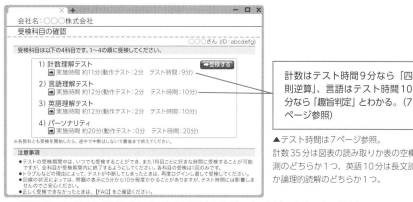

計数はテスト時間9分なら「四則逆算」、言語はテスト時間10分なら「趣旨判定」とわかる。（7ページ参照）

▲テスト時間は7ページ参照。
計数35分は図表の読み取りか表の空欄推測のどちらか1つ、英語10分は長文読解か論理的読解のどちらか1つ。

※ 「WEBテスト 判定」「○○（テスト名）見分け方」などでネット検索をすると、様々なWEBテストの見分け方を見つけることができます。

11

オンライン監視型WEBテスト

事前に室内環境、インターネット環境の準備が必要

オンライン監視型WEBテストの概要

「オンライン監視型WEBテスト（以下、監視型WEBテスト）」は、**パソコンのWEBカメラとマイク越しに監督員が監視**するWEBテストです。

SPIテストセンターのオンライン会場タイプ、SPIのWEBテスティング、玉手箱のテストセンター受検型であるC-GAB（C-GAB plus）などで実施されています。

以下のような制限があります。

・高速安定したインターネット環境で有線接続を推奨（不安定な回線は非推奨）

・デスクトップ、ノートパソコン可（タブレット、タッチスクリーン不可）

・指定された顔写真付き本人確認書類が必要

・**電卓の使用不可**。筆記用具やメモ用紙が制限されることがある。SPIはA4の用紙２枚まで（表裏で計４面）。C-GABはモニターのホワイトボード機能使用。

・テスト前に、監督員に**部屋の中と机の上を撮影**して見せる必要がある。

※自分が受検するテストが監視型WEBテストの場合、あらかじめその旨と準備事項・注意点などがメールやサイト内のマニュアルで告知されます。テストによって使用できるものや注意点も異なりますので、熟読・確認したうえで受検するようにしてください。

【C-GAB plus】C-GABの監視型WEBテスト

C-GABはテストセンター型の検査ですが、2021年に【C-GAB plus】というテストの提供が開始されました。【C-GAB plus】は**予約時にテストセンターで受検するか、自宅等で受検する監視型WEBテストにするかを選ぶ**ことができます（企業によりどちらかが指定される場合もあります）。

なお、C-GABは、一度受検をすると、その結果を次の企業で使い回すことができます。使い回すことができるのは**前回の受検結果だけ**ですので、前の受検の出来具合を自分で判定して、使い回すか、再度受検するかを判断しましょう。

1章 計数

- 「図表の読み取り」、「四則逆算」、「表の空欄推測」の3科目。
- 実際の検査と同じ制限時間で取り組める練習問題を掲載。

◎時間を計って行う練習が効果的

【例題】出題される問題から、解法手順が学びやすい基本パターンを選んであります。まず、例題の解法をしっかりと理解して練習問題へ進みましょう。

【練習問題】本番と同じ問題数の再現問題を、本番と同じ制限時間で収録しました。

【準備するもの】「練習問題」に取り組むときには、**筆記用具、メモ用紙、実際に検査で使う電卓**を用意して、スマートフォンのタイマーなどで時間を計って進めることをお勧めします。最初は、時間内で全問に回答することは難しいでしょうが、時間を計って何回も取り組んでいくことで格段に回答速度が上がります。

図表の読み取り【即解法】

どんな問題が出るのか—実際の出題画面と制限時間

表やグラフに関する設問に答えていく問題です。

▼出題画面

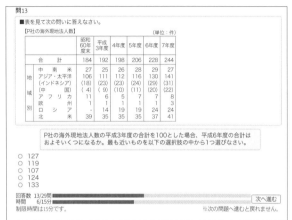

◀回答した数とここまでに使った時間。
1問ごとの制限時間はない。

※次へ進むと前に戻ることができない設定が一般的ですが、企業によって前に戻れる設定もあります。

問題数と制限時間が異なる2タイプがあります。

科目	問題数	制限時間	1問あたりの回答時間
図表の読み取り	29問	15分	**31秒**
	40問	35分	**52.5秒**

C-GABの計数

C-GAB（玉手箱のテストセンター形式） の計数でも、同じ形式の「図表の読み取り」が出題されますが、**電卓が使えません**。

C-GAB plusでは、テストセンターで受検するか、自宅でオンライン監視型の検査を受検するかを選ぶことができます。**オンライン監視型は、電卓、筆記用具、メモ用紙が使えません**。画面上の「ホワイトボード」をメモ代わりにします。

科目	問題数	制限時間	1問あたりの回答時間
C-GABの計数	29問	15分	**31秒**

速く解くための基本的な手順

①問題文に出ている語句と同じ語句を図表内で検索する

　左ページの問題の場合、問題文の「**平成3年度の合計**」と「**平成6年度の合計**」を図表内で検索して、項目内の**192**と**228**をすぐにメモします。

②選択肢に応じて、回答を概算する

　平成3年度の192を100とした場合、平成6年度の228はいくつになるのかを計算します。192を100とするので、228を100/192倍します。

228 × 100/192 = 228 × 100 ÷ 192 = 118.75 →最も近い選択肢は119

【別解】 192：100 = 228：xなので、内項（100、228）の積＝外項（192、x）の積より、**100 × 228 = 192x　→x = 118.75 →最も近い選択肢は119**

概算…**100 × 230 ÷ 190 = 121.05… →最も近い選択肢は119**

選択肢と概算のコツ

　選択肢の値の離れ具合や桁数にもよりますが、ほとんどの問題は**四捨五入や切り捨てをした概算で正解**できます。

　選択肢の値が離れている場合は概算し、選択肢の値が近い場合は概算をせず正確な計算をしましょう。概算をする場合の四捨五入の目安は次の通りです。

> **選択肢が3桁→下一桁を四捨五入**……例：162→160（一の位の2を四捨五入）
> **選択肢が4桁→下二桁目を四捨五入**…例：2836→2800（十の位の3を四捨五入）
> **選択肢が5桁→下三桁目を四捨五入**…例：36872→37000（百の位の8を四捨五入）

　桁数が異なっていたり、数値が大きく離れていたりする選択肢なら、例えば162を200、2836を3000などで計算して正解できる問題もあります。

　どのような概算が適切かは、問題と選択肢、電卓入力の速さや計算力にもよるので一概にはいえませんが、本書では **別解** や **即解** を紹介しながら、個人の計算能力にかかわらず、**最も速く解けるようになるコツを伝授**していきます。

> ・「計数」は回答時間が短く、先に進むほど問題が難しくなっていきます。問題に慣れていない場合、制限時間内に終わらないことがありますが、繰り返し演習しましょう。
> ・【練習問題】と【模擬テスト】は本番と同じ問題数・制限時間を掲載しています。時間を計って繰り返し取り組めば、本番を複数回受検するのと同じ効果があります。
> ・問題・解法パターンを熟知すればするほど、速く解けるようになり、本番での高得点につながります。

図表の読み取り

● 図表を読み取って、設問に答える問題。まずは解法パターンを紹介します。

割合「何%か」「何倍か」

- 「問い」の中のキーワードを図表内で検索する
- 概算（四捨五入や切り捨て）で計算する
- AはBの何%か → A ÷ B × 100
- AはBの何倍か → A ÷ B ＝ A/B

例題 解答・解説は右ページ　　　　　　　　　　　制限時間1分

■表やグラフを見て、問いの答えを下の選択肢の中から1つ選びなさい。

【A国の就業者数】

（単位：人、△はマイナス）

業種	2020年度純増減	2021年度純増減	2021年度末総数
建設業	116	89	5,094
鉱業	150	80	79,809
漁業	40	80	138,210
製造業	77	50	76,090
情報通信	△739	△13	45,499
運輸業	2	0	12,404
小売業	△15	△7	37,701
農業	△442	△825	305,482
水道	34	14	24,983
郵便	△60	△11	23,742
林業	4	2	589

1 林業の2021度末総数は農業のおよそ何%か。

○ 5.0%　　○ 2.0%　　○ 0.5%　　○ 0.2%　　○ 0.1%

【飲食サービス業の従業員規模別構成比】

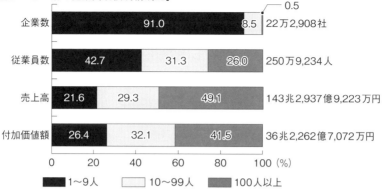

				0.5
企業数	91.0		8.5	22万2,908社
従業員数	42.7	31.3	26.0	250万9,234人
売上高	21.6	29.3	49.1	143兆2,937億9,223万円
付加価値額	26.4	32.1	41.5	36兆2,262億7,072万円

0　20　40　60　80　100 (%)

■ 1～9人　□ 10～99人　■ 100人以上

2 従業員1～99人の付加価値額は従業員100人以上のおよそ何倍か。

○ 1.4倍　　○ 1.9倍　　○ 2.3倍　　○ 3.2倍　　○ 5.6倍

30秒で解ける超解法!!

●概算で計算して時間短縮

1 林業と農業の**2021年度末総数**の欄を見る。林業**589**人で農業**305482**人なので、

589 ÷ 305482 × 100 = 0.192…

最も近い選択肢0.2％を選ぶ

業種	2021年度末総数
農業	305,482
水道	24,983
郵便	23,742
林業	589

即解 「**およそ何％**」なので、**概算**でよい。

600 ÷ 300000 × 100 = 0.2

正解　0.2％

2 「何倍か」を計算するので、％だけで比較する（金額は算出しない）。

従業員1～99人の付加価値額は、「**1～9人**」**26.4**％と「**10～99人**」**32.1**％の

合計なので、**26.4 + 32.1 = 58.5％**

	■1～9人	□10～99人	■100人以上
付加価値額	26.4	32.1	41.5

従業員100人以上の付加価値額は**41.5％**。

58.5 ÷ 41.5 = 1.409… 最も近い選択肢1.4倍を選ぶ

正解　1.4倍

即解 **概算**で、**60 ÷ 40 = 1.5** →最も近い選択肢1.4倍を選ぶ

増減率 「何%増減したか」

● **A年はB年に比べて何%増加（減少）したか→**
  増減率＝（A年の値÷B年の値）－1

例題 解答・解説は右ページ 制限時間1分

■表やグラフを見て、問いの答えを下の選択肢の中から1つ選びなさい。

【D国のテレビの売上高】 （単位：百ドル）

	2019年	2020年	2021年	2022年	2023年
L社………	628,449	904,173	923,915	947,002	983,575
M社………	320,019	386,229	376,404	376,933	384,035
N社………	160,693	308,048	332,611	341,572	361,420
O社………	105,733	145,719	148,756	156,120	159,650
P社………	42,004	64,178	66,145	72,378	78,471
世帯数（千）……	21,334	24,087	24,625	25,070	25,456
テレビ普及率（%）	82.6	82.1	82.6	82.7	82.1

❶ 2023年のM社のテレビの売上高は、2019年に比べておよそ何%増加したか。

○ 20.0%　　○ 29.2%　　○ 38.6%　　○ 47.5%　　○ 56.5%

【主要国の海外投資額】

国　　名		V国		W国		X国		Y国		Z国	
年　　度		2009	2019	2009	2019	2009	2019	2009	2019	2009	2019
海外投資額（百万円）		1,217	6,940	7,963	18,872	1,112	2,468	1,238	5,141	1,157	3,821
経済活動別投資額構成比（%）	第一次産業	11.4	4.7	3.2	2.9	3.0	2.5	4.1	2.8	7.0	4.9
	第二次産業	36.5	35.4	35.9	33.1	41.8	39.1	50.9	47.4	44.9	39.6
	第三次産業	52.1	59.9	60.9	64.0	55.2	58.4	45.0	49.9	48.0	55.5

❷ 2009年度と2019年度を比較して、海外投資額の増加率が最も大きいのはどこの国か。以下の選択肢の中から1つ選びなさい。

○ V国　　○ W国　　○ X国　　○ Y国　　○ Z国

30秒で解ける超解法!!

●関係する数値だけを見る

「図表の読み取り」は、「およそ」の数を素速く計算することがポイント。

表内から、**M社の2023年と2019年の値を拾って概算**する。

2023年は**384035百ドル**…**38**で計算

2019年は**320019百ドル**…**32**で計算

増減率＝（2023年の値÷2019年の値）－1

38÷32－1＝0.18…→ 約18%なので、最も近い選択肢20.0%を選ぶ。

別解 両年の差を2019年の値で割る計算式でも解ける。

（38－32）÷32＝0.18… → 約20.0%

正解　20.0%

「海外投資額の増加率が最も大きいのはどこの国か」という設問文なので、

表の「**海外投資額**」だけに**着目**する（他の項目は関係ない）。

国　　名	V国		W国		X国		Y国		Z国	
年　　度	2009	2019	2009	2019	2009	2019	2009	2019	2009	2019
海外投資額	1,217	6,940	7,963	18,872	1,112	2,468	1,238	5,141	1,157	3,821

【2019年度の額÷2009年度の額】を概算する。国同士の比較なので、

「増減率＝(A年の値÷B年の値)－1」で計算せず、**何倍かだけ**を比べればよい。

V国→70÷12＝5.83… V国が最も増加率が高い

W国→190÷80＝2.37…

X国→25÷11＝2.27…

Y国→50÷12＝4.16…

Z国→40÷12＝3.33…

即解 V国が**約6倍**とわかれば、他国の2009年を6倍して2019年に届く

かを試算する。どの国も6倍には届かないのでV国が正解。 正解　V国

注意▶概算の考え方は「端数の計算の手間を省くこと」

図表の読み取りでは、選択肢や比較する数字が離れている問題が多く、概数で計算して正解になる場合が多い。ただし、桁数が少ない場合や、割られる数を大きくして割る数を小さくする概算などは、答えがずれるので注意したい。例えば、1の問題では、384035百ドル…38で計算、320019百ドル…32で計算

これをさらに大まかな数で概算すると、40÷30－1＝0.33…→ 約30%　となり、誤った選択肢を選ぶことになる。概算は端数を処理するためのものと理解しよう。

章

【計数】**1** 図表の読み取り

19

文字式「どう表されるか」

- **AをxとするとBはどのように表されるか**
- **x × 2/3 = 2x/3（分子にx）**

例題 解答・解説は右ページ　　　　　　　　制限時間1分

■表やグラフを見て、問いの答えを下の選択肢の中から1つ選びなさい。

【ドラッグストアの商品カテゴリー別年間売上高構成比の推移】

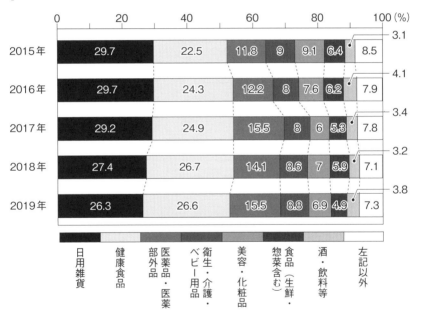

1 2018年の酒・飲料等の売上高構成比をxとすると、同年の美容・化粧品はどのように表されるか。

○ 3.2x/7　　○ 7x/3.2　　○ 3.2/7x　　○ 7/3.2x

○ グラフからはわからない

【みかん・りんご・ぶどうの用途別消費量（1998年産）】 (単位：千t)

	みかん	りんご	ぶどう
生食………………	1076.1	740.4	201.4
輸出（生果）………	2.9	3.1	0.0
加工用……………	113.0	135.6	31.3
うち缶詰め……	34.7	9.5	0.4
ジャム……	0.1	6.9	注)27.7
果汁………	78.2	119.2	3.2
合計………………	1194.0	879.1	232.9

出所：農林水産省「2000年度 農業観測」による。
注）ぶどう酒用。

2 ぶどうの加工用消費量をxとすると、ぶどうの果汁消費量はどのように表されるか。

○ 3.2x/31.3 ○ 320/31.3x ○ 31.3/3.2x ○ 3.2/31.3x ○ 31.3x/3.2

30秒で解ける超解法!! ●xを1と置き換えて考える

1 2018年の美容・化粧品の売上高構成比は全体の7％で、酒・飲料等は3.2％なので、**美容・化粧品は、酒・飲料等の7÷3.2＝7/3.2にあたる。**

➡酒・飲料等をxとするので、**美容・化粧品はxに7/3.2をかけた式**になる。

x×7/3.2＝7x/3.2 〔正解　7x/3.2〕

※迷ったら、問題文と選択肢のxを1に置き換えて考えましょう。表される値がxより大きい場合は1より大きい分数が、小さい場合は1より小さい分数が正解になります。

2 ぶどうの加工用消費量は31.3で、ぶどうの果汁消費量は3.2なので、**ぶどうの果汁消費量はぶどうの加工用消費量の3.2/31.3にあたる。**

ぶどうの加工用消費量をxとするので、**ぶどうの果汁消費量はxに3.2/31.3をかけた式（xの3.2/31.3倍）**になる。

x×3.2/31.3＝3.2x/31.3 〔正解　3.2x/31.3〕

※「図表の読み取り」の分数（例：$\frac{1}{3}$）は、実際のテスト画面と同じ表記（1/3）とします。
※3桁区切りのカンマ（,）は、入っている問題と入っていない問題があります。

実数計算「何円か」「何人か」

- 図表を見ないで問題文だけで解く問題がある
- 単位や桁に注意して回答する

例題 解答・解説は右ページ 制限時間1分

■表やグラフを見て、問いの答えを下の選択肢の中から1つ選びなさい。

【日本企業の海外への研究費支出額】

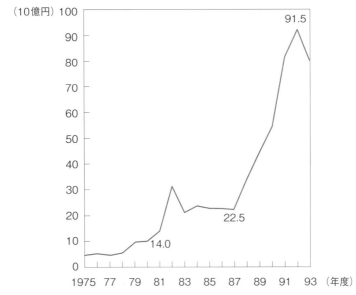

出所：総務省「科学技術研究報告書」により作成。

---

1 1989年度の日本企業の海外への研究費支出額が1978年度の10倍であり、2つの合計額が485.1億円のとき、1978年度の研究費支出はいくらか。

○ 42.3億円　　○ 43.9億円　　○ 44.1億円　　○ 46.6億円　　○ 48.5億円

【出版市場規模の推移】 ※ [発行部数－売上部数＝返品部数]、[返品率＝返品部数÷発行部数] とする

	2000年	2010年	2012年	2017年	2020年
紙媒体（書籍・雑誌）					
出版点数（点）	13,754	56,891	36,576	29,053	21,870
発行部数（万部）	80,289	170,850	145,367	95,960	75,219
平均定価（円）	3,520	3,310	3,120	3,225	3,080
返品率（%）	29	35	38	32	28
電子書籍の市場規模（億円）					
コミック	―	728	852	2,463	4,520
雑誌	―	70	235	315	250
その他文字もの（文芸・実用書・写真集等）		196	138	420	580

❷ 2020年の紙媒体（書籍・雑誌）の売上高はおよそいくらと推測できるか。

○ 160億円　　○ 1600億円　　○ 1.6兆円　　○ 16兆円　　○ 160兆円

30秒で解ける超解法!!　●選択肢の桁に注目する

❶ 図を見ずに**問題文だけで解ける**。求める1978年度の研究費支出額をxとする。1989年度はその10倍の10x。xと10xの合計額が485.1億円なので、

x+10x=485　（0.1は切り捨てて計算）

11x=485　　x=485÷11=44.09…

　　　　　　　　　　　　　　　　　正解　44.1億円

❷ 2020年に紙媒体（書籍・雑誌）が実際に何部売れたのかを計算する。

発行部数×（1－返品率）…約**75000**万部×（1－0.28）＝約**54000**万部

平均価格が3080円なので、売上高を概算すると、

50000万部×**3000**円＝**150000000**万円

150000000万円→**15000**億円→**1**兆**5000**億円→約**1.5**兆円

※万→億→兆にするには、4桁ずつ減らしていく。

即解 選択肢の桁が違うので返品率を考慮せず**桁だけ求めれば正解を選べる**。

70000万部×**3000**円＝**210000000**万円→**21000**億円→**2.1**兆円

→**最も近い1.6兆円を選ぶ。**

　　　　　　　　　　　　　　　　　正解　1.6兆円

読み取り「正しいのはどれか」

- ● **図表を正しく読み取って選択や計算をする**
- ● **図表の単位と選択肢の単位の違いに注意する**

例題 解答・解説は右ページ　　　　　　　　　　制限時間1分

■表やグラフを見て、問いの答えを下の選択肢の中から1つ選びなさい。

【携帯電話全体に占めるスマートフォンの国内出荷台数の推移】

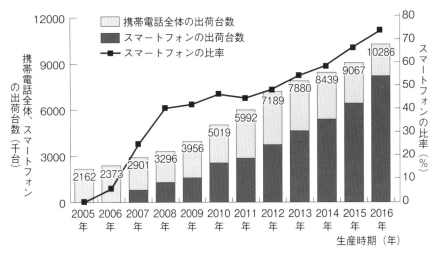

1　次の記述のうち、グラフを正しく説明しているものはいくつあるか。
　1　スマートフォンの出荷台数が全体に占める割合は毎年増加している。
　2　スマートフォンの出荷台数は2016年に6000台を超えた。
　3　携帯電話全体の出荷台数は2006年から2007年にかけて600千台以上増加
　　している。
　4　スマートフォンの出荷台数は毎年増加している。

○ 0　　　　○ 1つ　　　　○ 2つ　　　　○ 3つ　　　　○ 4つ

24

【民間ラジオ放送番組ジャンル別放送時間の推移】

年	民間ラジオ放送（AM/FM）事業者数（社）	1社1日平均放送時間（分）	番組構成比（％）							
			ニュース・天気予報・交通情報	教育・教養	音楽	スポーツ中継	朗読・ラジオドラマ	ラジオショッピング	広告その他
1980	312	350	11.6	31.6	40.6	5.8	6.5	3.2	0.7
1985	333	720	10.9	33.1	45.3	5.3	2.5	2.5	0.4
1990	353	659	10.6	33.7	47.3	4.3	1.8	1.8	0.5
1995	356	1,010	11.7	36.8	43.1	4.4	2.1	1.5	0.4
2000	393	1,185	13.5	32.9	44.4	4.1	2.2	2.4	0.5
2005	400	1,240	14.1	32.8	42.8	6.2	1.5	2.1	0.5

2　民間ラジオ放送事業者が最も増えたのはどの時期か。

○ 1980〜1985年　　○ 1985〜1990年　　○ 1990〜1995年

○ 1995〜2000年　　○ 2000〜2005年

30秒で解ける超解法!!　●図表内で問題文の言葉を検索

1　1　「スマートフォンの比率」は、2011年に減少しているので×。

2　図表の単位は（千台）。「**6000千台を超えた**」が正しいので×。

3　2006年は2373千台、2007年は2901千台。
2901千－2373千＝528千台の増加なので×。

4　2005年から2006年のスマートフォンの出荷台数は読み取れないが、携帯電話全体の出荷台数とスマートフォンの比率が共に増加しているので出荷台数も増加としているとわかる。他の年度も毎年増加しているので○。

正解　1つ

2　民間ラジオ放送事業者数の各期間の増加数は、

1980〜1985年：333－312＝21

1985〜1990年：353－333＝20

1990〜1995年：356－353＝3

1995〜2000年：393－356＝37 ←最も多い

2000〜2005年：400－393＝7

正解　1995〜2000年

練習問題　図表の読み取り

制限時間
35分

点
40点

・時間を計りながら解いてみましょう（各１点）

■表やグラフを見て、問いの答えを下の選択肢の中から１つ選びなさい。

【一般外食費の構成比〈全世帯〉】

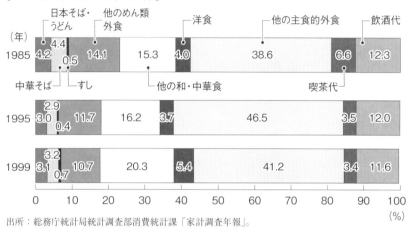

出所：総務庁統計局統計調査部消費統計課「家計調査年報」。

1 1999年において洋食にかける外食費は日本そば・うどんのおよそ何倍か。

○ 1.56倍　　○ 1.74倍　　○ 1.82倍　　○ 1.91倍　　○ 2.25倍

【目的別放送時間比率】

①標準テレビジョン音声多重放送以外のもの　　　　　　（単位：％）

区分＼番組	報道	教育	教養	娯楽	広告	その他	計
Aチャンネル	10.7	22.9	24.7	39.4	1.2	1.1	100.0
Bチャンネル	29.6	15.9	17.0	12.8	2.2	22.5	100.0
Cチャンネル	48.1	13.1	11.0	15.2	5.3	7.3	100.0
Dチャンネル	5.6	15.0	17.0	61.4	0.7	0.3	100.0
Eチャンネル	9.6	2.4	14.2	72.9	0.5	0.4	100.0

②標準テレビジョン音声多重放送　　（単位：％）

ステレオ番組	80.9
2カ国語番組	15.5
その他の二音声番組	3.6
計	100.0

2 Dチャンネルにおいて娯楽番組が放送される時間は、広告番組のおよそ何倍か。

○ 62.9倍　　○ 68.1倍　　○ 75.3倍　　○ 81.6倍　　○ 87.7倍

26

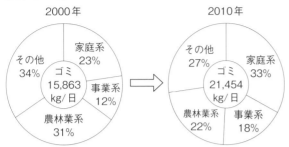

【A市のゴミ】

3 A市の2010年の1日あたりの家庭系のゴミは、事業系・農林業系・その他の合計のおよそ何％に相当するか。

○ 20%　　○ 30%　　○ 40%　　○ 50%　　○ 60%

【X国の建築機械総出荷金額の推移】　　　　　　（単位：百万円）

年度	総出荷金額	国内出荷金額	輸出金額
2009	1,262,180	457,574	804,606
2010	1,962,979	510,992	1,451,987
2011	2,350,355	663,101	1,687,254
2012	2,149,510	780,210	1,369,300
2013	2,335,244	1,009,372	1,325,872
2014	2,439,602	993,911	1,445,691
2015	2,256,791	999,259	1,257,532
2016	2,206,567	986,527	1,220,040
2017	2,595,163	983,455	1,611,708
2018	2,807,253	992,503	1,814,750

4 次のうち、表から推測して正しいといえるものはどれか。以下の選択肢の中から最も適切なものを1つ選びなさい。

○ A　数年後には、国内出荷金額が輸出金額を越すことになるだろう。

○ B　2013年度の国内出荷金額は、前年度と比較しておよそ25.5%増加した。

○ C　国内出荷金額のピークは、2018年度である。

○ D　2010年度の輸出金額は、前年度の輸出金額のおよそ1.8倍である。

○ E　2016年度において、総出荷金額を1とすると、国内出荷金額は0.6で表せる。

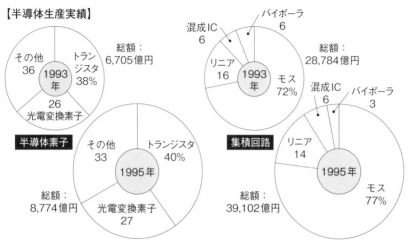

【半導体生産実績】

総額：6,705億円

1993年
その他 36
トランジスタ 38%
26
光電変換素子

半導体素子

1995年
その他 33
トランジスタ 40%
総額：8,774億円
光電変換素子 27

混成IC 6
バイポーラ 6
総額：28,784億円

1993年
リニア 16
モス 72%

集積回路

混成IC 6
バイポーラ 3
1995年
リニア 14
総額：39,102億円
モス 77%

出所：経済産業省生産動態統計、財務省貿易統計。

5 1995年におけるトランジスタ生産額は、1993年における同額に比べおよそ何％増加したか。

○ 26.1%　　○ 30.0%　　○ 34.6%　　○ 37.7%　　○ 42.8%

【S空港からの海外旅行者数の推移】

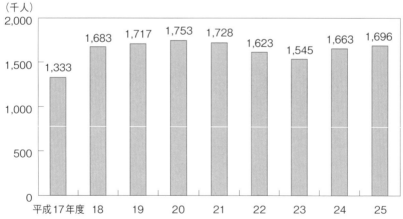

（千人）

平成17年度	18	19	20	21	22	23	24	25
1,333	1,683	1,717	1,753	1,728	1,623	1,545	1,663	1,696

6 前年比で旅行者数が増加している年度のうち、最も増加率が低いのはいつか。

○ 平成18年度　○ 平成19年度　○ 平成20年度　○ 平成24年度　○ 平成25年度

28

【K国の製造業法人数の推移】

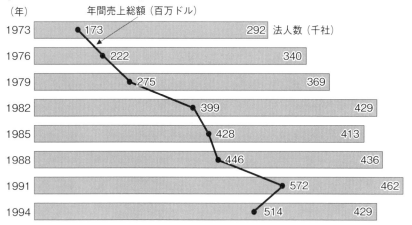

（年）　　　　　年間売上総額（百万ドル）

1973	173	292	法人数（千社）
1976	222	340	
1979	275	369	
1982	399	429	
1985	428	413	
1988	446	436	
1991	572	462	
1994	514	429	

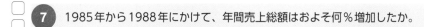

7 1985年から1988年にかけて、年間売上総額はおよそ何％増加したか。

○ 2.95%　　○ 3.58%　　○ 4.21%　　○ 4.86%　　○ 5.57%

【国内における自動車の新車販売台数（年単位）】

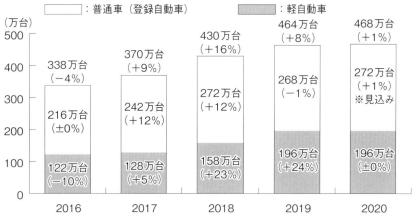

□：普通車（登録自動車）　　　■：軽自動車

（万台）

	2016	2017	2018	2019	2020
合計	338万台（−4%）	370万台（+9%）	430万台（+16%）	464万台（+8%）	468万台（+1%）
普通車	216万台（±0%）	242万台（+12%）	272万台（+12%）	268万台（−1%）	272万台（+1%）※見込み
軽自動車	122万台（−10%）	128万台（+5%）	158万台（+23%）	196万台（+24%）	196万台（±0%）

注：（　）内の数値は前年比。

8 2018年の自動車の新車販売台数合計をxとすると、同年の軽自動車の販売台数はおよそどのように表されるか。

○ 0.37x　　○ 0.54x　　○ 0.63x　　○ 1.58x　　○ 2.72x

【B国の社員数規模別構成比】

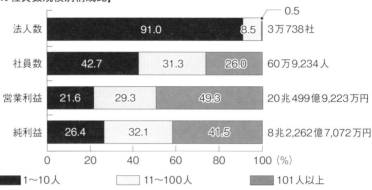

9　11～100人の法人合計の純利益はおよそいくらか。

○ 2兆1,717億円 　　○ 2兆3,185億円 　　○ 2兆4,821億円

○ 2兆5,234億円 　　○ 2兆6,406億円

【百貨店、総合スーパーの商品別年間販売額の構成比】

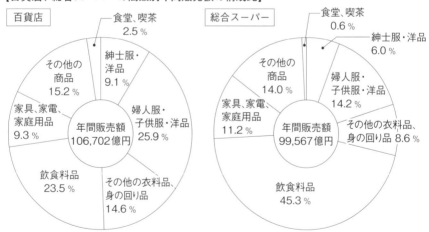

出所：通商産業大臣官房調査統計部商業統計課「平成9年商業統計表」。

10　総合スーパーの「その他の衣料品、身の回り品」の年間販売額がグラフの前年
　　と比べて11.2％減少したとすると前年の同販売額はおよそ何億円か。

○ 9,240億円 　○ 9,340億円 　○ 9,440億円 　○ 9,540億円 　○ 9,640億円

【電気通信事業者の地域別本社所在地数比の比較】

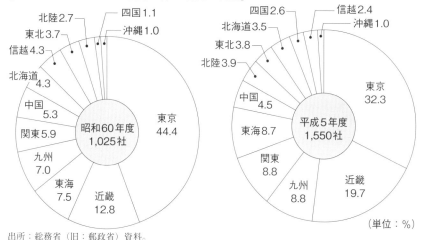

出所：総務省（旧：郵政省）資料。

11 平成5年度において、東京に本社がある事業者数をXとすると、北海道に本社がある事業者数はどのように表されるか。

○ 3.5X/32.3 ○ 32.3X/3.5 ○ 32.3/3.5X ○ 3.5/32.3X ○ 32.3+3.5X

- -

【食品ロスの年間種類別割合】

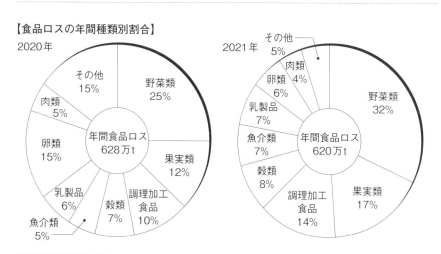

12 2021年の果実類の食品ロス量をXとすると、同年の穀類はどのように表されるか。

○ 17X/8 ○ 8X/17 ○ 7X/12 ○ 8X＋17 ○ 8/17X

【1人1日当たりの負荷（BOD）】

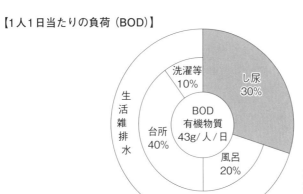

BOD：生物化学的酸素要求量。
有機物質（有機性の汚濁物質）
が酸化されるのに必要な酸素の
量に関する指標。

出所：環境省。

13 人口1万2千人の都市が1日に出す台所からの有機物質は、およそ何kgになるか。

○ 200.2kg　　○ 202.8kg　　○ 204.1kg　　○ 206.4kg　　○ 208.5kg

【R地帯の生産作物】

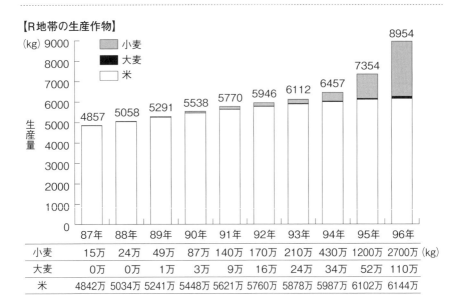

	87年	88年	89年	90年	91年	92年	93年	94年	95年	96年	
小麦	15万	24万	49万	87万	140万	170万	210万	430万	1200万	2700万	(kg)
大麦	0万	0万	1万	3万	9万	16万	24万	34万	52万	110万	
米	4842万	5034万	5241万	5448万	5621万	5760万	5878万	5987万	6102万	6144万	

14 大麦と米の合計の生産量は1990年から1996年の間におよそ何％増加したか。

○ 10.9%　　○ 14.7%　　○ 18.2%　　○ 24.8%　　○ 29.2%

【ドラッグストアの商品カテゴリー別年間売上高構成比の推移】

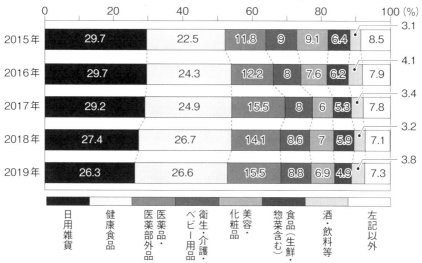

15 ドラッグストアの商品カテゴリー別年間売上高構成比の内訳で、2016年以降、前年の構成比を一度も超えていないのは次の5つのうちのどれか。

- ○ 日用雑貨
- ○ 健康食品
- ○ 美容・化粧品
- ○ 食品（生鮮・惣菜含む）
- ○ 酒・飲料等

【主要国の道路現況】

国名	高速道路延長 (km)	高速道路／国土面積 (km／万km²)	人口万人あたりの高速道路延長 (km／万人)	自動車千台あたりの高速道路延長 (km／千台)	自動車保有台数 (千台)
A国	89,232	95.29	3.24	0.415	214,775
B国	11,515	322.55	1.39	0.256	44,916
C国	3,358	138.19	0.56	0.145	23,159
D国	11,500	208.33	1.96	0.34	33,813
E国	6,621	219.97	1.14	0.188	35,143
F国	6,851	181.24	0.54	0.09	76,271

16 D国の人口はおよそ何万人か。

○ 5,100万人　○ 5,500万人　○ 5,900万人　○ 6,200万人　○ 6,500万人

1章
【計数】1　図表の読み取り

33

【主要国・地域の全世界輸出入に占める割合】

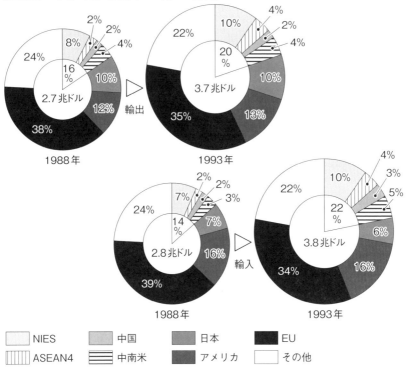

1988年　　輸出　　1993年

1988年　　輸入　　1993年

| | NIES | | 中国 | | 日本 | | EU |
| | ASEAN4 | | 中南米 | | アメリカ | | その他 |

注1：世界の輸出総額と輸入総額は、輸出と輸入で統計の取り方が異なることから、数値は一致しない。グラフ中央の数字は世界全体の輸出（輸入）の総額を示す。

注2：ASEAN4とはタイ、フィリピン、インドネシア、マレーシアをいう。

出所：IMF「DOT」、台湾「自由中国之工業」。

---

17 次の記述のうち、グラフを正しく説明しているものはいくつあるか。

・輸出額、輸入額ともに全世界の中でEUの占める割合が最も大きい。

・1988年のASEAN4の全世界の輸出額に占める割合は1993年の半分である。

・1988年に比べ、1993年に全世界の輸入額に占める割合が減少している国は日本のみである。

・中南米の1993年の輸出額は1988年と比べて400億ドル増えた。

○ 0　　　　○ 1つ　　　　○ 2つ　　　　○ 3つ　　　　○ 4つ

【H国における森林の成長量と伐採量】

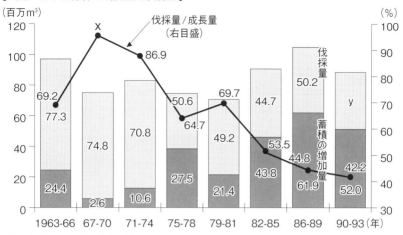

注：成長量＝伐採量＋蓄積の増加量

18 xはおよそ何％か。

○ 92.0   ○ 93.2   ○ 95.8   ○ 96.6   ○ 98.5

【Y国から海外への発明特許出願件数】

	出願合計	構成比（％）	うち各国特許庁への 直接出願数	うち各国特許庁への 直接出願比率（％）
米国	21,368	51.7	11,852	55.4
欧州特許庁	5,711	13.9	1,064	18.6
日本	2,840	7.3	635	22.3
韓国	1,947	4.8	378	19.4
インド	1,681	3.2	128	7.6
ロシア	860	2.3	59	6.0
香港	844	2.3	844	100.0
ブラジル	737	1.8	57	7.7
オーストラリア	638	1.5	98	15.3
カナダ	646	1.5	91	14.0
その他	4,052	9.7	1,701	41.9
合計	41,342	100.0	16,907	(A)

19 空欄Aに入る数値はおよそいくつか。

○ 40.5   ○ 40.9   ○ 41.1   ○ 41.5   ○ 42.1

【イギリスにおける職業別パートタイム労働者数の推移】

(単位：千人)

年	職業計	管理職	専門職	専門・技術職	事務職	技能職	警　備	販　売	工場機械	その他
1991	5,777	261	341	456	1,104	199	973	970	226	1,108
1992	5,932	315	361	417	1,114	191	1,051	1,013	200	1,126
1993	6,004	344	354	436	1,125	207	1,103	1,018	199	1,091
1994	6,152	338	389	475	1,131	199	1,129	1,047	204	1,122
1995	6,183	376	427	463	1,112	185	1,125	1,057	229	1,116
1996	6,410	359	424	509	1,167	177	1,224	1,125	228	1,101
1997	6,554	351	438	569	1,179	188	1,269	1,177	232	1,091
男	1,302	97	123	102	96	103	164	216	103	258
女	5,252	254	315	467	1,083	85	1,105	961	129	833
増加率 1991-97	13.4%	34.5%	28.4%	24.8%	〈X〉	-5.5%	30.4%	21.3%	2.7%	-1.5%

出所：国家統計局「LFS Historical Supplement-1997」。

20 1994年において職業計に対する管理職と事務職の合計の割合はおよそ何％か。

○ 14%　　○ 17%　　○ 20%　　○ 24%　　○ 28%

⏰ 目標：ここまで17分以内に回答 ‥‥‥‥‥‥‥‥‥‥‥‥‥‥‥‥‥‥‥‥‥‥

【電子計算器・同付属装置製造業の事業所数、従業者数、製造品出荷額】

年	事業所数（件）	従業者数（人）	製造品出荷額（百万円）
1986	1,852	145,024	5,149,880
1987	1,813	152,990	6,007,903
1988	1,921	154,258	6,596,755
1989	1,955	160,723	7,632,118
1990	2,030	166,637	8,354,873
1991	2,041	164,852	8,760,751
1992	1,901	162,658	8,301,355
1993	1,776	160,238	8,296,638
1994	1,600	150,464	8,222,902
1995	1,569	146,665	8,358,646

出所：経済産業省『工業統計表』産業編。

21 1987年の事業所数を1とすると、1991年の事業所数はおよそどのように表せるか。

○ 0.9　　○ 1.0　　○ 1.1　　○ 1.2　　○ 1.3

【チョコレートの国内販売数のブランド別シェア】

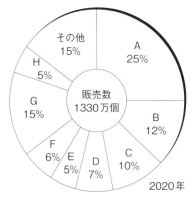

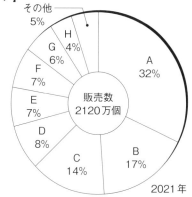

22 2020年のブランドFの販売数は翌年およそ何％増加したか。

○ 83.6%　　○ 86.0%　　○ 88.4%　　○ 89.9%　　○ 90.2%

【4〜5年前と比較した食品別小売価格の変化】

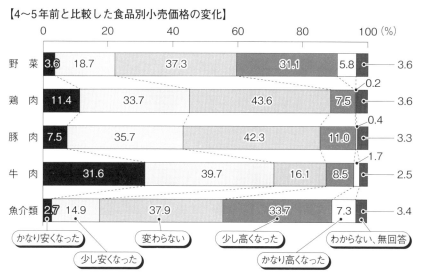

出所：農林水産省「平成7年度食料品商品モニター第2回定期調査結果」。

23 4〜5年前と比較して牛肉が「高くなった」と感じる割合のうち、「かなり高くなった」と感じる割合はおよそ何％を占めるか。

○ 16.7%　　○ 21.2%　　○ 38.6%　　○ 67.1%　　○ 83.3%

【小包郵便物、宅配便取扱個数の推移】

（単位：千個、％）

便名（事業者名）		年度	昭和63年	平成元年	平成2年	平成3年	平成4年
小包郵便物		取扱個数	235,002	287,588	351,434	408.118	425,995
		増減率	20.1	26.6	18.1	16.1	4.4
全宅配便		取扱個数	911,250	1,028,540	1,100,500	1,124,840	1,183,370
		増減率	19.5	12.9	7.0	2.2	5.2
合　　計		取扱個数	1,146,252	1,326,138	1,451,934	1,532,958	1,609,365
		増減率	19.6	15.7	9.5	5.6	5.0
主要宅配便5便	A社	取扱個数	352,700	415,560	451,810	478,770	515,200
		増減率	19.1	17.8	8.7	6.0	7.6
	B社	取扱個数	262,950	289,910	309,290	316,090	318,890
		増減率	29.9	10.3	6.7	2.2	0.9
	C社	取扱個数	84,630	94,770	105,970	106,740	107,660
		増減率	15.7	12.0	11.8	0.7	0.9
	D社	取扱個数	70,310	76,400	82,200	76,120	88,750
		増減率	12.4	8.7	7.6	(X)	16.6
	E社	取扱個数	45,290	49,020	52,570	58,670	67,360
		増減率	11.7	8.2	7.2	11.6	14.8

注1：取扱個数の単位は千個、増減率は％である。

注2：宅配便取扱個数（航空宅配便を除く）は、同一便名ごとにその便名を扱っている各事業者の取扱実績を集計したものである。

出所：運輸省調べ。

24 空欄Xに入る数値として正しいものはどれか。

○ −7.4　　○ −7.6　　○ −7.8　　○ −8.0　　○ −8.2

【各国における鶏肉の輸出額の国別占有率の推移】

	6,526	7,400	10,236	10,300	13,380	（億ドル）
その他	32.4%	34.2%	36.4%	40.0%	43.0%	
E国	9.2%	9.3%	8.4%	8.8%	7.2%	
D国	7.1%	7.5%	6.6%	6.7%	6.6%	
C国	9.7%	10.1%	9.7%	11.1%	12.6%	
B国	16.6%	13.1%	13.9%	11.2%	11.4%	
A国	24.9%	25.9%	25.1%	22.2%	19.2%	
	2004	2006	2008	2010	2012	（年）

25 2012〜2014年の総輸出額の増加率が2010〜2012年と同じであり、かつ 2014年のB国の占有率が11.8%だったとすると、2014年のB国の輸出額は およそいくらになるか。

○ 1,980億ドル ○ 2,000億ドル ○ 2,050億ドル
○ 2,100億ドル ○ 2,180億ドル

【M国の就業者数の推移】

年	就業者数（人数）		対前年増減率		人口に対する割合		
	男性（千人）	女性（千人）	男性（%）	女性（%）	全体（%）	男性（%）	女性（%）
2011年	45,518	34,930	0.2	1.3	73.6	86.2	61.8
2012年	45,539	35,273	0	1	73.9	86.3	62.4
2013年	45,487		−0.1	0.7	73.7	85.8	62.5
2014年	45,448	35,767	−0.1	0.7	73.9	85.7	62.9
2015年	45,437	36,051	0	0.8		85.8	63.4

注：単位未満は四捨五入しているため、全体と内訳が一致しないことがある。

26 2012年から2013年にかけてM国の女性の就業者数はおよそ何人増加したか。 （ただし表には空欄がある）

○ 250,000人 ○ 2,500,000人 ○ 35,000人
○ 350,000人 ○ 3,500,000人

【賃金－産業別常用労働者1人平均月間現金給与額（事業所規模30人以上）】 (単位：千円)

年　　次	現金給与総　　額	建設業	製造業	電気・ガス業[1]	運輸・通信業	卸売・小売業、飲食店	金融・保険業	サービス業[2]
昭和60年	317	306	300	427	344	273	408	338
平成2年	370	402	352	517	413	309	490	380
平成7年	409	451	391	584	454	336	541	413
平成10年	416	458	408	606	430	345	535	422
前年比[3] (%)	-1.4	-2.2	-1.1	0.8	-0.8	-3.3	-3.5	-0.1

注：[1] 電気・ガス・熱供給・水道業。　[2] 家事サービス業及び外国公務も除く。
　　[3] 事務所の抽出替えによるギャップ修正をした指数により算出。
出所：労働省「毎月勤務統計調査年報、月報」。

27 平成9年の現金給与総額はおよそいくらか。

○ 418千円　　○ 419千円　　○ 420千円　　○ 421千円　　○ 422千円

【世帯構造別にみた世帯の児童数別世帯数と平均児童数】 (平成9年)

世帯構造	総　　数	児童数				平　均児童数
		1人	2人	3人	4人以上	
	推計数（単位：千世帯）					(人)
世 帯 総 数	23,683	5,573	11,358	5,679	1,073	1.77
単 独 世 帯	135	135	–	–	–	1.00
核 家 族 世 帯	16,372	4,036	8,218	3,391	727	1.73
三 世 代 世 帯	6,580	1,212	2,930	2,136	301	1.90
その他の世帯	596	189	211	151	44	1.68
	構成割合（単位：％）					
世 帯 総 数	100.0	23.5	48.0	24.0	4.5	–
単 独 世 帯	100.0	100.0	–	–	–	–
核 家 族 世 帯	100.0	24.7	50.2	20.7	4.4	–
三 世 代 世 帯	100.0	18.4	44.5	32.5	4.6	–
その他の世帯	100.0	31.8	35.4	25.4	7.4	–

出所：厚生省統計資料。

28 三世代世帯の児童数はおよそ何人になるか。

○ 12,502千人　　○ 17,078千人　　○ 22,976千人　　○ 28,324千人
○ 表からはわからない

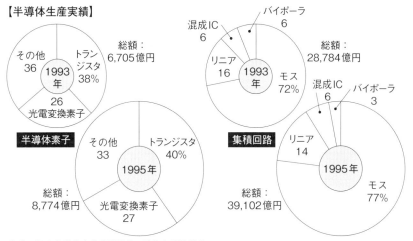

【半導体生産実績】

半導体素子

総額：6,705億円
1993年
その他 36／トランジスタ 38%／26 光電変換素子

総額：8,774億円
1995年
その他 33／トランジスタ 40%／光電変換素子 27

集積回路

総額：28,784億円
1993年
混成IC 6／バイポーラ 6／リニア 16／モス 72%

総額：39,102億円
1995年
混成IC 6／バイポーラ 3／リニア 14／モス 77%

出所：経済産業省生産動態統計、財務省貿易統計。

29 1993年の半導体素子、集積回路の合計生産額の対前年比増加率が5%であるとすると、前年（1992年）の半導体素子、集積回路の合計生産額はおよそいくらか。

◯ 32,612億円　◯ 32,674億円　◯ 33,715億円　◯ 33,799億円　◯ 34,288億円

【自動車メーカー Cの販売台数】

□ ＝個人営業
▨ ＝法人営業
販売台数＝個人営業＋法人営業

400万

販売台数

200万

0

2008　137.5　14%
2009　165.7　26%
2010　200.0　45%
2011　233.0　57%
2012　263.5　66%
2013　294.0　73%
2014（年度）　327.0万台　78%

30 2013年度から2014年度にかけて、法人営業の販売台数はおよそ何％増加したか。

◯ 5.0%　　◯ 8.3%　　◯ 16.3%　　◯ 17.3%　　◯ 18.8%

【F国の果物生産量】

（単位：千kg）

種類 ＼ 年度（平成）	3	4	5	6	7	8
リンゴ	13,498	13,555	13,103	12,860	12,486	13,892
桃	2,383	2,545	2,767	2,872	3,103	3,402
さくらんぼ	2,216	2,212	2,192	2,286	2,502	2,522
バナナ	1,807	1,880	1,804	1,923	1,666	1,772
いちご	1,416	1,369	1,276	1,415	1,396	1,430
なし	1,270	1,132	1,065	970	1,181	1,246
みかん	533	622	757	785	905	930
グレープフルーツ	439	475	510	367	487	441
ぶどう	294	298	307	350	399	434
パイナップル	127	171	220	245	266	259
ブルーベリー	61	77	100	107	126	137
レモン	78	91	75	95	107	126
メロン	37	35	43	59	94	68
マンゴー	9	5	1	39	107	58
その他	247	240	326	308	272	268
合計	24,415	24,708	24,545	24,863	25,097	26,986

31 果物生産量の合計の対前年度増加率が3番目に大きいのは何年度か。

○ 平成4年度　　○ 平成5年度　　○ 平成6年度　　○ 平成7年度　　○ 平成8年度

【T国の主な肉類輸出相手国】

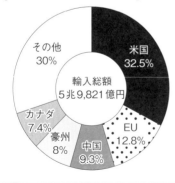

その他 30%
米国 32.5%
カナダ 7.4%
豪州 8%
中国 9.3%
EU 12.8%
輸入総額 5兆9,821億円

【T国の主な肉類輸出相手国】

（単位：％）

	1位	2位	3位	4位
牛肉 5,776億円	米国 98.7	その他 1.3	–	–
鶏肉 2,448億円	米国 72.3	EU 15.2	カナダ 9.3	中国 3.2
豚肉 3,393億円	米国 60.6	カナダ 23.7	豪州 15.5	中国 0.2
羊肉 2,225億円	豪州 76.3	米国 14.1	EU 6.1	カナダ 3.5

32 T国からカナダへの鶏肉と豚肉の輸出額の合計はおよそいくらか。

○ 978億円　　○ 1,006億円　　○ 1,021億円　　○ 1,032億円　　○ 1,045億円

【J県のゴミ】

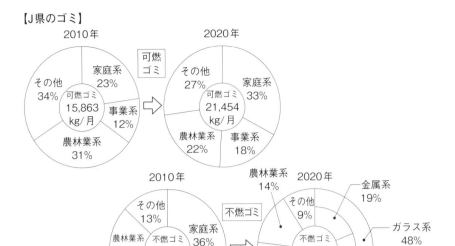

33 2020年の1月あたりの可燃ゴミの量は、2010年の同量と比較しておよそ何%増加したか。

○ 27%   ○ 29%   ○ 31%   ○ 33%   ○ 35%

【S国の民間ラジオ放送番組種類別放送時間の推移】

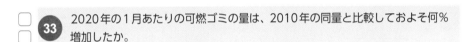

年	ラジオ放送社数（社）	1社1日平均放送時間（分）	番組構成比（%）						1社1カ月平均CM本数（本）
			報道	教育教養	娯楽	スポーツ	CM	その他	
1980	39	599	11.6	26.1	38.6	18.9	0.7	4.1	528
1985	46	873	10.9	35.9	45.3	5.3	1.0	1.6	4,061
1990	77	998	10.6	36.7	47.3	4.3	0.5	0.6	4,422
1995	88	1,009	11.7	36.8	46.2	4.4	0.4	0.5	5,824
2000	93	1,042	13.5	36.9	44.4	4.1	0.5	0.6	6,746
2004	102	1,090	15.1	35.8	42.8	5.0	0.5	0.8	7,239

34 2004年の1社1カ月平均のCMの放送時間が1,447.8分であるとき、CM1本あたりの放送時間は何秒になるか。

○ 9秒   ○ 10秒   ○ 11秒   ○ 12秒   ○ 左のいずれでもない

【日本企業の海外への研究費支出額】

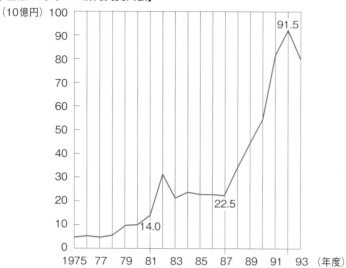

出所：総務省「科学技術研究報告書」により作成。

35 82年度の研究費支出額が323億円のとき、対前年度比増加率はおよそ何％か。

○ 56%　　○ 72%　　○ 98%　　○ 115%　　○ 131%

【ジャンル別放送時間比率】

①標準テレビジョン音声多重放送以外のもの　　　　　（単位：%）

番組 区分	ニュース	ドラマ	バラエティ	スポーツ	広告	その他	計
P放送局	10.7	22.9	24.7	39.4	1.2	1.1	100.0
Q放送局	29.6	15.9	17.0	12.8	2.2	22.5	100.0
R放送局	48.1	13.1	11.0	15.2	5.3	7.3	100.0
S放送局	5.6	15.0	17.0	61.4	0.7	0.3	100.0
T放送局	9.6	2.4	14.2	72.9	0.5	0.4	100.0
U放送局	1.1	43.6	10.3	45.0	0	0	100.0
V放送局	45.4	13.9	15.3	25.3	0	0.1	100.0

②標準テレビジョン音声
多重放送　　　（単位：%）

ステレオ番組	80.9
2カ国語番組	15.5
その他の 二音声番組	3.6
計	100.0

36 標準テレビジョン音声多重放送が1週間に27時間放送されるとすると、そのうちステレオ番組は1週間におよそ何時間何分放送されることになるか。

○ 4時間11分　　○ 4時間26分　　○ 21時間51分　　○ 21時間56分　　○ 24時間16分

44

【ある年の主要国の自動車使用台数】

国名	乗用車（万台）	商業車（万台）	100人あたりの台数（台）	1km²あたりの台数（台）
K 国	654	395	3.8	27.2
L 国	4,006	1,559	40.2	10.2
M 国	3,043	172	18.9	50.0
N 国	2,076	89	18.6	47.0
O 国	190	372	0.4	0.2
P 国	1,150	258	23.1	25.9
Q 国	731	73	14.0	26.7
R 国	577	151	28.2	0.7

37 Q国の国土面積はおよそ何万km²か。

○ 30万km²　　○ 42万km²　　○ 55万km²　　○ 68万km²

○ 表からはわからない

【飲料メーカーQ社の営業収益の推移】

（単位：百万円、％）

区別 ＼ 年度（平成）	13 金額	14 金額	14 増減率	15 金額	15 増減率
国内営業収益	30,744	32,667	6.2	34,206	4.7
コーヒー飲料	24,277	24,704	1.8	24,995	1.2
茶系飲料	2,283	2,628	15.1	2,795	6.4
炭酸飲料	1,508	2,198	45.8	2,765	25.8
スポーツ飲料	715	861	20.4	1,008	17.1
その他	1,961	2,276		2,643	16.9
海外営業収益	1,435	1,494	4.5	1,633	9.1
コーヒー飲料	1,141	1,210	6.0	1,355	12.0
茶系飲料	107	114	6.5	118	3.5
炭酸飲料	16	13	△18.8	11	△15.4
スポーツ飲料	62	47	△24.2	35	
その他	109	110	0.9	114	3.6
合計	32,179	34,161	6.2	35,845	4.9

38 平成13年度において、国内営業収益額に占めるスポーツ飲料の収益割合はおよそ何％か。（ただし表には空欄がある）

○ 1.7%　　○ 1.9%　　○ 2.1%　　○ 2.3%　　○ 2.5%

【全国メインバンク上位20行の企業数比較】

金融機関	2022年			2021年		
	社数（社）	シェア（%）	前年比（pt）	社数（社）	シェア（%）	前年比（pt）
A銀行	16,076	1.10	0.01	16,046	1.09	0.01
B銀行	21,422	1.46	0.01	21,124	1.45	0.01
C銀行	76,880	5.25	▲0.16	77,437	5.41	▲0.02
D銀行	14,427	0.98	±0.00	14,291	0.98	±0.00
E銀行	17,593	1.20	0.02	17,418	1.18	0.01
F銀行	14,052	0.96	±0.00	14,027	0.96	±0.00
G銀行	30,753	2.10	0.02	30,469	2.08	0.01
H銀行	15,226	1.04	▲0.01	15,198	1.05	±0.00
I銀行	16,730	1.14	▲0.01	16,745	1.15	0.01
J銀行	15,602	1.06	▲0.02	15,500	1.08	±0.00
K銀行	14,338	0.98	0.01	14,160	0.97	±0.00
L銀行	61,831	4.22	▲0.13	62,291	4.35	0.01
M銀行	22,096	1.51	0.04	21,871	1.47	0.03
N銀行	16,653	1.14	0.03	16,387	1.11	±0.00
O銀行	95,718	6.58	▲0.22	96,511	6.8	▲0.05
P銀行	20,777	1.42	0.02	20,563	1.4	±0.00
Q銀行	23,965	1.64	▲0.04	23,895	1.68	±0.00
R銀行	15,052	1.03	±0.00	14,944	1.03	▲0.01
S銀行	18,068	1.23	▲0.01	17,993	1.24	-
T銀行	15,254	1.04	▲0.04	15,319	1.08	0.01

39 2022年の全国メインバンク20社のうち、シェア率上位3位までの銀行が占める合計シェアはおよそ何％か。

○ 14%   ○ 15%   ○ 16%   ○ 17%   ○ 18%

【P国の税収益】

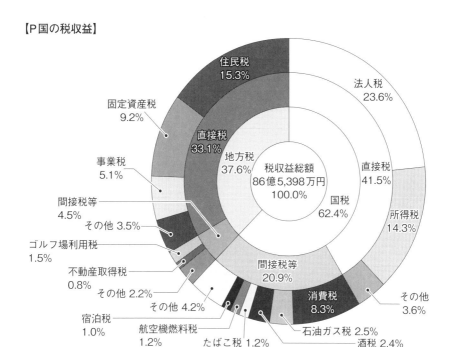

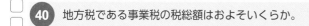

40 地方税である事業税の税総額はおよそいくらか。

- ○ 2億1,000万円
- ○ 2億9,000万円
- ○ 3億1,000万円
- ○ 4億4,000万円
- ○ 5億8,000万円

四則逆算【即解法】

どんな問題が出るのか―実際の出題画面と制限時間

方程式の□に入る正しい数値を5つの選択肢から選ぶ問題です

▼出題画面

問33

式中の□に入る数値として正しいものを次の選択肢の中から1つ選びなさい。

10 = 0.6 × □

○ 5/3
○ 1/60
○ 50/3
○ 60
○ 6

回答数 33/50問
時間 6/9分
制限時間は9分です。 ※次の問題へ進むと戻れません。

次へ進む

◀回答した数とここまでに使った時間。
1問ごとの制限時間はない。

※次へ進むと前に戻ることができない設定が一般的ですが、企業によって前に戻れる設定もあります。

中学校レベルの問題ですが、**1問あたり約10秒で解かないといけない**ので、本番前に回答スピードに慣れておく必要があります。

科目	問題数	制限時間	1問あたりの回答時間
四則逆算	50問	9分	**10.8秒**

速く解くための基本的な手順（上の出題画面を参照）

● **原則は□＝（＝□）の形の式にして解く ← 左辺／右辺の数を他辺へ移す**

$10 = 0.6 ×□$ を $=□$ の形にするには、右辺の **0.6×を左辺へ移す**必要があります。**0.6×を左辺に移すと÷0.6となります**（できれば頭の中で変換します）。

$10 ÷ 0.6 =□$

▶**分数にして筆算**（または暗算）…$10 ÷ 0.6 = 10 ÷ 6/10 = 10 × 10/6 = 50/3$

▶**電卓で計算**…$10 ÷ 0.6 = 16.666… →$ **選択肢では50/3**

筆算（または暗算）か電卓で解きます。本書ではあなたの電卓入力や計算力のレベルにかかわらず、**四則逆算が速く解けるようになるコツを伝授**していきます。

□＝（＝□）の式にする方法

速く解くために、□＝（＝□）の式にする方法を覚えておきましょう。

＋ を他辺へ移す（－に変える） 等式の両辺から同じ数を引いても等式は成り立つ

□＋2＝3 → □＝3－2＝1
↑＋2を－2に変える

$\Box+2=3$ ←両辺から2を引く
$\Box+2-2=3-2$ → $\Box=3-2=1$

4＋□＝9 → □＝9－4＝5
↑4を－4に変える

$4+\Box=9$ ←両辺から4を引く
$4+\Box-4=9-4$ → $\Box=9-4=5$

－ を他辺へ移す 等式の両辺に同じ数を足しても等式は成り立つ

□－3＝6 → □＝6＋3＝9
↑－3を＋3に変える

$\Box-3=6$ ←両辺に3を足す
$\Box-3+3=6+3$ → $\Box=6+3=9$

7－□＝5 → □＝7－5＝2
↑7－はそのまま右辺の5の前に移す

$7-\Box=5$ ←両辺に□を足す
$7-\Box+\Box=5+\Box$
$7=5+\Box$ ←両辺から5を引く
$7-5=5+\Box-5$ → $\Box=7-5=2$

× を他辺へ移す（÷に変える） 等式の両辺を同じ数で割っても等式は成り立つ

□×3＝6 → □＝6÷3＝2
↑×3を÷3に変える

$\Box\times3=6$ ←両辺を3で割る
$\Box\times3\div3=6\div3$ → $\Box=6\div3=2$

4×□＝8 → □＝8÷4＝2
↑4×を÷4に変える

$4\times\Box=8$ ←両辺を4で割る
$4\times\Box\div4=8\div4$ → $\Box=8\div4=2$

÷ を他辺へ移す 等式の両辺に同じ数をかけても等式は成り立つ

□÷4＝2 → □＝2×4＝8
↑÷4を×4に変える

$\Box\div4=2$ ←両辺に4をかける
$\Box\div4\times4=2\times4$ → $\Box=2\times4=8$

6÷□＝2 → □＝6÷2＝3
↑6÷はそのまま右辺の2の前に移す

$6\div\Box=2$ ←両辺に□をかける
$6\div\Box\times\Box=2\times\Box$
$6=2\times\Box$ ←両辺を2で割る
$6\div2=2\times\Box\div2$ → $\Box=6\div2=3$

「四則逆算」の即解法には、ほかに**概算で解く**、**一の位だけの計算で解く**、**公式を使う**などがあります。次ページ以降で紹介していきます。

※＋・－がついた項（＋2、－3など）を符号を変えて他方の辺（他辺）に移すことを「移項」といいます。かけ算・割り算の場合は移項とはいいません。足し算・引き算・かけ算・割り算が混じった「四則逆算」では、「移項」という用語を使うと説明が煩雑になるため、本書では「他辺へ（移す）」という表現を使います。

2 四則逆算

● □にあてはまる数値を選択肢から選ぶ問題。

整数の計算

- 【□＝】または【＝□】の形にして解く
- 選択肢を比べ、概算や一の位だけの計算で解く

| 例題 | 解答・解説は右ページ | 制限時間50秒 |

■式中の□に入る数値として正しいものを選択肢の中から1つ選びなさい。

1 □＋144＝571

○ 427　　○ 592　　○ 296　　○ 314　　○ 175

2 1＋33＝□×2

○ 17　　○ 23　　○ 33　　○ 43　　○ 53

3 5＋7＋9＝□÷3

○ 48　　○ 36　　○ 7　　○ 21　　○ 63

4 □÷3＋7＝21

○ 9　　○ 21　　○ 33　　○ 42　　○ 84

5 （7＋□）×4＝52

○ 8　　○ 5　　○ 7　　○ 9　　○ 6

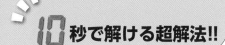

●他辺へ移すと＋が−に変わる

1 □＋144＝**571** ← ＋144を右辺へ移す（−144に変える）
　　□＝**571**−**144**＝**427**

即解 1 「550−150＝400」と概算する。最も近い427を選ぶ。

即解 2 選択肢を比べると、**一の位がすべて異なる**ので、**一の位だけを暗算**すればよいことがわかる。「11−4＝7」で、42**7**。

正解　427

2 1＋33＝□×2 ← 左辺を計算する
　　34＝□×2 ← ×2を左辺へ移す（÷2に変える）
　　34÷**2**＝□＝**17**

正解　17

3 5＋7＋9＝□÷3 ← 左辺を計算する
　　21＝□÷3 ← ÷3を左辺へ移す（×3に変える）
　　21×**3**＝**63**＝□

※（5＋7＋9）×3でもよい。5＋7＋9×3は間違い。

正解　63

4 □÷3＋7＝21 ← ＋7を右辺へ移す（−7に変える）
　　□÷3＝**21**−**7** ← 右辺を計算する
　　□÷3＝**14** ← ÷3を右辺へ移す（×3に変える）
　　□＝**14**×**3**＝**42**

正解　42

5 (7＋□)×4＝52 ← 両辺を4で割る
　　7＋□＝**52**÷**4** ← 右辺を計算する
　　7＋□＝**13** ← 7＋を右辺へ移す（−7に変える）
　　□＝**13**−**7**＝**6**

正解　6

※上のような「計算」は暗算でできるようにしておきたい。

即解▶関数電卓で解く

1 関数電卓を使うと、式をそのまま入力して答えが出せる。□は x で入力する。
【例】x＋144 [ALPHA] ＝571と入力 → [SHIFT] [SOLVE] を押す → x＝427
※ [=] や [SOLVE] は [ALPHA] や [SHIFT] を押してから入力する機種が多い。
　関数電卓は機種によって入力が異なるので、本番で使う場合にはあらかじめ本書の問題を関数電卓で解いて、キー操作に慣れておくことが大切。

小数・分数・％の計算

- $1 \div \dfrac{2}{5} = 1 \times \dfrac{5}{2}$ ☞ 分数の割り算は逆数にしてかける
- 分数と小数の混合式 ☞ どちらかに揃える
- [Aの□％＝B] ☞ 【□％】を【×□％】と変換

■式中の□に入る数値として正しいものを選択肢の中から1つ選びなさい。

1 18.75 ＋ 29.25 ＝ 12 ÷□

○ 48　　○ 15.5　　○ 0.25　　○ 1.25　　○ 3.75

2 5/2 ÷ 3/4 ＝□

○ 3/10　　○ 5/8　　○ 10/3　　○ 15/2　　○ 5/6

3 7/4 × 24 ＝□ ÷ 3

○ 14　　○ 84　　○ 126　　○ 144　　○ 96

4 7/20 ＝ 2.8 ÷□

○ 12　　○ 2/5　　○ 8　　○ 18　　○ 6

5 180の□％＝57.6

○ 3.125　　○ 16　　○ 24　　○ 32　　○ 40.25

秒で解ける超解法!!　●小数か分数に揃えて計算する

1 $18.75 + 29.25 = 12 \div \square$ ← 左辺を計算する

$48 = 12 \div \square$ ← 12÷を左辺へ移す（12÷のまま48の前に）

$12 \div 48 = \square = 0.25$

即解 12は48の1/4（＝0.25）と暗算できれば、すぐに解ける。

正解　0.25

2 $\dfrac{5}{2} \div \dfrac{3}{4} = \square$ ← 分数の割り算は逆数にしてかける（×4/3になる）

$\dfrac{5}{2} \times \dfrac{\overset{2}{4}}{3} = 5 \times \dfrac{2}{3} = \dfrac{10}{3} = \square$

即解 ÷3/4を×4/3と変換し、[5/2×4/3 = 20/6 =10/3]を暗算で
できるようにしたい。

正解　10/3

3 $\dfrac{7}{4} \times 24 = \square \div 3$ ← 左辺を計算

$\dfrac{7}{4} \times \overset{6}{24} = 42$

$42 = \square \div 3$ ← ÷3を左辺へ移す（×3に変える）

$42 \times 3 = 126 = \square$

即解 「7/4×24」を見たら、すぐ**7×6＝42**と暗算する。□は**42の3倍**な
ので、概算して**40×3＝120**。近い選択肢の**126**が答え。

正解　126

4 $7/20 = 2.8 \div \square$ ← 28÷を左辺へ移す（28÷のまま7/20の前に）

$2.8 \div 7/20 = \square$ ← 分数に揃える。÷7/20は×20/7で計算する

$\dfrac{\overset{4}{28}}{\underset{1}{10}} \times \dfrac{\overset{2}{20}}{\underset{1}{7}} = 4 \times 2 = 8 = \square$

正解　8

5 $180の\square\% = 57.6$ ←「の□%」は「×□%」と読みかえる

$180 \times \square\% = 57.6$ ← 180×を右辺へ移す（÷180に変える）

$\square\% = 57.6 \div 180 = 0.32$ →**100倍して%にすると 32%**

即解 「180÷60＝3」と概算する。60は180の1/3（→約33%）なので一番
近い32%を選ぶ。

正解　32

1章

【計数】2 四則逆算

複数の□がある計算

▼ 複数の□は１つにまとめて計算する

- $2 \times \square + 3 \times \square = (2 + 3) \times \square$
- $5 \times \square - \square = (5 \times \square) - (1 \times \square) = (5 - 1) \times \square$
- $7 \div \square + 6 \div \square = (7 + 6) \div \square$
- $(\square + 1)(\square - 1) = \square^2 - 1$ を利用して解く

例題 解答・解説は右ページ 制限時間50秒

■式中の□に入る数値として正しいものを選択肢の中から１つ選びなさい。

1 $4 \times \square + \square = 25$ （□には同じ値が入ります）

○ 3 ○ 5 ○ 2.5 ○ 4 ○ 0.25

2 $\square \times \square = 0.0625$ （□には同じ値が入ります）

○ 3/25 ○ 1/4 ○ 3/5 ○ 9/25 ○ 3/50

3 $1/3 + 1/4 = 10 \div \square + 11 \div \square$ （□には同じ値が入ります）

○ 7 ○ 54 ○ 8 ○ 12 ○ 36

4 $(17 - 5) \times 4 = (\square + 1)(\square - 1)$ （□には同じ値が入ります）

○ 9 ○ 14 ○ 5 ○ 7 ○ 21

5 $100 \div \square = \square \times 4$ （□には同じ値が入ります）

○ 4 ○ 0.5 ○ 25 ○ 5 ○ 10

54

10秒で解ける超解法!!

●□を1つにまとめる

1 $4 \times \square + \square = 25$ ← □は1×□と考える

$4 \times \square + 1 \times \square = 25$

$(4 + 1) \times \square = 25$

$5 \times \square = 25$ ← 5×を右辺へ移す（÷5に変える）

$\square = 25 \div 5 = 5$

正解 5

2 $\square \times \square = 0.0625$

625を素因数分解すると「5×5」×「5×5」

▼素因数分解の方法

になるので、$625 = 25 \times 25$ ←小数点を入れていく

$\to 2.5 \times 2.5 = 6.25 \to 0.25 \times 0.25 = 0.0625$

よって、$0.25 = 1/4$が答え。

$$5\,\underline{)625} \leftarrow 625 \div 5 = 125$$
$$5\,\underline{)125} \leftarrow 125 \div 5 = 25$$
$$5\,\underline{)\;25} \leftarrow 25 \div 5 = 5$$
$$5$$

即解 電卓で【0.0625 √（ルートキー）】と入力して0.25→1/4

※電卓のルート計算の方が速いので操作を覚えておきましょう。

正解 1/4

3 $1/3 + 1/4 = 10 \div \square + 11 \div \square$ ← 10と11をかっこでくくる

$1/3 + 1/4 = (10 + 11) \div \square$ ← 左辺は分数の分母を揃える

$4/12 + 3/12 = 21 \div \square$ ← 21÷□ を分数にすると21/□

$7/12 = 21/\square$ ← 7/12の分母分子を3倍して分子を21に揃える

$21/36 = 21/\square$ ← 分子が同じ21なので分母も同じ数になる

$\square = 36$

正解 36

4 $(17 - 5) \times 4 = (\square + 1)(\square - 1)$ ← 公式を使って展開する

$12 \times 4 = \square^2 - 1$ ← −1を左辺へ移す（+1に変える）

$12 \times 4 + 1 = 48 + 1 = 49 = \square^2$

$\square = \pm 7$　選択肢では7

正解 7

5 $100 \div \square = \square \times 4$ ← ÷□を右辺、×4を左辺へ（÷□→×□、×4→÷4）

$100 \div 4 = \square \times \square$ ← 左辺を計算する

$25 = \square \times \square$ ← □は2乗して25になる数

$\square = \pm 5$ ← 選択肢では5

正解 5

▶解答・解説は別冊10ページ

練習問題 **四則逆算①** 制限時間 **9**分 点 50点

・時間を計りながら解いてみましょう（**各1点**）

■式中の□に入る数値として正しいものを選択肢の中から1つ選びなさい。

41 $7 \times 11 = \square + 36$

○ 77 ○ 32 ○ 55 ○ 41 ○ 63

42 $8 + 11 + 17 = \square \div 4$

○ 144 ○ 111 ○ 124 ○ 136 ○ 170

43 $0.1 = \square \times 9/8$

○ 80/9 ○ 4/45 ○ 3/17 ○ 7/10 ○ 19/8

44 $\square + 266 = 186$

○ −120 ○ 80 ○ 452 ○ −80 ○ −70

45 $3 + 77 = \square \times 16$

○ 7 ○ 5 ○ 11 ○ 3 ○ 6

46 $0.04 \times \square = 0.8 \times 0.8$

○ 0.1 ○ 1.6 ○ 0.24 ○ 0.8 ○ 16

47 $(13 + \square) \times 7 = 119$

○ 4 ○ 8 ○ 13 ○ 9 ○ 16

48 $17 + 43 + \square = 147$

○ 28   ○ 47   ○ 87   ○ 74   ○ 88

49 $9/11 \times 33 = \square \div 8$

○ 33   ○ 216   ○ 88   ○ 316   ○ 118

50 $14/5 \div 7/15 = \square$

○ 15   ○ 14   ○ 6   ○ 3   ○ 15

51 $0.125 \times \square = 0.25 \div 0.4$

○ 8   ○ 15   ○ 33   ○ 5   ○ 12

52 $\square \div 4 + 10 = 22$

○ 12   ○ 8   ○ 42   ○ 48   ○ 24

53 $0.08 + 0.4 = 36 \div \square$

○ 800   ○ 30   ○ 17.28   ○ 112.5   ○ 75

54 $30 \times \square = 100 \times 0.09$

○ 270   ○ 27   ○ 0.3   ○ 0.03   ○ 33.3

55 $1/4 + \square = 1/3$

○ 1/3   ○ 1/12   ○ 1/4   ○ −1/12   ○ 2/3

56 $27 - 62 = 5 - \square$

○ 40   ○ 29   ○ 84   ○ 30   ○ 50

57 $49 \div 56 = 7 \div \square$

- ○ 5
- ○ 6
- ○ 7
- ○ 8
- ○ 9

58 $7 \times \square + 3 \times \square = 44$（□には同じ値が入ります）

- ○ 11
- ○ 1.4
- ○ 0.44
- ○ 4
- ○ 4.4

59 $0.42 \div \square = 7$

- ○ 0.06
- ○ 0.6
- ○ 0.7
- ○ 2.94
- ○ 6

60 $2 \div 0.2 = 0.02 \times \square$

- ○ 0.5
- ○ 5
- ○ 50
- ○ 500
- ○ 5000

61 $\square \times \square = 0.5625$（□には同じ値が入ります）

- ○ 3/25
- ○ 3/4
- ○ 3/5
- ○ 9/25
- ○ 3/50

62 $240の\square\% = 67.2$

- ○ 0.08
- ○ 0.9
- ○ 3.57
- ○ 28
- ○ 48

63 $25 \div \square - 12 = 38$

- ○ 0.2
- ○ 1.04
- ○ 2
- ○ 0.5
- ○ 5

64 $3/5 + 1/8 = \square$

- ○ 1.2
- ○ 0.875
- ○ 0.8
- ○ 0.725
- ○ 0.575

65 $8460 - \square = 48.35$

- ○ 84.1165
- ○ 841.165
- ○ 8411.65
- ○ −841.165
- ○ −84.1165

目標：ここまで4分以内に回答

66 $900-(\square+520)=85+135$

○ 80　　○ 100　　○ 160　　○ 180　　○ 260

67 $3\times4/7=\square\div7/12$

○ 1　　○ 3/7　　○ 3/4　　○ 3　　○ 7

68 $\square\times8/3=6$

○ 1.5　　○ 2.55　　○ 2.25　　○ 4　　○ 16

69 $\square\times0.5=18\div72$

○ 0.2　　○ 0.5　　○ 2　　○ 5　　○ 25

70 $3900-\square\times15=2100$

○ 400　　○ 260　　○ 200　　○ 140　　○ 120

71 $9/40=3.6\div\square$

○ 16　　○ 12　　○ 8　　○ 5.76　　○ 0.16

72 $11-30\div\square=9$

○ 15　　○ 10　　○ 20　　○ 3　　○ 2

73 $1/4+1/5+1/8=\square$

○ 0.675　　○ 0.575　　○ 0.825　　○ 0.875　　○ 1

74 $53の\square\%=318$

○ 200　　○ 1250　　○ 400　　○ 600　　○ 125

75 $16 = 0.6 \times \square$

- ○ 8/3
- ○ 4/15
- ○ 15/4
- ○ 3/80
- ○ 80/3

76 $11 = \square \div 9/4$

- ○ 20.25
- ○ 20.75
- ○ 24.25
- ○ 24.75
- ○ 25.25

77 $\square \div 1/2 = 5 \div 50$

- ○ 1/5
- ○ 2/5
- ○ 1/20
- ○ 1/50
- ○ 5

78 $0.023 \div \square = 23$

- ○ 1/1000
- ○ 1/100
- ○ 1000
- ○ 100
- ○ 10

79 $1/10 \div \square = 1/8 + 1/8$

- ○ 5/8
- ○ 8
- ○ 5/2
- ○ 16
- ○ 2/5

80 $\square \div 1/5 = 0.8$

- ○ 1/4
- ○ 4/25
- ○ 5/8
- ○ 25/4
- ○ 1/40

81 $9/5 + 3/10 = 30 \times \square$

- ○ 6.3
- ○ 2.1
- ○ 0.7
- ○ 0.63
- ○ 0.07

82 $7/5 + 0.2 = 4 \div \square$

- ○ 3/2
- ○ 6/5
- ○ 5/2
- ○ 10/3
- ○ 2/5

83 $4/5 + 1/25 = 0.9 - \square$

- ○ 0.3
- ○ 0.14
- ○ 0.6
- ○ 0.06
- ○ 0.96

84 $5/8 = \square\%$

○ 13.3 ○ 16 ○ 60.5 ○ 62.5 ○ 40

85 $\square + 124 = \square \times 32$（□には同じ値が入ります）

○ 3.5 ○ 4 ○ 5.5 ○ 6 ○ 7.5

86 $6 \times \square \div 15 = 144 \div 9 \div 5$

○ 8 ○ 9 ○ 12 ○ 18 ○ 24

87 $(37 - 4) \times 3 = (\square + 1)(\square - 1)$

○ 17 ○ 15 ○ 12 ○ 10 ○ 8

88 $6 \times (\square - 5.5) = 8 \div 4/9$

○ 16 ○ 8.5 ○ 18 ○ 22 ○ 7.5

89 $1/4 + 1/6 = 8 \div \square + 12 \div \square$（□には同じ値が入ります）

○ 12 ○ 20 ○ 24 ○ 48 ○ 60

90 $33 \div \square \div 8 = 3.3 \times 5$

○ 1/4 ○ 1/5 ○ 1/8 ○ 3/11 ○ 3/4

▶解答・解説は別冊15ページ

練習問題 **四則逆算②**

制限時間 **9**分 　点 50点

・時間を計りながら解いてみましょう（**各1点**）

■式中の□に入る数値として正しいものを選択肢の中から１つ選びなさい。

91 $5 \times 7 = \square + 19$

○ 5 　　○ 6 　　○ 16 　　○ 24 　　○ 54

92 $4 + 8 + 10 = \square \div 5$

○ 145 　　○ 110 　　○ 125 　　○ 135 　　○ 140

93 $1 = \square \times 3/2$

○ 4/9 　　○ 9/4 　　○ 3/2 　　○ 2/3 　　○ 1/3

94 $\square + 132 = 487$

○ 355 　　○ 710 　　○ 755 　　○ −710 　　○ −355

95 $3 + 25 = \square \times 4$

○ 4 　　○ 5 　　○ 6 　　○ 7 　　○ 8

96 $0.008 \times \square = 0.4 \times 0.4$

○ 1.28 　　○ 2 　　○ 0.32 　　○ 0.2 　　○ 20

97 $(5 + \square) \times 9 = 144$

○ 6 　　○ 9 　　○ 11 　　○ 16 　　○ 21

98 $9 + 12 + \square = 42$

○ 21 ○ 39 ○ 41 ○ 59 ○ 63

99 $5/3 \times 21 = \square \div 2$

○ 35 ○ 70 ○ 95 ○ 120 ○ 140

100 $27/6 \div 3/8 = \square$

○ 2 ○ 3 ○ 6 ○ 12 ○ 36

101 $0.25 \times \square = 1.08 \div 0.18$

○ 8 ○ 15 ○ 18 ○ 24 ○ 48

102 $\square \div 6 + 9 = 24$

○ 10 ○ 15 ○ 32 ○ 45 ○ 90

103 $0.02 + 0.3 = 32 \div \square$

○ 100 ○ 200 ○ 250 ○ 500 ○ 1000

104 $8 \times \square = 60 \times 0.04$

○ 0.03 ○ 0.3 ○ 1.92 ○ 3 ○ 19.2

105 $1/5 + \square = 1/4$

○ 2/9 ○ 1/9 ○ 1/10 ○ 1/20 ○ 9/20

106 $11 - 48 = 2 - \square$

○ 29 ○ 35 ○ 39 ○ 48 ○ 57

107 $28 \div 35 = 8 \div \square$

- ○ 9
- ○ 10
- ○ 11
- ○ 12
- ○ 13

108 $3 \times \square + 7 \times \square = 21$（□には同じ値が入ります）

- ○ 0.21
- ○ 1.25
- ○ 2.1
- ○ 4.2
- ○ 5.25

109 $0.25 \div \square = 5$

- ○ 0.05
- ○ 0.25
- ○ 0.5
- ○ 1.5
- ○ 5

110 $7 \div 0.7 = 0.04 \times \square$

- ○ 0.5
- ○ 50
- ○ 200
- ○ 250
- ○ 500

111 $\square \times \square = 0.015625$（□には同じ値が入ります）

- ○ 3/8
- ○ 1/8
- ○ 3/5
- ○ 1/25
- ○ 3/40

112 $160の\square\% = 73.6$

- ○ 0.46
- ○ 2.17
- ○ 4.6
- ○ 46
- ○ 117.76

113 $15 \div \square - 9 = 21$

- ○ 0.5
- ○ 0.75
- ○ 1.5
- ○ 2
- ○ 2.25

114 $1/4 + 3/5 = \square$

- ○ 3.75
- ○ 2.4
- ○ 1.5
- ○ 0.95
- ○ 0.85

115 $5610 - \square = 29.64$

- ○ 55.8036
- ○ 558.036
- ○ 5580.36
- ○ −558.036
- ○ −5580.36

目標：ここまで4分以内に回答

116 $3 \times 3/4 = \square \div 4/9$

- ○ 9/4
- ○ 1
- ○ 2/3
- ○ 2
- ○ 4/9

117 $\square \times 5/4 = 9$

- ○ 2.2
- ○ 2.5
- ○ 7.2
- ○ 10
- ○ 11.25

118 $\square \times 0.2 = 8 \div 50$

- ○ 0.8
- ○ 1.25
- ○ 2.5
- ○ 50
- ○ 80

119 $1900 - \square \times 10 = 1500$

- ○ 20
- ○ 40
- ○ 340
- ○ 400
- ○ 1750

120 $3/10 = 2.4 \div \square$

- ○ 0.125
- ○ 0.72
- ○ 0.8
- ○ 7.2
- ○ 8

121 $1/5 + 1/8 + 1/10 = \square$

- ○ 0.155
- ○ 0.425
- ○ 0.335
- ○ 1
- ○ 1.55

122 38の$\square$% $= 228$

- ○ 60
- ○ 1200
- ○ 400
- ○ 600
- ○ 800

123 $10 = 0.4 \times \square$

- ○ 2/5
- ○ 1/40
- ○ 1/4
- ○ 25
- ○ 20

124 $72 \div (25 - \square) = 4$

- ○ 3
- ○ 5
- ○ 7
- ○ 9
- ○ 11

125 $5 - 18 \div \square = 3$

- ○ 16
- ○ 12
- ○ 10
- ○ 9
- ○ 7

126 $8 = \square \div 3/5$

- ○ 4.8
- ○ 2.88
- ○ 5.76
- ○ 13.3
- ○ 20.6

127 $\square \div 1/4 = 3 \div 30$

- ○ 1/3
- ○ 1/10
- ○ 1/20
- ○ 1/30
- ○ 1/40

128 $(89 - 19) \div 2 = (\square + 1)(\square - 1)$ （□には同じ値が入ります）

- ○ 4
- ○ 6
- ○ 9
- ○ 12
- ○ 23

129 $1/8 \div \square = 1/4 + 1/4$

- ○ 1/8
- ○ 1/2
- ○ 1/4
- ○ 3/8
- ○ 4

130 $\square \div 1/3 = 0.25$

- ○ 1/6
- ○ 1/12
- ○ 5/6
- ○ 3/4
- ○ 4/3

131 $5/4 + 3/10 = 25 \times \square$

- ○ 0.13
- ○ 0.26
- ○ 0.31
- ○ 0.031
- ○ 0.062

132 $2/5 + 0.2 = 1 \div \square$

- ○ 3/4
- ○ 2/5
- ○ 5/3
- ○ 4/3
- ○ 3/5

133 $3/4 + 1/10 = 0.9 - \square$

- ○ 1.75
- ○ 1.45
- ○ 0.35
- ○ 0.5
- ○ 0.05

134 $1/2 \div (0.45 - \square) = 1 \div 1/2$

○ 0.15　　○ 0.25　　○ 0.5　　○ 0.45　　○ 0.2

135 $\square + 88 = \square \times 45$（□には同じ値が入ります）

○ 2　　○ 3.5　　○ 4　　○ 5　　○ 5.5

136 $650 - (\square + 320) = 65 + 85$

○ 150　　○ 160　　○ 170　　○ 180　　○ 190

137 $5 \times \square \div 6 = 105 \div 7 \div 2$

○ 9　　○ 12　　○ 30　　○ 150　　○ 225

138 $2 \times (\square - 1.5) = 8 \div 4/5$

○ 3.5　　○ 6.5　　○ 21.5　　○ 58.9　　○ 61.9

139 $1/5 + 1/7 = 11 \div \square + 13 \div \square$（□には同じ値が入ります）

○ 7　　○ 24　　○ 35　　○ 56　　○ 70

140 $17 \div \square \div 4 = 1.7 \times 5$

○ 1/2　　○ 4/5　　○ 1/4　　○ 10/17　　○ 17/20

表の空欄推測【即解法】

どんな問題が出るのか—実際の出題画面と制限時間

表内にある【？】の値を推測する問題です。

▼出題画面

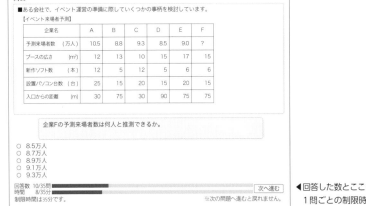

問10
■ある会社で、イベント運営の準備に際していくつかの事柄を検討しています。

【イベント来場者予測】

企業名	A	B	C	D	E	F
予測来場者数 （万人）	10.5	8.8	9.3	8.5	9.0	？
ブースの広さ （㎡）	12	13	10	15	17	15
新作ソフト数 （本）	12	5	12	5	6	6
設置パソコン台数 （台）	25	15	20	15	20	15
入口からの距離 （m）	30	75	30	90	75	75

企業Fの予測来場者数は何人と推測できるか。

○ 8.5万人
○ 8.7万人
○ 8.9万人
○ 9.1万人
○ 9.3万人

回答数 10/35問
時間 8/35分　　　　　　　　　　　　　　　　　　次へ進む
制限時間は35分です。　　　　　　　　　※次の問題へ進むと戻れません。

◀回答した数とここまでに使った時間。
1問ごとの制限時間はない。

※次へ進むと前に戻ることができない設定が一般的ですが、企業によって前に戻れる設定もあります。

問題数と制限時間が異なる2タイプがあります。

科目	問題数	制限時間	1問あたりの回答時間
表の空欄推測	20問	20分	**1分（60秒）**
	35問	35分	**1分（60秒）**

速く解くための基本的な手順（上の出題画面を参照）

① 【？】のある項目がどの項目の数値と関係しているかを見つける

　上記問題の場合、【？】の予測来場者数と関係する項目を見つけるため、まずは**予測来場者数が最大のAと最小のDを比べます**。すると、**入口からの距離が近いほど、また新作ソフト数と設置パソコン台数が多いほど予測来場者数が多い**ことが推測できます（ブースの広さは予測来場者数には無関係と判断します）。

② **表内の同じ数値に着目する**

　Fの入口からの距離は75mでBと同じです。**BとFの新作ソフト数は5と6でFの方が大きいので、【？】はBの8.8万人より多いと推測します。➡【8.8＜？】**

68

次に、**E と F を比べると、設置パソコン台数がE：20台　F：15台、他の予測来場者数に関係する数値はすべて同じ**です。よって、**F の予測来場者数はE の9万人よりも少ない**と推測できます。➡【? ＜ 9.0】
【8.8 ＜ ? ＜ 9.0】の条件であてはまる**8.9万人**の選択肢が正解です。

答えを見つける3つのコツ

① 【?】のある項目がどの数値と関係しているかを見つける

・最大と最小を比較する

前項の解説のように、【?】のある行*（または列）の最大と最小の項目を比較して、他項目の値の大小を比較してみます。**同じく最大または最小の項目を見つけたら、その項目が【?】の数値と関係すると推測します。**

※行は横方向、列は縦方向の項目です。列の部首「リ」の縦並びで覚えましょう。

・一般的に考えて関係項目の見当をつける

「マンションの賃貸料は部屋の広さで変わる」、「ボーナスの額は基本給の○倍になっている」など、**一般的に考えて関係項目の見当をつける**ことも回答の近道です。これらは練習問題を解いていくうちに、だんだんと勘が身についてきます。

② 列ごとの和（＋）、差（－）、積（×）、商（÷）を比べる

・まずは列ごとの和を計算してみる

各列の数値をよく見ると、一定の法則性を見出せることがあります。例えば、列ごとに**ある項目の和が同じであれば、それを起点にして【?】の値を算出できることがあります。**具体例は次ページ以降で紹介します。

・数値が同じ割合や比率で推移しているかを検討する。

例えば、ある項目の値を同じ列の他項目の値で割ってみると、整数（2、3、4…）や切りのいい数（1/3、1.5、など）になっていることがあります。ここから、【?】を算出する法則を推測します。

③ 選択肢の中から近い値を選ぶ意識で考える

表の空欄推測は、【?】の正確な値を求める問題ではなく、**最も近い選択肢を推測する問題**です。**【? の値は○より大きく、○より小さい】**などを見つけたらその時点で選択肢を絞ることが大切です。

次ページから、実際の問題を解きながら、より具体的に解法のコツを身につけていきましょう。「表の空欄推測」は難易度が高いので、1回目で解けない問題があるのが当然です。解けるようになるまで繰り返すことが重要です。

表の空欄推測

● 表の空欄の数値を推測する問題。

比例関係

- **比例の関係にある項目を探し出す**
- **比例定数(＝2つの項目の関係値)を計算する**

例題 解答・解説は右ページ 制限時間2分

■あるバス会社で、通学定期券の運賃を検討しています。

【A停留所からの定期代】

	B停留所	C停留所	D停留所	E停留所	F停留所
A停留所からの距離 (km)	3	6	9	12	15
通勤定期代 (円／月)	7,830	10,690	12,840	16,380	18,270
通学定期代 (円／月)	2,610	3,560	4,280	5,460	?

1 A〜F停留所間の1カ月通学定期券の運賃はいくらと推測できるか。
以下の選択肢の中から1つ選びなさい。

○ 5,790円　○ 5,890円　○ 5,990円　○ 6,090円　○ 6,190円

■ある選挙で、投票を終えた有権者に出口調査を行いました。

【投票所別出口調査票回収数】

	L会場	M会場	N会場	O会場	P会場	Q会場
調査員数 (人)	50	60	70	90	120	100
配布数 (枚)	2,100	2,700	4,000	5,800	7,600	4,500
回収数 (枚)	168	216	320	?	608	360
会場の広さ (m²)	200	250	300	300	400	350

2 O会場の回収数は何枚と推測できるか。以下の選択肢の中から1つ選びなさい。

○ 464枚　○ 468枚　○ 472枚　○ 476枚　○ 480枚

分で解ける超解法!! ● 比例している項目を探す

1 【?】がある項目「通学定期代」と同じ比率で増えている項目を探す。
B停留所とE停留所を比較すると、「通勤定期代」が約2倍になると、「通学定期代」も約2倍になっており、比例関係にあることが推測できる。
「通勤定期代÷**通学定期代**」を計算する。

B停留所…7830 ÷ 2610 ＝ 3 ←通学定期の3倍が通勤定期
C停留所…10690 ÷ 3560 ＝ 3.002…
D停留所…12840 ÷ 4280 ＝ 3

通学定期代は通勤定期代の3分の1になっていることがわかる。

		B停留所	C停留所	D停留所	E停留所	F停留所
通勤定期代	（円／月）	7,830	10,690	12,840	16,380	**18,270**
通学定期代	（円／月）	2,610	3,560	4,280	5,460	?

÷3

よってF停留所の通学定期代は、

18270 ÷ 3 ＝ 6090円

正解　6,090円

※比例関係にある項目と比例定数（＝2つの項目の関係値）を見つけたら、
　すぐF停留所を計算する。

2 【?】がある「回収数」と比例関係にある項目を探す。L会場とN会場を比較すると、配布数が約2倍になると回収数も約2倍になっている。
「配布数÷**回収数**」を計算する。

L会場…2100 ÷ 168 ＝ 12.5 ←配布数÷12.5＝回収数
M会場…2700 ÷ 216 ＝ 12.5
N会場…4000 ÷ 320 ＝ 12.5

回収数は配布数の12.5分の1になっていることがわかる。

		L会場	M会場	N会場	O会場	P会場	Q会場
配布数	（枚）	2,100	2,700	4,000	**5,800**	7,600	4,500
回収数	（枚）	168	216	320	?	608	360

÷12.5

よってO会場の回収数は、

5800 ÷ 12.5 ＝ 464枚

正解　464枚

※試験では1カ所の計算で12.5が出たら、すぐにO会場を計算する。

相関関係

- 項目Aが増える（減る）と項目Bが増える（減る）
- 【？】の数値が間に入る2つの項目を探す

例題 解答・解説は右ページ　　　　　　制限時間2分

■あるメーカーで、6つの店舗の先月の売上を集計しています。

【先月の売上実績】

		A店	B店	C店	D店	E店	F店
営業日数	（日）	25	24	26	23	28	28
売上目標	（万円）	750	665	800	700	730	680
売上実績	（万円）	725	652	760	683	712	?
従業員数	（人）	17	19	24	16	18	18

1 F店の先月の売上実績はいくらと推測できるか。
以下の選択肢の中から1つ選びなさい。

○ 610万円　　○ 650万円　　○ 667万円　　○ 684万円　　○ 700万円

■ある語学学校で、各大学の1年生の外国語授業の履修状況を集計しています。

【履修状況】

		L大学	M大学	N大学	O大学	P大学
1年生の人数	（人）	1,500	5,300	940	1,200	2,200
英語	（人）	1,260	4,680	756	1,080	1,980
ドイツ語	（人）	397	1,987	76	224	706
フランス語	（人）	565	975	328	494	770
スペイン語	（人）	?	1,190	83	185	335

2 L大学のスペイン語履修人数は何人と推測できるか。
以下の選択肢の中から1つ選びなさい。

○ 141人　　○ 252人　　○ 363人　　○ 474人　　○ 585人

分で解ける超解法!!　●相関している項目を探す

❶ 【?】のある売上実績の最小と最大の数値から見る。売上実績が最小652のB店の他の項目を見ると、売上目標665も最小になっている。売上実績が最大760のC店の他の項目を見ると、売上目標800も最大になっている。このことから、**売上目標と売上実績が相関している**ことがわかる。

	A店	B店	C店	D店	E店	F店
売上目標（万円）	750	665	800	700	730	**680**
売上実績（万円）	725	652	760	683	712	?

665 < **680** < 700

652 < **?** < 683

F店の売上目標**680**は、B店**665**とD店**700**の間にある。よって、F店の売上実績はB店の売上実績：**652**とD店の売上実績：**683**の間にあると推測できる。該当する選択肢は、**667万円**だけ。

> 正解　667万円

❷ 【?】のあるスペイン語の最小と最大の数値から見る。スペイン語が最小83のN大学の他の項目を見ると、他の項目もすべて最小になっている。スペイン語が最大1190のM大学の他の項目を見ると、他の項目もすべて最大になっている。このことからすべての項目が相関していることがわかる。

	L大学	M大学	N大学	O大学	P大学
1年生の人数（人）	**1,500**	5,300	940	1,200	2,200
英語　　　　（人）	1,260	4,680	756	1,080	1,980
ドイツ語　　（人）	397	1,987	76	224	706
フランス語　（人）	565	975	328	494	770
スペイン語　（人）	?	1,190	83	185	335

1200 < **1500** < 2200

185 < **?** < 335

どの項目で見ても同じだが、仮に1年生の人数の項目で大小を比較すると、L大学1500は、O大学1200とP大学2200の間にあるので、相関しているスペイン語【?】もO大学185とP大学335の間にあると推測できる。
該当する選択肢は、**252人**だけ。

※このように、すべての項目が相関している問題も実際に出題されている。相関関係の問題だとわかったら、あまり考え込まないで【?】をはさんでいる上と下の数値の間に入る選択肢を選べばよい。

> 正解　252人

合計

- ● **複数の項目の合計が同じ値になっている**
- ● **各項目の合計（縦・横）の法則性を見つける**

例題 解答・解説は右ページ 制限時間2分

■あるベーカリーチェーン店で、店舗別に1日の売上高を集計しています。

【店舗別売上高】

		P店	Q店	R店	S店	T店
食パン	（円）	65,720	60,950	56,180	66,780	60,420
菓子パン	（円）	62,580	63,420	59,640	62,160	59,640
惣菜パン	（円）	56,430	39,290	55,440	42,850	?
その他	（円）	13,570	30,710	14,560	27,150	21,490

1 T店の惣菜パンの売上はいくらと推測できるか。
以下の選択肢の中から1つ選びなさい。

○ 45,810円 ○ 47,070円 ○ 48,510円 ○ 50,630円 ○ 52,580円

■ある花屋で、花束の見積金額を検討しています。

【見積金額】

		A様	B様	C様	D様
アカシア	（本）	5	10	0	5
アネモネ	（本）	0	0	15	5
チューリップ	（本）	10	5	0	5
フリージア	（本）	5	5	5	5
見積金額	（円）	3,000	3,250	5,000	?

2 D様の見積金額はいくらと推測できるか。
以下の選択肢の中から1つ選びなさい。

○ 3,000円 ○ 3,250円 ○ 3,500円 ○ 3,750円 ○ 4,000円

分で解ける超解法!! ●縦と横の合計に目を配る

1 【?】のある惣菜パンの売上を他の項目の売上と比較する。惣菜パンの売上が最大のP店と最低のQ店を比べてみると、**惣菜パンの売上が増えると「その他」の売上が減っている**。さらに、惣菜パンと「その他」の十の位を足すと、**いずれも合計が10**になっており、惣菜パンと「その他」の合計に法則があると推測できる。惣菜パンと「その他」を合計すると、

P店…56430＋13570＝70000円
Q店…39290＋30710＝70000円

惣菜パンと「その他」の合計は70000円なので、T店の惣菜パンの売上は、

T店…70000－21490＝48510円

	P店	Q店	R店	S店	T店
惣菜パン　（円）	56,430	39,290	55,440	42,850	?
その他　　（円）	13,570	30,710	14,560	27,150	21,490

↑十の位の合計が10。金額の合計は70000円

※2カ所の計算で70000（合計）が出たら、すぐT店を計算してよい。

正解　48,510円

2 花の種類ごとに、A様、B様、C様の行を横に足していくと、**いずれも合計が15本**になっていることに着目する。求めるD様は、**どの花も5本**ずつなので、**A様、B様、C様の合計本数15本の1/3**であることがわかる。

	A様	B様	C様		D様
アカシア　　（本）	5	10	0	←5＋10＝15	5
アネモネ　　（本）	0	0	15	←15	5
チューリップ（本）	10	5	0	←10＋5＝15	5
フリージア　（本）	5	5	5	←5＋5＋5＝15	5
見積金額　　（円）	3,000	3,250	5,000		?

よって、D様の見積金額も、A様、B様、C様の合計金額の3分の1であると推測できる。

D様…（3000＋3250＋5000）÷3＝3750円

正解　3,750円

推移

- ● 項目の数値が一定の法則で推移している
- ● 引き算の差や割り算の商を比べて法則を見つける

例題 解答・解説は右ページ 制限時間2分

■ある食堂で、AランチとBランチの注文数について調査をしています。

【ランチの注文数】

		1〜2月	3〜4月	5〜6月	7〜8月	9〜10月	11〜12月
Aランチ	(個)	2,000	1,000	3,000	750	1,125	2,250
Bランチ	(個)	675	1,350	450	1,800	1,200	?

1 11〜12月のBランチの注文数は何個と推測できるか。
以下の選択肢の中から1つ選びなさい。

○ 300個　　○ 400個　　○ 500個　　○ 600個　　○ 800個

■ある工場で、総生産数と製造機械1台あたりの可能生産個数を年ごとにまとめています。

【総生産数と可能生産個数】

		2009年	2010年	2011年	2012年	2013年
総生産数	(万個)	120	210	240	315	?
可能生産個数	(個／台)	20	30	30	35	50

2 2013年の総生産数は何個と推測できるか。
以下の選択肢の中から1つ選びなさい。

○ 500万個　　○ 550万個　　○ 600万個　　○ 660万個　　○ 750万個

分で解ける超解法!! ●増減している法則を見つける

1 Aランチの個数が減るとBランチの個数が増え、逆にAランチが増えるとBランチが減っていることに着目する。各ランチの前月比を計算すると、

1〜2月→3〜4月…Aが 1000 ÷ 2000 = 1/2倍

　　　　　　　　 Bが 1350 ÷ 675 = 2倍 ── **1/2と2は逆数**

3〜4月→5〜6月…Aが 3000 ÷ 1000 = 3倍

　　　　　　　　 Bが　450 ÷ 1350 = 1/3倍 ── **3と1/3は逆数**

	1〜2月	3〜4月	5〜6月	7〜8月	9〜10月	11〜12月
Aランチ（個）	2,000	1,000	3,000	750	1,125	2,250
Bランチ（個）	675	1,350	450	1,800	1,200	?

（Aランチ：1/2倍　3倍　1/4倍　3/2倍　2倍）
（Bランチ：2倍　1/3倍　4倍　2/3倍　1/2倍）

AとBの前月比が、逆数になっていることがわかる。11〜12月のAの個数は11〜12月の2倍なので、Bは1/2倍と推測できる。

1200 × 1/2 = 600個

　　　　　　　　　　　　　　　　　　　　 | 正解　600個 |

※表より「Aが2倍になるとBは1/2倍」に気がついた時点ですぐに回答する。

2 製造機械1台あたりの「可能生産個数」を見ると、2010年と2011年は30個/台で変化がないのに、総生産数は 210 → 240 と30万個増えていることに気がつく。これにより、年ごとに**製造機械の台数が増えている**ことが推測できる。製造機械の台数は、総生産数（万個）÷可能生産個数なので、

2009年…120 ÷ 20 = 6万台

2010年…210 ÷ 30 = 7万台) +1万台

2011年…240 ÷ 30 = 8万台) +1万台

2012年…315 ÷ 35 = 9万台) +1万台

製造機械は、**毎年1万台ずつ増加**していることがわかる。よって2013年は2012年の9万台＋1万台＝10万台。1台あたり50個が生産可能なので、

10万 × 50 = 500万個

　　　　　　　　　　　　　　　　　　　　 | 正解　500万個 |

※実際の検査では、あまり考え込まずに、**表の数字だけを見て**、縦横で数字を足したり割ったりして答えを出すようにすると、他の問題に時間を回すことができる。

算出式

- 他項目から【？】の項目を算出する式を立てる
- 連立方程式を立てて解く

例 題　解答・解説は右ページ　　　　　　　　　　　　制限時間2分

■ある新聞社で、エリアごとの新聞配布数を集計しています。

【エリア別新聞配布数】

	Rエリア	Sエリア	Tエリア	Uエリア
社員数（人）	22	30	33	24
パート数（人）	60	30	78	40
配布数（部／日）	3,690	2,700	4,995	？

1 Uエリアで1日に配布される部数は何部と推測できるか。
以下の選択肢の中から1つ選びなさい。

○ 2,880部　　○ 2,970部　　○ 3,055部　　○ 3,150部　　○ 3,265部

■ある外食チェーン店で地区ごとの人員数を検討しています。

【地区ごとの人員数】

		A地区	B地区	C地区	D地区	E地区
店舗数	（店）	3	17	8	15	9
正社員	（人）	20	123	38	118	51
契約社員	（人）	5	29	22	25	16
アルバイト	（人）	5	18	20	7	？

2 E地区のアルバイトの人数は何人と推測できるか。
以下の選択肢の中から1つ選びなさい。

○ 11人　　　○ 14人　　　○ 17人　　　○ 20人　　　○ 23人

分で解ける超解法!!

●「1人(1店)あたり」を計算

1 　人数が多いほど、配布数も多いので、**配布数÷(社員数+パート数)**で、1人あたりの配布数を算出してみると、

R エリア…3690÷(22+60)=**45**部
S エリア…2700÷(30+30)=**45**部
T エリア…4995÷(33+78)=**45**部

どのエリアも、**1人が45部配布**していることがわかる。よって

配布数=(社員数+パート数)×45
Uエリアの配布数=(24+40)×45=2880部

[別解] 社員の配布数をx、パートの配布数をyとして連立方程式を立てる。
Rエリア…22x+60y=3690
Sエリア…30x+30y=2700
これを解くと、x=45、y=45
よって、**Uエリアの配布数=(40×45)+(24×45)=2880部**
※社員とパートの配布数が違う場合でも、方程式で解ける。

| 正解　2,880部 |

2 　**(正社員+契約社員+アルバイト)÷店舗数**で、1店舗あたりの人員数を算出してみると、

A地区3店…(20+5+5)÷3=**10**人
B地区17店…(123+29+18)÷17=**10**人
C地区8店…(38+22+20)÷8=**10**人
D地区15店…(118+25+7)÷15=**10**人

どの店舗も**1店に10人**いることがわかる。E地区は9店舗なので90人いる。
よってE地区のアルバイトの人数は、

90-51-16=23人

[即解] 暗算で、A地区3店は20+5+5=30人、C地区8店は38+22+20=80人。3店で30人、8店で80人なので1店10人と推測できる。
E地区9店は90人なので、**90-51-16=23人**。

| 正解　23人 |

▶解答・解説は別冊 20 ページ

・時間を計りながら解いてみましょう（各1点）

■自転車専門店数社が、年末に在庫一掃セールを行うことになりました。

【在庫一掃セール価格表】

品名		通常価格（円）	セール価格（円）
P社	電動自転車	200,000	140,000
Q社	電動自転車	150,000	90,000
P社	ロードバイク	300,000	210,000
Q社	ロードバイク	250,000	150,000
R社	シティサイクル	30,000	16,500
S社	シティサイクル	25,000	12,500
R社	折りたたみ自転車	35,000	19,250
S社	折りたたみ自転車	22,000	11,000
R社	ヘルメット	6,000	3,300
S社	ヘルメット	3,900	？

141 S社のヘルメットのセール価格はいくらと推測できるか。
以下の選択肢の中から1つ選びなさい。

○ 1,500円

○ 1,650円

○ 1,800円

○ 1,950円

○ 2,100円

■L県で、畜産物生産量の推移をまとめています。

【L県畜産物生産量】

		1995年	1996年	1997年	1998年	1999年
肉用牛	（万t）	7.2	8.4	4.8	?	12.6
生乳	（万t）	2.4	2.8	1.6	3.7	4.2
ブロイラー	（万t）	1.8	1.7	1.5	1.9	2.1
豚	（万t）	1.5	1.4	1.5	1.6	1.6

142 1998年の肉用牛生産量は何万tと推測できるか。
以下の選択肢の中から1つ選びなさい。

○ 8.5万t

○ 9.6万t

○ 10.1万t

○ 10.6万t

○ 11.1万t

■ある業務用卸売店で、トマト缶とデミグラス缶の販売量をまとめています。

【卸売店販売量】

	2005年	2006年	2007年	2008年	2009年	2010年
トマト缶 （ケース）	4,215	4,103	4,013	3,812	3,715	?
デミグラス缶 （ケース）	723	745	768	912	946	1,012

143 2010年のトマト缶の販売量は何ケースと推測できるか。
以下の選択肢の中から1つ選びなさい。

○ 3,594ケース

○ 3,806ケース

○ 3,902ケース

○ 4,102ケース

○ 4,214ケース

■あるメーカーで、1月の気温と石油ストーブの販売数を集計しています。

【石油ストーブ販売数】

	2011年	2012年	2013年	2014年	2015年
平均気温　（℃）	4.1	5.0	5.8	5.6	5.2
販売数　（千台）	48	41	33	35	?

144 2015年の販売数は何千台と推測できるか。
以下の選択肢の中から1つ選びなさい。

○ 32千台

○ 37千台

○ 45千台

○ 47千台

○ 52千台

- -

■ある家電メーカーで、工場別のデータをまとめています。

【テレビの出荷台数】

	P工場	Q工場	R工場	S工場	T工場
出荷台数　（万台）	12	82	64	53	38
出荷額　（億円）	96	656	512	424	?
従業者数　（人）	25	58	39	30	25
付加価値額（億円）	35.5	249.2	168.9	158.5	96.0

145 T工場の出荷額はいくらと推測できるか。
以下の選択肢の中から1つ選びなさい。

○ 180億円

○ 246億円

○ 304億円

○ 362億円

○ 420億円

■T県で2つの市民プールの来場者数の推移について調べています。

【市民プールの来場者数の推移】

	2010年	2011年	2012年	2013年	2014年
市民プールA（千人）	150	300	100	400	80
市民プールB（千人）	240	120	360	90	?

146 2014年の市民プールBの来場者数は何千人と推測できるか。
以下の選択肢の中から1つ選びなさい。

○ 420千人
○ 450千人
○ 480千人
○ 510千人
○ 540千人

■ある弁当屋で、月曜から木曜までの弁当売上個数を集計しています。

【弁当売上個数】

	月曜日	火曜日	水曜日	木曜日
から揚げ弁当　（個）	123	136	128	?
のり弁当　（個）	82	69	72	91
幕の内弁当　（個）	66	67	98	74
総売上個数　（個）	410	452	428	469

※表内にない種類の弁当もある。

147 木曜日のから揚げ弁当の売上個数は何個と推測できるか。
以下の選択肢の中から1つ選びなさい。

○ 96個
○ 119個
○ 128個
○ 135個
○ 141個

■ある美容雑誌で、化粧品の購入者の購入の決め手をアンケートしています。

【メーカー別購入者の動機】

	P社製品	Q社製品	R社製品	S社製品	T社製品
口コミの評判　（人）	28	21	17	36	24
メディアの紹介　（人）	18	14	26	12	10
試供品の使用感（人）	6	0	0	18	10
価格と予算　　（人）	12	14	15	5	8
ブランド信頼性（人）	9	7	?	6	5

148 R社製品のブランド信頼性が決め手の購入者は何人と推測できるか。
以下の選択肢の中から1つ選びなさい。

○ 9人

○ 10人

○ 11人

○ 12人

○ 13人

■ある会社の営業部が、営業部員5名の営業成績をまとめています。

【電力プラン契約件数】

	Nさん	Oさん	Pさん	Qさん	Rさん
訪問件数　　　（件）	380	304	280	358	340
契約件数　　　（件）	57	46	42	54	?
契約目標件数　（件）	50	45	45	50	45
先月契約件数　（件）	48	42	41	42	43

149 Rさんの契約件数は何件と推測できるか。
以下の選択肢の中から1つ選びなさい。

○ 42件

○ 45件

○ 48件

○ 51件

○ 54件

■あるチェーン店のTVCMを放送した前と後の各店舗における1日あたりの平均来客数と売上額の推移を表にしています。

【TVCM放送前後各1カ月実績】

1日あたりの平均		店舗P	店舗Q	店舗R	店舗S	店舗T	店舗U
CM前	来客数 （人）	480	350	280	540	430	380
	売上額 （万円）	52.8	38.5	30.8	59.4	47.3	41.8
CM後	来客数 （人）	720	525	420	810	645	570
	売上額 （万円）	108	78.75	63	121.5	96.75	?

150 店舗UのTVCM後の1日あたりの平均売上額はいくらと推測できるか。以下の選択肢の中から1つ選びなさい。

○ 84.5万円
○ 85.0万円
○ 85.5万円
○ 86.0万円
○ 86.5万円

- - - - - - -

■ある果樹農家で、リンゴの苗木を植えてからの経過年数による収穫個数を集計しています。

【リンゴの収穫量】

	果樹園A	果樹園B	果樹園C	果樹園D
植樹から5年未満 （本）	12	16	13	12
5〜10年 （本）	10	8	8	6
10年以上 （本）	14	12	11	9
収穫個数 （個）	9,800	9,400	8,450	?

151 果樹園Dの収穫個数は何個と推測できるか。以下の選択肢の中から1つ選びなさい。

○ 6,300個
○ 7,050個
○ 8,100個
○ 9,200個
○ 10,300個

■ある不動産屋で、いくつかの中古マンション販売をしています。

【中古マンション販売価格】

	物件A	物件B	物件C	物件D	物件E
延床面積 （m²）	110	95	150	135	120
ベランダ面積 （m²）	8	8	12	7	8
階数 （階）	12	12	5	5	7
販売価格 （万円）	3,270	3,000	3,850	3,610	?

152 物件Eの販売価格はいくらと推測できるか。
以下の選択肢の中から1つ選びなさい。

○ 3,160万円

○ 3,410万円

○ 3,690万円

○ 3,890万円

○ 4,010万円

■ある和菓子店で、ギフト用の饅頭詰め合わせの値段をまとめています。

【饅頭詰め合わせの価格】

	A箱	B箱	C箱	D箱
栗あん （個）	2	2	3	3
小倉あん （個）	2	0	1	?
抹茶あん （個）	2	2	2	4
値段 （円）	900	700	1,000	1,500

153 詰め合わせD箱には小倉あんが何個入っていると推測できるか。
以下の選択肢の中から1つ選びなさい。

○ 1個

○ 2個

○ 3個

○ 4個

○ 5個

■ある製菓会社で、チョコレートの商品別の売上を集計しています。

【商品別売上】

	商品A	商品B	商品C	商品D	商品E
売上シェア 　　　（%）	2.4	2.3	2.2	1.9	1.6
出荷量 　（万箱／年）	451.8	433.0	414.1	357.7	?
価格（円／1箱あたり）	260	289	310	278	269
カロリー 　　　（kcal）	647	644	647	640	654

154 商品Eの出荷量は何万箱と推測できるか。
以下の選択肢の中から1つ選びなさい。

○ 282.4万箱

○ 301.2万箱

○ 320.0万箱

○ 338.8万箱

○ 395.3万箱

■ある観光協会で、隔月に各地で行った陶磁器祭りの売上をまとめています。

【陶磁器の売上高】

	1月	3月	5月	7月	9月	11月
会場総面積（m²）	2,000	2,400	2,800	1,700	2,200	2,600
総来場者数 　（人）	3,400	2,900	3,000	3,700	3,800	3,100
総売上 　（万円）	6,300	5,900	5,600	6,800	7,000	?
宣伝費 　（万円）	550	300	200	700	800	450

155 11月の総売上はいくらと推測できるか。
以下の選択肢の中から1つ選びなさい。

○ 6,000万円

○ 6,400万円

○ 6,800万円

○ 7,200万円

○ 7,600万円

■ある家具製造会社のオーダーメイドのオフィスデスクの価格表は以下のとおりです。

【オフィスデスク価格表】

幅（cm）	90	100	110	120	130	140	150
デスクの高さ(cm)	700	700	700	720	720	720	720
価格（円）	31,600	32,800	34,200	36,000	38,400	41,600	?

156 幅150cmのオフィスデスクの価格はいくらと推測できるか。
以下の選択肢の中から1つ選びなさい。

○ 39,800円

○ 41,800円

○ 43,800円

○ 45,800円

○ 47,800円

■ある寝具専門店で、ベッドカバー加工の見積金額を出しています。

【ベッドカバー加工見積金額】

	カバーA	カバーB	カバーC	カバーD	カバーE	カバーF
生地単価（円/m）	850	850	1,000	1,000	1,200	1,200
生地長さ　（m）	10	8	10	12	10	12
加工賃　（円/m）	1,200	1,200	1,400	1,400	1,600	1,600
加工時間（時間）	10	8	10	10	14	14
見積金額　（円）	20,500	16,400	24,000	28,800	28,000	?

157 カバーFの見積金額はいくらと推測できるか。
以下の選択肢の中から1つ選びなさい。

○ 17,200円

○ 28,000円

○ 30,400円

○ 33,600円

○ 36,800円

  目標：ここまで17分以内に回答

■F区役所で、女性の就業割合についてまとめています。

【F区持ち家・配偶者の有無と女性の就業割合】

		20-24歳	25-29歳	30-34歳	35-39歳	40-44歳	45-49歳	50-54歳	55-59歳
持ち家有	配偶者有(%)	25.1	29.6	37.5	51.6	65.1	64.4	61.4	45.6
	配偶者無(%)	55.2	68.4	86.0	?	90.4	87.0	70.4	42.9
持ち家無	配偶者有(%)	55.4	59.5	59.7	60.5	65.6	64.5	61.6	50.3
	配偶者無(%)	67.9	71.3	74.7	76.3	77.8	76.1	75.9	70.5

158 持ち家有、配偶者無の35-39歳の女性の就業割合は何%と推測できるか。
以下の選択肢の中から1つ選びなさい。

○ 85.5%

○ 87.4%

○ 90.7%

○ 92.8%

○ 93.3%

■ある料亭で、法要プランの価格を検討しています。

【法要プラン】

	第1案	第2案	第3案	第4案	第5案	第6案
価格 (万円)	42	48	36	42	18	?
参列者 (人)	30	30	30	30	15	15
1人分の料理 (円)	8,000	10,000	8,000	10,000	8,000	10,000
1人分の引き出物(円)	5,000	5,000	3,000	3,000	3,000	3,000

159 第6案の価格はいくらと推測できるか。
以下の選択肢の中から1つ選びなさい。

○ 11万円

○ 16万円

○ 21万円

○ 26万円

○ 31万円

■ある大型靴専門のチェーン店で、支店の年間売上を調べています。

【年間売上】

	P店	Q店	R店	S店	T店
スニーカー（万足）	20	16	20	16	18
革靴　　　（万足）	11	11	9	13	11
サンダル　（万足）	40	38	36	36	36
売上　（百万円）	6,500	6,040	5,780	6,580	?

160 T店の年間売上はいくらと推測できるか。
以下の選択肢の中から1つ選びなさい。

○ 5,940百万円

○ 6,180百万円

○ 6,250百万円

○ 6,370百万円

○ 6,430百万円

■会社の支店合併に伴い、必要な購入品を見積もっています。

【支店別購入品見積】

	P支店	Q支店	R支店	S支店
デスク　　　　（台）	5	6	5	10
サイドワゴン　（台）	15	18	15	30
モニター　　　（台）	5	5	10	7
見積金額　　（千円）	275	320	325	?

161 S支店の見積金額はいくらと推測できるか。
以下の選択肢の中から1つ選びなさい。

○ 500,000円

○ 510,000円

○ 520,000円

○ 530,000円

○ 540,000円

■ある古本屋で、中古漫画の値段を検討しています。

【中古漫画の値段】

漫画タイトル		A	B	C	D	E	F
抜け巻	（冊）	0	0	1	2	0	1
汚れのある本	（冊）	0	1	0	1	0	1
販売巻数	（冊）	20	8	8	16	8	16
値段	（円）	2,000	750	?	350	800	750

162 Cの値段はいくらと推測できるか。
以下の選択肢の中から1つ選びなさい。

- ○ 350円
- ○ 400円
- ○ 750円
- ○ 800円
- ○ 850円

■Y市の不動産屋で、家賃の価格決定を行っています。

【Y市賃貸マンション物件一覧】

マンション名		P	Q	R	S	T	U
家賃 （万円/1カ月）		7.1	6.2	7.7	6.5	8.0	?
部屋の広さ （m²）		23	18	23	18	28	18
築年数 （年）		5	10	1	10	1	5
階数 （階）		4	10	6	8	1	3
Y駅からの距離 （m）		400	800	240	400	240	400

163 賃貸マンションUの家賃はいくらと推測できるか。
以下の選択肢の中から1つ選びなさい。

- ○ 6.2万円
- ○ 6.5万円
- ○ 6.8万円
- ○ 7.1万円
- ○ 7.4万円

1章
【計数】3 表の空欄推測①

■あるスポーツジムで、運動器具ごとの利用率を集計しています。

【運動器具ごとの利用率と客数】※利用率＝全台数÷利用者数。1台につき1人が利用。

集計時刻	9:00	12:00	15:00	18:00	21:00
ランニングマシン （%）	60	80	40	40	80
エアロバイク （%）	60	60	0	50	50
バーベル・ダンベル（%）	25	25	12.5	75	75
利用客数 （人）	35	44	19	29	?

164 21:00時点での利用客数は何人と推測できるか。
以下の選択肢の中から1つ選びなさい。

○ 39人

○ 41人

○ 43人

○ 45人

○ 47人

■G地区のデイサービスを週4回利用したときの月額利用料を検討しています。

【G地区デイサービス利用料（週4回利用）一覧表】

	施設A	施設B	施設C	施設D	施設E	施設F
利用者数(人)	18	20	16	24	15	18
職員数 （人）	5	5	4	6	5	5
施設部屋数 （部屋）	6	8	6	12	7	8
給食の回数 （回／日）	2	2	1	1	1	1
月額利用料 （円）	25,000	22,000	20,000	20,000	24,000	?

165 施設Fの月額利用料はいくらと推測できるか。
以下の選択肢の中から1つ選びなさい。

○ 18,000円

○ 20,000円

○ 23,000円

○ 25,000円

○ 27,000円

■ある居酒屋で先週のアルコール飲料の売上を調べています。

【平日のアルコール飲料注文数と売上】

	月曜日	火曜日	水曜日	木曜日	金曜日
生ビール （杯）	90	60	90	80	100
酎ハイ　（杯）	40	35	40	35	45
日本酒　（杯）	30	15	45	40	35
売上合計（円）	72,500	49,750	80,750	71,500	?

166 金曜日の売上合計はいくらと推測できるか。
以下の選択肢の中から1つ選びなさい。

○ 81,750円

○ 83,500円

○ 85,550円

○ 87,550円

○ 89,250円

■A地区で、一戸建て用の候補地6カ所を比較しています。

【A地区一戸建て用候補地情報】

土地名	P	Q	R	S	T	U
土地面積（m²）	100	150	200	100	150	200
駅からの所要時間(徒歩・分)	5	5	5	10	10	10
価格　（万円）	2,300	3,750	5,000	2,000	3,150	4,200

167 表の情報のみで比較した場合に、どの候補地が最も割安と判断できるか。
以下の選択肢の中から1つ選びなさい。

○ 土地P

○ 土地Q

○ 土地R

○ 土地S

○ 土地T

■ある理化学機器商社で、納入先別の見積金額をまとめています。

【実験用品見積金額】

納入先		A	B	C	D	E	F
手袋（10枚）	（組）	3	2	1	2	1	1
手袋（50枚）	（組）	0	0	0	0	0	1
手袋（100枚）	（組）	1	2	3	1	3	1
ワイプ（500枚）	（組）	2	0	1	2	0	1
ワイプ（2,500枚）	（組）	0	0	0	0	0	1
ワイプ（5,000枚）	（組）	1	0	2	4	0	3
見積金額	（円）	10,200	4,400	19,000	28,000	6,200	?

168 F研究所の見積金額はいくらと推測できるか。
以下の選択肢の中から1つ選びなさい。

○ 23,700円

○ 24,300円

○ 24,900円

○ 25,500円

○ 26,280円

■ある鉄道会社で、ダイヤ改正を検討しています。

【A駅時刻別乗客者数とX駅方面電車本数一覧】

時刻	6:00～	7:00～	8:00～	9:00～	10:00～	11:00～
A駅乗客者数（万人）	2.8	7.0	7.4	?	5.3	4.9
普通5両編成　（本）	7	0	0	0	0	0
普通7両編成　（本）	0	11	13	9	12	10
準急行8両編成（本）	6	8	8	1	0	0
快速12両編成（本）	0	5	5	6	6	6

169 9時台のA駅乗客者数は何万人と推測できるか。
以下の選択肢の中から1つ選びなさい。

○ 4.7万人

○ 5.0万人

○ 5.3万人

○ 5.6万人

○ 5.9万人

■ある広告代理店で、営業担当者の昨年の広告契約状況を調べています。

【1年間の契約件数】

		Pさん	Qさん	Rさん	Sさん	Tさん	Uさん
出勤数	（日）	220	228	224	225	215	226
担当顧客数	（人）	390	320	390	347	364	320
新規顧客数	（人）	53	82	41	73	56	72
契約件数	（件）	131	146	119	142	128	?

1章 【計数】3 表の空欄推測①

170 Uさんの広告契約件数は何件と推測できるか。
以下の選択肢の中から1つ選びなさい。

○ 117件
○ 121件
○ 128件
○ 136件
○ 147件

■リサイクルしやすい洗濯機の開発に伴い、躯体を分解するのにかかる時間を測定しています。

【躯体分解の所要時間】

		機種A	機種B	機種C	機種D	機種E
洗濯容量	（kg）	10	9	8	7	8
接着カ所数	（カ所）	2	1	3	0	1
ビス止めカ所数	（カ所）	35	28	40	18	12
所要時間	（秒）	420	315	505	180	?

171 機種Eの躯体分解の所要時間は何秒と推測できるか。
以下の選択肢の中から1つ選びなさい。

○ 155秒
○ 165秒
○ 175秒
○ 185秒
○ 195秒

95

■ある旅行会社が、東京から東北へのツアー料金を検討しています。

【東北ツアープラン表】

	ツアーA	ツアーB	ツアーC	ツアーD	ツアーE	ツアーF
Gホテル宿泊数（泊）	1	2	1	3	2	3
食事回数(回)	1	2	2	3	1	5
最少催行人数　（人）	20	20	10	10	20	10
最大募集人数　（人）	30	25	30	20	25	20
旅行代金(円)	38,000	48,000	39,000	58,000	47,000	?

172 ツアーFの旅行代金はいくらと推測できるか。
以下の選択肢の中から1つ選びなさい。

○ 54,000円

○ 56,000円

○ 58,000円

○ 60,000円

○ 62,000円

■ある家電量販店で、モバイルバッテリーの価格を検討しています。

【製品ごとの価格】

	製品P	製品Q	製品R	製品S	製品T	製品U
放電容量（mAh）	1,000	2,500	5,000	10,000	12,000	30,000
厚さ（mm）	0.4	0.5	0.7	1	2.4	2.8
価格　（円）	2,230	2,480	?	2,880	3,000	3,250

173 製品Rの価格はいくらと推測できるか。
以下の選択肢の中から1つ選びなさい。

○ 2,280円

○ 2,380円

○ 2,480円

○ 2,580円

○ 2,680円

■ある醸造施設で、酵母菌のコロニー数を調べる実験をしています。

【各条件でのコロニー数】

		実験①	実験②	実験③	実験④	実験⑤	実験⑥
時間	（時間）	3	3	6	6	9	9
室温	（℃）	25	25	25	25	25	25
湿度	（%）	40	80	40	80	40	80
肥料量	（g）	2.0	4.0	3.0	2.5	3.5	3.0
コロニー数（個）		9	6	18	?	33	24

174 実験④のコロニー数は何個と推測できるか。
以下の選択肢の中から1つ選びなさい。

○ 6個

○ 15個

○ 20個

○ 23個

○ 37個

■あるインターネットオークション専門のフィギュアストアで、各商品の落札価格を調べています。

【商品別落札価格】

		商品P	商品Q	商品R	商品S	商品T
開始価格	（円）	100	2,980	100	1,980	3,980
入札件数	（件）	3	7	10	4	6
落札価格	（円）	700	5,780	5,600	2,980	?

175 商品Tの落札価格はいくらと推測できるか。
以下の選択肢の中から1つ選びなさい。

○ 5,680円

○ 5,780円

○ 5,880円

○ 5,980円

○ 6,080円

▶解答・解説は別冊30ページ

練習問題 表の空欄推測②

目標時間
35分

点
35点

・時間を計りながら解いてみましょう（各1点）

■ある会社で、社内旅行の日の天気と参加率について集計しています。

【社内旅行の参加率と降水確率】

年度	2015	2016	2017	2018	2019	2020
降水確率（%）	30	80	75	10	50	20
平均気温（℃）	20	22	15	18	20	19
参加率　（%）	35	15	20	45	25	?

176 2020年度の参加率は何%と推測できるか。
以下の選択肢の中から1つ選びなさい。

- ○ 20%
- ○ 25%
- ○ 30%
- ○ 35%
- ○ 40%

■あるカバン店で、高級カバンのバーゲン期間売上予測をしています。

【バーゲン期間売上予測】

高級カバン名	P	Q	R	S	T
通常時売上高（万円／月）	1,200	700	500	800	800
バーゲン値引率　（%）	80	75	60	50	75
バーゲン期間予測売上高（万円）	1,500	930	830	1,600	?

177 高級カバンTのバーゲン期間予測売上高はいくらと推測できるか。
以下の選択肢の中から1つ選びなさい。

- ○ 1,060万円
- ○ 1,200万円
- ○ 1,380万円
- ○ 1,450万円
- ○ 1,500万円

■ある会社で、ボーナスの支給額を検討しています。

【ボーナスの支給額】

		Pさん	Qさん	Rさん	Sさん
年齢	（歳）	25	31	38	42
基本給	（円／月）	256,000	286,000	302,000	334,000
職務手当	（円／月）	10,000	15,000	20,000	20,000
欠勤数	（日）	0	1	0	0
ボーナス支給額（円）		640,000	715,000	755,000	?

178 Sさんのボーナス支給額はいくらと推測できるか。
以下の選択肢の中から1つ選びなさい。

○ 785,000円

○ 792,000円

○ 835,000円

○ 846,000円

○ 854,000円

■あるスキー場で、レンタルプランの料金を検討しています。

【レンタルプラン料金表】

	Pプラン	Qプラン	Rプラン	Sプラン	Tプラン	Uプラン
子ども用ウエア（着）	1	0	2	0	1	1
大人用ウエア（着）	0	1	1	1	1	1
スキーセット（組）	0	0	0	1	1	1
スノーボードセット（組）	0	0	0	0	0	1
料金（円）	3,000	5,000	11,000	?	11,000	16,000

179 Sプランの料金はいくらと推測できるか。
以下の選択肢の中から1つ選びなさい。

○ 8,000円

○ 9,000円

○ 10,000円

○ 10,500円

○ 11,000円

■ある果物専門店で、フルーツギフトの価格を検討しています。

【フルーツギフト価格表】

	ギフトA	ギフトB	ギフトC	ギフトD	ギフトE	ギフトF
リンゴ　（個）	10	0	0	0	0	5
ミカン　（個）	0	10	0	0	0	5
モモ　　（個）	0	0	10	0	0	0
カキ　　（個）	0	0	0	10	0	0
ナシ　　（個）	0	0	0	0	10	0
贈答用箱（個）	1	1	1	1	1	1
価格　　（円）	7,000	5,000	9,500	7,500	9,000	?

180 ギフトFの価格はいくらと推測できるか。
以下の選択肢の中から1つ選びなさい。

○ 4,000円

○ 4,500円

○ 5,000円

○ 5,500円

○ 6,000円

- -

■S県の県庁で採用試験における選考プロセスごとの合格者数をまとめています。

【採用者数データ】

	前々年度	前年度	今年度	来年度
内定枠人数　　　　（人）	20	30	15	25
応募人数　　　　　（人）	12,500	16,000	12,000	10,000
一次筆記試験合格者数（人）	100	150	75	–
二次口述面接合格者数（人）	40	60	30	?

181 来年度の二次口述面接合格者数は応募者全体の何％と推測できるか。
以下の選択肢の中から1つ選びなさい。

○ 0.2%

○ 0.02%

○ 0.002%

○ 0.5%

○ 0.05%

■ある会社で、自社で開発した人事管理システムの利用料金を集計しています。

【クライアント別利用料金一覧】

		P社	Q社	R社	S社	T社	U社
従業員数	(人)	380	636	1,233	918	1,412	833
利用料金	(万円／年)	120	240	480	240	480	?

182 U社の利用料金はいくらと推測できるか。
以下の選択肢の中から1つ選びなさい。

○ 160万円／年
○ 240万円／年
○ 360万円／年
○ 450万円／年
○ 540万円／年

■あるレンタルショップで、DVDレンタル数の推移を集計しています。

【DVDレンタル数の推移】

		2000年	2001年	2002年	2003年
洋画	(枚)	36,900	35,600	39,900	39,500
邦画	(枚)	26,000	26,100	25,400	24,700
アニメ	(枚)	3,800	5,300	7,400	?

183 2003年のアニメのレンタル数は何枚と推測できるか。
以下の選択肢の中から1つ選びなさい。

○ 7,700枚
○ 8,600枚
○ 10,400枚
○ 11,400枚
○ 12,800枚

■ある企業の総務部で、社内表彰の報奨金についてまとめています。

【社内表彰報奨金】

	2005年	2006年	2007年	2008年	2009年	2010年
目標達成賞　（人）	120	115	130	100	125	120
永年勤続表彰　（人）	130	126	120	110	94	110
報奨金総額（万円）	1,900	1,835	1,850	1,600	1,565	？

184 2010年の報奨金総額はいくらと推測できるか。
以下の選択肢の中から1つ選びなさい。

○ 1,700万円

○ 1,720万円

○ 1,740万円

○ 1,760万円

○ 1,780万円

■ある出版社でシリーズ書籍の価格を検討しています。

【シリーズ書籍の定価】

(円)

版型	タイトル		定価総額
全頁カラー大型版	魚たちの美と生態の大図鑑	（上・下）	11,600
	世界遺産大全	（全6巻）	34,800
単行本	お仕事の舞台裏	（全8巻）	19,360
	アジアの食と文化	（全6巻）	14,520
	交通の歴史	（全12巻）	29,040
文庫版	時代の語り部シリーズ	（全8巻）	？
	植物の秘密	（上・下）	1,470

185 「時代の語り部シリーズ」の定価総額はいくらと推測できるか。
以下の選択肢の中から1つ選びなさい。

○ 3,110円

○ 3,810円

○ 4,830円

○ 5,080円

○ 5,880円

■ある家具店で、閉店売り尽くしセールの価格を検討しています。

【売り尽くしセール価格表】

閉店までの日数	30日前	24日前	12日前	7日前	3日前	最終日
ソファ （円）	18,000	17,000	15,000	13,000	10,000	6,000
テーブル （円）	13,000	12,000	10,000	8,000	7,000	4,000
テレビ台 （円）	16,000	15,000	13,000	11,000	8,000	5,000
椅子 （円）	12,000	10,000	8,000	7,500	6,500	3,500
食器棚 （円）	15,000	14,000	12,000	10,000	7,500	?

186 食器棚の最終日の価格はいくらと推測できるか。
以下の選択肢の中から1つ選びなさい。

○ 2,500円

○ 3,000円

○ 3,500円

○ 4,000円

○ 4,500円

■あるクッキングスクールで、来年度の料理セミナーの予算を検討しています。

【セミナー予算データ】

年	2005	2006	2007	2008	2009	2010
予算額 （万円）	904.5	822.15	1,056.3	600.6	900.9	?
セミナー数 （コマ）	30	32	35	20	30	28
平均参加者数 （人／セミナー）	30.5	25	28	29	30	30
担当職員数 （人）	15	14	15	16	15	13
平均セミナー日数 （日／コマ）	8	7	7.5	6	8	8.5

187 2010年度の予算額はいくらと推測できるか。
以下の選択肢の中から1つ選びなさい。

○ 798万円

○ 800万円

○ 840万円

○ 860万円

○ 865万円

■ある不動産屋で、都心マンションの賃貸料金を検討しています。

【都心マンション賃貸料金表】

マンション名	O	P	Q	R	S	T
賃貸料金（万円／月）	40	60	80	42	100	?
共益費　（万円／月）	5	11	11	6	18	13
専有面積　　（m²）	86.0	86.0	100.0	86.0	100.0	100.0
共用部分面積（m²）	20	24	24	10	18	18
階数　　　　（階）	2	8	8	3	15	10

188 マンションTの賃貸料金はいくらと推測できるか。
以下の選択肢の中から1つ選びなさい。

○ 60万円

○ 80万円

○ 90万円

○ 100万円

○ 120万円

■あるバイクメーカーで、エンジンの出力についてまとめています。

【エンジン出力データ】

エンジン番号	A	B	C	D	E	F	G	H	I	J	K	L
排気量(cc)	50	50	80	50	80	80	90	125	125	240	125	250
燃費(km/L)	70	75	39	82	41	42	?	40	44	37	55	41
出力 （馬力：PS）	3	4	6	7	9	10	10	10	15	15	22	22

189 エンジンGの燃費は何km/Lと推測できるか。
以下の選択肢の中から1つ選びなさい。

○ 39km/L

○ 40km/L

○ 41km/L

○ 42km/L

○ 43km/L

■ある飲料メーカーで、生産販売しているXドリンクのデータをまとめています。

【Xドリンク月別データ】

		5月	6月	7月	8月	9月	10月
工場	受注数(本)	857	728	881	864	753	732
	生産数(本)	838	738	900	890	769	730
倉庫	入荷数(本)	823	769	881	890	758	734
	出荷数(本)	615	738	947	891	726	821
	在庫数(本)	882	913	847	846	878	?
店舗	売上数(本)	632	720	959	900	686	796

190 10月の倉庫の在庫数は何本と推測できるか。
以下の選択肢の中から1つ選びなさい。

○ 136本

○ 678本

○ 791本

○ 816本

○ 826本

■ある農業研究機関で、米の品種改良を行う過程で、新品種Aの発芽率を調べています。

【新品種Aの発芽率】

	1回目	2回目	3回目	4回目	5回目	6回目
播種(はしゅ)〜発芽 平均気温 (℃)	21.3	15.4	13.9	18.7	23.4	19.8
播種前かん水時間(分)	50	180	220	150	30	?
土壌のpHレベル (pH)	6.5	7.0	7.0	7.0	6.5	?
発芽率 (%)	92	86	83	88	94	?

191 6回目の、播種前かん水時間、土壌のpHレベル、発芽率はどの組み合わせになると推測できるか。以下の選択肢の中から1つ選びなさい。

○ (90、3、95)

○ (100、2、90)

○ (100、3、80)

○ (110、2、95)

○ (120、3、75)

■あるリサーチ会社で、野球場別のチケット応募者数について集計しています。

【野球場別データ】

	野球場A	野球場B	野球場C	野球場D	野球場E	野球場F
応募者数　　（万人）	10	8	10	12	11	？
チケット販売数（万枚）	2	2	4	3.5	3.5	4
売店の数　　（店）	20	40	40	15	35	20
チケット代金（円）	2,800	4,700	5,800	3,300	4,700	3,300

192 野球場Fの応募者数は何人と推測できるか。
以下の選択肢の中から1つ選びなさい。

- ○ 9万人
- ○ 10万人
- ○ 11万人
- ○ 12万人
- ○ 13万人

 目標：ここまで17分以内に回答 ······································

■あるバス会社で、主要バス停3カ所の利用者数を調査しています。

【主要バス停3カ所の利用者数】

	停留所P	停留所Q	停留所R
6時〜10時　（人）	780	870	960
10時〜14時　（人）	460	390	320
14時〜18時　（人）	550	600	650
18時〜22時　（人）	680	790	？

193 停留所Rの18時〜22時の利用者は何人と推測できるか。
以下の選択肢の中から1つ選びなさい。

- ○ 700人
- ○ 750人
- ○ 800人
- ○ 850人
- ○ 900人

■あるキャッシュレス決済導入の代行会社で、過去5年間の契約状況を調査しています。

【契約状況】

	2005年	2006年	2007年	2008年	2009年	2010年
問合せ件数 （件）	1,250	2,582	3,832	6,414	10,246	16,660
総契約店舗数 （店）	112	225	337	562	899	?
店頭販売店 （％）	10	20	30	40	50	60
オンライン専門店（％）	90	80	70	60	50	40

194 2010年の総契約店舗数は何店と推測できるか。
以下の選択肢の中から1つ選びなさい。

○ 1,361店

○ 1,461店

○ 1,561店

○ 1,636店

○ 1,666店

■ある宅配ピザ店で、チラシ効果を検証しています。

【チラシ効果分析表】

	4月	5月	6月	7月	8月	9月
チラシ配布枚数（千枚）	40	50	60	40	50	60
季節限定メニュー数（種類）	10	8	12	12	10	8
Mサイズ平均価格（円）	2,000	2,000	2,000	2,200	2,200	2,200
従業員数 （人）	10	13	11	12	14	13
総売上高 （万円）	643	692	738	669	?	750

195 8月の総売上高はおよそいくらと推測できるか。
以下の選択肢の中から1つ選びなさい。

○ 600万円

○ 620万円

○ 640万円

○ 660万円

○ 710万円

■あるホームセンターで、夏の冷却グッズの売上数を集計しています。

【冷却グッズ売上数】

	2015年	2016年	2017年	2018年	2019年	2020年	2021年
冷感タオル（枚）	5,127	5,203	5,176	4,896	4,328	3,503	4,274
ハンディファン（個）	6,239	6,007	5,891	5,402	5,122	4,867	4,830
冷却スプレー（本）	8,634	8,794	8,921	9,107	9,174	8,618	？
ネックファン （個）	–	–	–	598	1,376	3,013	3,895

196 2021年の冷却スプレーの売上数は何本と推測できるか。
以下の選択肢の中から1つ選びなさい。

○ 3,000本

○ 4,000本

○ 5,000本

○ 6,000本

○ 7,000本

■ある洋菓子店で、下半期の売上を集計しています。

【下半期売上表】

	7月	8月	9月	10月	11月	12月
シュークリーム（個）	339	248	286	349	512	624
パイ （個）	70	78	82	64	52	60
プリン （個）	132	156	164	143	167	181
タルト （個）	35	23	35	24	30	40
ケーキ （個）	？	496	572	698	1,024	1,248
その他 （個）	9	13	8	21	15	16

197 7月のケーキの売上は何個と推測できるか。
以下の選択肢の中から1つ選びなさい。

○ 652個

○ 659個

○ 666個

○ 672個

○ 678個

■あるアプリ開発会社で、自社開発アプリのダウンロード数を集計しています。

【上半期ダウンロード数の推移】

	4月	5月	6月	7月	8月	9月
アプリA(件)	60,500	45,000	47,500	34,500	27,000	21,500
アプリB(件)	43,500	49,500	56,000	36,500	31,000	27,500
アプリC(件)	22,500	23,500	25,500	29,500	37,500	?

198 9月のアプリCのダウンロード数は何件と推測できるか。
以下の選択肢の中から1つ選びなさい。

○ 44,500件
○ 47,500件
○ 50,500件
○ 53,500件
○ 56,500件

■ある農産物市場で、はちみつの売上を集計しています。

【はちみつ売上と販売数】

	3月	4月	5月	6月	7月
売上　　　　　(千円)	225	198	?	207	207
百花はちみつ　　(本)	80	90	85	80	75
アカシアはちみつ(本)	86	60	94	74	78
平均気温　　　(℃)	14.0	17.4	22.7	24.4	28.7

199 5月の売上はいくらと推測できるか。
以下の選択肢の中から1つ選びなさい。

○ 210千円
○ 223千円
○ 231千円
○ 243千円
○ 252千円

■ある古着チェーン店で、各店舗の１カ月平均売上状況を調査しています。

【各店舗の売上状況：１カ月平均】

店舗名	P	Q	R	S	T
売上金額　　（万円）	700	896	784	644	742
買取枚数　　（枚）	35,000	42,000	50,400	28,000	39,200
買取平均価格（円）	50	30	25	55	45
店員数　　　（人）	3	5	2	4	3
売上利益　　（万円）	525	770	658	490	?

200 店舗Tの１カ月平均売上利益はいくらと推測できるか。
以下の選択肢の中から１つ選びなさい。

○ 554.4万円

○ 560.0万円

○ 565.6万円

○ 571.2万円

○ 576.8万円

■あるエアコン設置会社で４月から８月の収入と支出についてまとめています。

【収支報告】

	４月	５月	６月	７月	８月
収入（百万円）	118	107	140	158	?
支出（百万円）	98	77	100	108	100

201 ８月の収入は、いくらと推測できるか。
以下の選択肢の中から１つ選びなさい。

○ 160百万円

○ 165百万円

○ 168百万円

○ 170百万円

○ 173百万円

110

■ある飲料工場で、缶飲料の出荷についてのデータをまとめています。

【年間出荷額と出荷本数】

	2000年	2001年	2002年	2003年	2004年	2005年
出荷額　（万円）	2,000	3,850	4,800	5,460	6,720	?
出荷本数（万本）	20	35	40	42	48	54
従業員数　（人）	70	82	69	75	80	81

202 2005年の出荷額はいくらと推測できるか。
以下の選択肢の中から1つ選びなさい。

○ 7,690万円

○ 7,830万円

○ 7,910万円

○ 8,020万円

○ 8,100万円

- - - - - - - - - -

■あるショッピングモールを運営する会社で、モールごとの節電目標の達成率を調べています。

【節電目標達成率】

	Aモール	Bモール	Cモール	Dモール	Eモール
正社員数　　　　（人）	230	120	360	400	100
ソーラー発電装置設置台数　　　（台）	18	20	20	15	17
年間日照率　　（%）	60	70	75	50	50
節電目標達成率（%）	61	69	85	56	?

203 Eモールの節電目標達成率は何%と推測できるか。
以下の選択肢の中から1つ選びなさい。

○ 58%

○ 61%

○ 64%

○ 67%

○ 70%

■ある商社で、地区ごとに先月の歯ブラシの販売本数を集計しています。

【地区別歯ブラシ販売本数】

	J地区	K地区	L地区	M地区
コンビニ店舗数 　　　（店）	423	310	504	425
ドラッグストア店舗数　（店）	66	45	20	58
スーパー店舗数 　　　（店）	158	170	76	175
歯ブラシ販売本数（百本／月）	2,007	1,620	1,820	？

204 M地区での歯ブラシ販売本数は何百本と推測できるか。
以下の選択肢の中から1つ選びなさい。

○ 1,658百本

○ 1,785百本

○ 1,907百本

○ 2,032百本

○ 2,158百本

- -

■ある事務所で、通信機器を接続するにあたり、新たに必要になるケーブルの数を計算しています。

【通信機器の接続に必要となるケーブル数】

接続する通信機器の数	1	2	3	4	5
ケーブル	0	1	3	？	10

205 4つの通信機器を接続する際には何本のケーブルが必要と推測できるか。
以下の選択肢の中から1つ選びなさい。

○ 6本

○ 7本

○ 8本

○ 9本

○ 10本

■ある不動産屋で、新築賃貸物件の賃貸料を検討しています。

【新築賃貸物件の賃貸料】

	物件P	物件Q	物件R	物件S	物件T	物件U
賃貸料(万円)	31.8	18.6	29.5	58.8	28.1	?
床面積 (m²)	100	70	120	200	100	140
駅徒歩 (分)	2	10	5	12	9	8
公園徒歩(分)	10	15	7	5	3	2
m²単価 (円)	3200	2800	2500	3000	2900	3200

206 物件Uの賃貸料はいくらと推測できるか。
以下の選択肢の中から1つ選びなさい。

○ 32.5万円

○ 38.3万円

○ 44.0万円

○ 48.4万円

○ 54.2万円

■ある家電量販店で、キッチン家電の在庫一掃セールを行い、1週間ずつ割引率を変えたデータについてまとめています。

【在庫一掃セール割引率と売上台数】

割引率	10%	20%	30%	40%	50%
売上台数 (台)	1,465	1,612	1,773	1,950	?
来客数 (人)	2,624	2,328	2,542	2,499	2,635

207 割引率が50%のときの売上台数は何台と推測できるか。
以下の選択肢の中から1つ選びなさい。

○ 2,145台

○ 2,299台

○ 2,510台

○ 2,528台

○ 2,641台

■ある飲食チェーン店で、各店舗でのユニフォーム見積書を作成しています。

【ユニフォーム見積書】

	店舗A	店舗B	店舗C	店舗D	店舗E	店舗F
エプロン　（枚）	3	6	0	1	25	2
シャツ　　（枚）	3	2	10	1	25	2
帽子　　　（枚）	5	1	10	1	0	10
小計　　（百円）	288	150	540	84	400	452
値引き額（百円）	86.4	30	270	8.4	200	?
見積金額（百円）	201.6	120	270	75.6	200	

208 店舗Fの値引き額はいくらと推測できるか。
以下の選択肢の中から1つ選びなさい。（ただし表には空欄がある）

○ 92.5百円

○ 113百円

○ 135.6百円

○ 180.8百円

○ 226百円

- -

■ある工場で、従業員数とLED照明の出荷個数と出荷額の推移をまとめています。

【LED照明の出荷個数と出荷額】

	2000年	2003年	2006年	2009年	2012年
出荷個数（万個）	80	85	90	70	85
出荷額　　（万円）	48,000	42,500	37,800	25,200	?
従業員数　（人）	128	119	105	104	93

209 2012年の出荷額はいくらと推測できるか。
以下の選択肢の中から1つ選びなさい。

○ 21,900万円

○ 22,600万円

○ 23,500万円

○ 25,600万円

○ 27,200万円

■あるスポーツ用品店で、6つのテニスチームのオーダーについて見積書を作成しています。

【テニス用品見積書】

	Pチーム	Qチーム	Rチーム	Sチーム	Tチーム	Uチーム
ラケット①（本）	8	4	0	8	8	4
ラケット②（本）	0	4	8	0	0	4
ボール30個入り①　（袋）	1	1	1	0	0	0
ボール30個入り②　（袋）	0	0	0	1	1	1
ラケットケース6本用①　（個）	2	2	0	2	0	0
ラケットケース6本用②　（個）	0	0	0	0	2	2
ラケットケース6本用③　（個）	0	0	2	0	0	0
見積金額（万円）	11.4	13.4	18.4	12.5	13.7	?

210 Uチームの見積金額はいくらと推測できるか。
以下の選択肢の中から1つ選びなさい。

○ 15.7万円

○ 15.9万円

○ 16.4万円

○ 16.5万円

○ 17.4万円

2章 言語

- 「論理的読解」と「趣旨判定」の2科目。
- 実際の検査と同じ時間配分で取り組める練習問題を掲載。

◎時間を計って行う練習が効果的

【例題】出題される問題から、解法手順を学びやすい基本パターンを選んであります。まず、例題の解法を覚えましょう。

【練習問題】本番と同じ制限時間で行う再現問題を掲載しました。

【準備するもの】筆記用具（必要ならメモ用紙）、スマートフォンのタイマーなどを準備します。本番と同様のイメージがつかめるよう、「練習問題」は時間を計ってチャレンジすることをお勧めします。最初は時間内で全問は回答できないと思いますが、何回か取り組んで、制限時間内に解く感覚を身につけましょう。

言語【攻略のポイント】

玉手箱の言語には、「論理的読解」と「趣旨判定」という２科目があります。[※]

「論理的読解」の問題と制限時間

設問文が論理的に正しいかどうかを判定する問題です。１つの長文について計４問で、１画面で１問ずつ出題されます。**C-GABと共通の科目**です。

▼出題画面

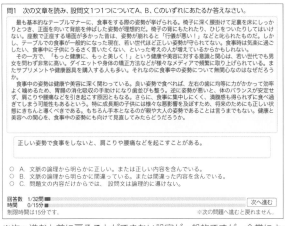

問1　次の文章を読み、設問文1つ1つについてA、B、Cのいずれにあたるか答えなさい。

　　最も基本的なテーブルマナーに、食事をする際の姿勢が挙げられる。椅子に深く腰掛けて足裏を床にしっかりとつき、正面を向いて背筋を伸ばした姿勢が理想的だ。椅子の背にもたれたり、ひじをついたりしてはいけない。座敷で正座する場面が多かった昔は、姿勢が崩れると「行儀が悪い！」などと叱られたものだ。しかし、テーブルでの食事が一般的になった現在、若い世代ほど正しい姿勢が守られてない。食事時は気楽に過ごしたい、食事中に子供にうるさく言いたくない、といった考えの人が増えているからかもしれない。
　　その一方で、「もっと健康に、もっと美しく！」という健康や美容に対する意識と関心は、若い世代でも男女を問わず非常に高い。ダイエットや身体の矯正方法などが様々なメディアで頻繁に取り上げられている。またサプリメントや健康器具を購入する人も多い。それなのに食事中の姿勢について無関心なのはなぜだろうか。
　　食事中の姿勢は健康や美容に深く関わっている。良い姿勢で食べれば、左右の歯に均等に力がかかって効率よく噛めるため、胃腸の消化吸収の手助けになり歯並びも整う。逆に姿勢が悪いと、体のバランスが安定せず、肩こりや腰痛などを引き起こす原因ともなる。さらに、食事に集中しにくく、満腹感も得られずに食べ過ぎてしまう可能性もあるという。特に成長期の子供には様々な悪影響を及ぼすため、将来のためにも正しい状態にきちんと導くべきである。もちろん手本となるのが親や大人の姿勢であることは言うまでもない。健康と美容への関心を、食事中の姿勢にも向けて見直してみたらどうだろうか。

正しい姿勢で食事をしないと、肩こりや腰痛などを起こすことがある。

○　A．文脈の論理から明らかに正しい。または正しい内容を含んでいる。
○　B．文脈の論理から明らかに間違っている。または間違った内容を含んでいる。
○　C．問題文の内容だけからでは、設問文は論理的に導けない。

回答数　1/32問■
時間　　0/15分■
制限時間は15分です。

次へ進む

▶次の問題へ進むと戻れません。

◀回答した数とここまでに使った時間。
　1問ごとの制限時間はない。

※次へ進むと前に戻ることができない設定が一般的ですが、企業によって前に戻れる設定もあります。

問題数と制限時間が異なる２タイプがあります。

科目	問題数（長文数）	制限時間	１問あたりの回答時間
論理的読解	32問（8長文）	15分	**28.1秒**
	52問（13長文）	25分	**28.8秒**

「論理的読解」の即解法（上の出題画面を参照）

　長文から読み始めないで、先に、長文の下にある設問文を読んで、**設問文のキーになっている語句を長文でさっと検索するのがコツ**です。

　設問文の「**肩こり**」「**腰痛**」という語句を長文で検索します。「良い姿勢で食べれば、～ 逆に姿勢が悪いと、体のバランスが安定せず、**肩こりや腰痛**などを引き起こす原因ともなる」とあるので**A**が正解です。

　※以前は「趣旨把握」という科目がありましたが、近年の出題はないため、本書では扱いません。

設問と長文が食い違っていたらB、設問の内容が長文になければCが正解です。

「趣旨判定」の問題と制限時間

長文について設問文の趣旨（筆者が最も訴えたいこと）を判定する問題です。1つの長文について1画面で計4問が出題されます。長文のテーマは就職や面接に関することが多く出題されます。筆者の主張が感じられる文章や、漢字のひらがな表記などが独特な文章も出題されており、本書では意図的に再現しています。

▼出題画面

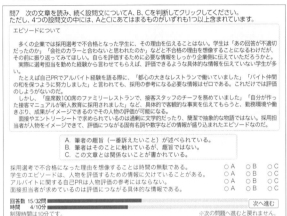

問7　次の文章を読み、続く設問文についてA、B、Cを判断してクリックしてください。
ただし、4つの設問文の中には、AとCにあてはまるものがいずれも1つ以上含まれています。

エピソードについて

多くの企業では採用選考で不合格となった学生に、その理由を伝えることはない。学生は「あの回答が不適切だったのか」「会社のカラーと合わないと思われたのか」などと不合格の理由を想像することになるわけだが、その前に振り返ってみてほしい。自らを評価するために必要な情報をしっかり企業側に伝えていただろうか。
実際に選考担当を勤めた経験から言わせてもらえば、評価できるような具体的な情報を伝えていない学生が多い。
たとえば自己PRでアルバイト経験を語る際に、「都心の大きなレストランで働いていました」「バイト仲間の和を保つうえに努力しました」と言われても、採用の参考になる必要な情報はゼロである。これだけでは評価のしようがないのだ。
しかし、「座席数100席のファミリーレストランで、接客スタッフのチーフを務めていました」「自分が作った接客マニュアルが新人教育に採用されました」など、具体的で客観的な事実を伝えてもらうと、勤務環境や働きぶり、成果がイメージできるのでその人物の評価が可能になる。
面接やエントリーシートで求められているのは過剰に文学的だったり、簡潔で抽象的な物語ではない。採用担当者が人物をイメージできて、評価につながる固有名詞や数字などの情報が盛り込まれたエピソードなのだ。

A.　筆者の趣旨（一番訴えたいこと）が述べられている。
B.　筆者はそのことに触れているが、趣旨ではない。
C.　この文章とは関係ないことが書かれている。

採用選考で不合格になった理由を想像することは時間の無駄である。	○A　○B　○C
学生のエピソードは、人物を評価するための情報に欠けていることがある。	○A　○B　○C
アルバイトに関する自己PRは人物評価の参考にはならない。	○A　○B　○C
面接担当者が求めているのは評価につながる具体的な情報である。	○A　○B　○C

回答数　15/32問
時間　　4/10分
制限時間は10分です。　　　　　　　　　　　　　　※次の問題へ進むと戻れません。　　　　次へ進む

◀回答した数とここまでに使った時間。1問ごとの制限時間はない。

※次へ進むと前に戻ることができない設定が一般的ですが、企業によって前に戻れる設定もあります。

32問（8長文）で制限時間は10分（1問18.8秒、1画面で75秒）です。

科目	問題数（長文数）	制限時間	1問あたりの回答時間
趣旨判定	32問（8長文）	10分	**18.8秒**

「趣旨判定」の即解法（上の出題画面を参照）

趣旨を読み取るようにさっと長文を読んでから下にある4つの設問文を読みます。**長文に書かれていないことは「C. この文章とは関係ないことが書かれている」を選びます。設問文に「長文に書かれていない」内容があればCになる**ことに注意してください。上の例では1番目（「時間の無駄」とは書かれていない）と3番目（「参考にはならない」とは書かれていない）がCになります。次に、残った設問文が趣旨か否かを判定します。上の例では2番目がB、4番目がAです。回答時間が短いので、**迷ったら正解だと思われる選択肢を選び、全問回答を目指します。**

1 論理的読解

● 長文の内容に対して、設問文が論理的に正しいかどうかを判定する問題。

例題 解答・解説は右ページ　　　　　　　制限時間2分（1問30秒）

次の文章を読み、設問文1つ1つについてA、B、Cのいずれにあたるか答えなさい。

※右の数字は解説用の行数

　　日本語の文章を表記する文字は、漢字を伝えた中国をはじめ、ほとんどが外国由　　1
来のものであり、世界の文字鉱脈の中から、日本人が日本語を書くために足りない
ものを補い、余分なものを捨てるなどして造形してきたものである。その字体も、
省略と整理を繰り返しながら、意味も日本語に適応するように調整されてきた。そ
の結果、現代の日本語は、漢字・ひらがな・カタカナ・ローマ字という様々な文字　　5
体系に加え、縦書き・横書きの文字配列が併用されるなど、その多様な表現様式は
世界的にも稀有なものとなっている。

　　もちろん時代とともに日本語そのものも変化していくのだが、多くの先人たちの
工夫により文字も徐々に整備されて存続し、今に至っている。その生命力の根源は、
「表音文字」であり「表意文字」でもある漢字が持つ驚くほど柔軟な対応性である。　　10
あらゆる面で多様性に満ちた漢字の「根」から、言葉の表記に最適な文字を吸い上
げて表現に幅を与え、日本語の文章を活力溢れるものにしてきたともいえる。

　　活字離れが進み手書きする機会が減少している昨今、漢字をクイズやパズルとい
った直感的な遊びの対象だけにしてしまうことは、本来の特質である表意性の退行
に結びつきかねない。日本人が自らの文字について観察や思考をしなくなり、先人　　15
たちの営為を顧みることもしなくなったとき、日本の漢字は正しい選択も創意工夫
もなされることなく、過去の遺産となってしまうのであろう。

○ A　文脈の論理から明らかに正しい。または正しい内容を含んでいる。

○ B　文脈の論理から明らかに間違っている。または間違った内容を含んでいる。

○ C　問題文の内容だけからでは、設問文は論理的に導けない。

■　日本の文字が現在まで残り続けているのは、漢字の持つ柔軟な対応性によると
ころが大きい。

　　○ A　　○ B　　○ C

2 日本の漢字は、意味に適応させた文字であるため、中国の漢字より表意性が高い。

○ A 　　○ B 　　○ C

3 日本の漢字を過去の遺産としないために、もっと手書きする機会を増やすべきである。

○ A 　　○ B 　　○ C

4 日本の文字は日本人が独自に磨き上げてきた点で、世界に類のない稀有なものとなっている。

○ A 　　○ B 　　○ C

30秒で解ける超解法!! ●設問文を先に読む

設問文の中にあるキーワードを長文内で検索する。「**長文の論旨に合っているかどうか**」だけを基準にして判定することが大切。

1 「柔軟な対応性」で長文を検索する。9行目に「その生命力の根源は、「表音文字」であり「表意文字」でもある漢字が持つ驚くほど柔軟な対応性である」とあるので、設問文は正しい。

正解　A

2 「漢字の表意性」について、日本と中国を比較している記述はない。従って、設問文は論理的に導けない。

正解　C

3 「手書きする機会を増やすべき」とはどこにも書かれてない。従って、設問文は論理的に導けない。

正解　C

4 1行目に「日本語の文章を表記する文字は、漢字を伝えた中国をはじめ、ほとんどが外国由来」とある。つまり、「日本人が独自に磨き上げてきた」のではない。従って、設問文は間違った内容を含んでいる。

正解　B

▶解答・解説は別冊38ページ

・時間を計りながら解いてみましょう

1 次の文章を読み、設問文１つ１つについてＡ、Ｂ、Ｃのいずれにあたるか答えなさい。 （**1**〜**4**各１点）

　ずいぶん前に、小学校の運動会で徒競走の順位付けをしないという教育方針について世論が沸いたことがあった。昨今では棒倒しなど勝負のつく種目がなくなって、順位のつかない種目が増えてきているらしい。保護者からの要望も多いというが、すべての子どもたちに（見た目）平等で、公平にすべしという考えからなのだろう。しかし、価値観が多様化し、個性を伸ばすことが求められるこの時代に、それは逆行することになるのではないか。得手不得手は誰にでもあるということを知る一つの機会を失うことにはなるまいか。どのみち子どもたちは成長に従い競争社会にさらされ、勝ち負けを意識せざるをえない場面に遭遇するのである。受験や就職試験、そして職場での昇進、さらに恋愛といったプライベートなことまで、社会には様々な戦いが存在し、容赦なく結果は出てしまう。

　勝負事において常に勝ち続けるのは不可能である。勝つ日もあれば、負ける日もある。勝ったり負けたりの繰り返しだと思えば落ち込むこともない。もちろん、強い相手と対戦して挫折を味わったり、失敗続きでスランプに陥ったり、どうしようもなく辛い経験もたくさんある。だが、全力を尽くして闘った充実感や互いの力を認め合った時の心情は、勝敗を超えた何物にもかえられないものである。

　「いい子症候群」という言葉があるそうだ。幼少時に、親が求める「いい子」となるように、自分の欲求を抑えて大人が喜ぶことを優先する子どものことで、ほめられ続けて挫折も失敗もなく成長した結果、自分の意思が育たず、他人の指示がなければトラブル対処の方法もわからなくなるという。

　まだ心の傷が浅くてすむ子どもの頃に、挫折の痛みを味わい、善悪の判断基準を感じながら、身の周りへの興味と好奇心を高めていく。そうした数多くの経験を通して、心のたくましさや柔軟性が培われるのではないだろうか。一度の挫折を恐れて回避していては、学びの機会を失うことになり、その人にとって不幸なことだ。人生、いつまでも傷つかないように誰かが守ってくれるわけではないのだから。

1 おおよそ、人生には挫折や失敗がつきものだ。

○ A　文脈の論理から明らかに正しい。または正しい内容を含んでいる。

○ B　文脈の論理から明らかに間違っている。または間違った内容を含んでいる。

○ C　問題文の内容だけからでは、設問文は論理的に導けない。

2 大人の求める考えに従う子どもには、競争社会に適応する能力がある。

○ A　文脈の論理から明らかに正しい。または正しい内容を含んでいる。

○ B　文脈の論理から明らかに間違っている。または間違った内容を含んでいる。

○ C　問題文の内容だけからでは、設問文は論理的に導けない。

3 勝負事では、どんな局面でも冷静さが求められる。

○ A　文脈の論理から明らかに正しい。または正しい内容を含んでいる。

○ B　文脈の論理から明らかに間違っている。または間違った内容を含んでいる。

○ C　問題文の内容だけからでは、設問文は論理的に導けない。

4 平等、公平を尊重する考えのもとでは、順位付けを行うことは間違っている。

○ A　文脈の論理から明らかに正しい。または正しい内容を含んでいる。

○ B　文脈の論理から明らかに間違っている。または間違った内容を含んでいる。

○ C　問題文の内容だけからでは、設問文は論理的に導けない。

次の文章を読み、設問文１つ１つについてＡ、Ｂ、Ｃのいずれにあたるか答えなさい。

　欧米の都市を訪れるといつも「アイキャッチ」づくりのうまさに感心する。アイ 　1
キャッチとは「目に留まる」や「気づきを与える」といった意味で、見る人の意識
や目線を自然に誘導して印象づける広告手法の１つである。都市の風景で言えば、
大通りの先にあるモニュメントや壮麗な建築物、眺望の良い空間で目を引く形態の
橋や高い山や木立など、景観を引き立てるような人工物や自然物のことである。 　5

　欧米の都市は歴史的な造形物で人々の目を引くことに秀でている。特にヨーロッ
パの都市設計や庭園設計では、ルネサンス時代初期から透視図技法による遠近感
のある均整のとれた構造が盛んに取り入れられた。17世紀バロック時代に入ると、
さらに見る人の感情に訴えるドラマチックな構造が重視されていく。放射状に道路
を張り巡らせ、アイキャッチとなる建築物や広場、噴水や彫刻などがランドマーク 　10
として印象的に配置された。この概念を「バロック都市計画」と呼び、ローマで確
立し各都市で展開されていった。19世紀後半のパリ大改造ではインフラや道路網
なども整備して美しい都市景観を造り上げ、近代都市計画の手本とされた。オペラ
座（ガルニエ宮）も奥行きのあるヴィスタ（眺望）を意識して当時に建設されたも
のである。現在、パリを歩けば、シャンゼリゼ通りの正面にエトワール広場の凱旋 　15
門、振り返ればコンコルド広場のオベリスクを経てルーブル美術館を眺められる。
そうした仕掛けに街のあちこちで出会うことになるのだ。

　日本の都市で建築物をアイキャッチとする大規模な景観づくりは、中国の長安を
模倣した平城京や平安京の建設以降あまり行われていない。自然物を景観の主要素
とした江戸の都市建設では、富士山がアイキャッチとしてよく用いられた。東京の 　20
街の名称に「富士見台」「富士見坂」「富士見橋」などが多く見られるのはそのせい
である。しかし、現在では建物の林立・高層化で、その富士山の姿も眺めることは
困難となってしまった。

1 中国の長安の都市計画にはアイキャッチに人工物が用いられていた。

○ A 　文脈の論理から明らかに正しい。または正しい内容を含んでいる。
○ B 　文脈の論理から明らかに間違っている。または間違った内容を含んでいる。
○ C 　問題文の内容だけからでは、設問文は論理的に導けない。

2 バロック都市計画は19世紀後半から都市建設に用いられるようになった。

○ A 　文脈の論理から明らかに正しい。または正しい内容を含んでいる。
○ B 　文脈の論理から明らかに間違っている。または間違った内容を含んでいる。
○ C 　問題文の内容だけからでは、設問文は論理的に導けない。

3 現在でも透視図技法は都市のアイキャッチづくりに欠かせないものである。

○ A 　文脈の論理から明らかに正しい。または正しい内容を含んでいる。
○ B 　文脈の論理から明らかに間違っている。または間違った内容を含んでいる。
○ C 　問題文の内容だけからでは、設問文は論理的に導けない。

4 日本の都市計画にも建築物をアイキャッチとする景観づくりを取り入れていくべきである。

○ A 　文脈の論理から明らかに正しい。または正しい内容を含んでいる。
○ B 　文脈の論理から明らかに間違っている。または間違った内容を含んでいる。
○ C 　問題文の内容だけからでは、設問文は論理的に導けない。

 目標：ここまで4分以内に回答

3 　次の文章を読み、設問文１つ１つについてＡ、Ｂ、Ｃのいずれにあたるか
答えなさい。 　　　　　　　　　　　　　　　　　　　　　　（**❶**〜**❹**各１点）

　「マニュアル人間」という言葉を耳にして久しい。マニュアル以上のことができ 　　1
ない、マニュアルを外れたことに対応できないといった人物を指し、世の中のマニ
ュアル化を憂慮したものだ。事実、仕事や勉強、子育てまでマニュアルなしでは何
もできないような状態に陥る人が増加している。自分で何も考えず、苦労しないで
成功するためにマニュアルに従い、自発的に何かをやろうという活力が感じられな 　　5
い。工夫や創造による満足感や充実感が得られず、次第にやる気を失っていくのだ
という。

　一方、最近ではマニュアル自体を軽視するような風潮もあるらしい。「型通り、
ばか正直にやらなくても大丈夫だろう」「少しぐらい手抜きしても構わないだろう」
という意識から、確認不足やいいかげんな作業が増えているようだ。なかには「だ 　　10
いたいこんなもんだ」とマニュアルさえ読まない人もいるという。

　本来、マニュアルとは、個人の技量に依存せず、誰でも同様に良質な業務ができ
るように手順やルールなどをまとめたものである。あくまで基礎的なものであり、
場面場面で個人が臨機応変に対応していかなくてはならない。ところが、マニュア
ルに頼るあまり思考を停止してしまうと、ちょっと考えればわかる正しい判断がで 　　15
きなくなる。それがミスにつながり、お役所から大企業まで、様々な不祥事を起こ
してしまうのだ。マニュアルの過信によって自らの思考力や試行錯誤の姿勢を失な
ってしまえば、自発的な行動や自由な発想は生まれてこないだろう。

1 考えることや苦労をしたくない気持ちがマニュアルに依存する傾向を生み出している。

- ○ A　文脈の論理から明らかに正しい。または正しい内容を含んでいる。
- ○ B　文脈の論理から明らかに間違っている。または間違った内容を含んでいる。
- ○ C　問題文の内容だけからでは、設問文は論理的に導けない。

2 マニュアル依存をよしとしない姿勢からマニュアル軽視の風潮が生まれている。

- ○ A　文脈の論理から明らかに正しい。または正しい内容を含んでいる。
- ○ B　文脈の論理から明らかに間違っている。または間違った内容を含んでいる。
- ○ C　問題文の内容だけからでは、設問文は論理的に導けない。

3 基礎だけでなく、応用までを網羅したマニュアルがあれば、ミスは起こらない。

- ○ A　文脈の論理から明らかに正しい。または正しい内容を含んでいる。
- ○ B　文脈の論理から明らかに間違っている。または間違った内容を含んでいる。
- ○ C　問題文の内容だけからでは、設問文は論理的に導けない。

4 自分で考えて自発的に行動できれば、マニュアルは不要になる。

- ○ A　文脈の論理から明らかに正しい。または正しい内容を含んでいる。
- ○ B　文脈の論理から明らかに間違っている。または間違った内容を含んでいる。
- ○ C　問題文の内容だけからでは、設問文は論理的に導けない。

　次の文章を読み、設問文１つ１つについてＡ、Ｂ、Ｃのいずれにあたるか
答えなさい。　　　　　　　　　　　　　　　　　　　　　（**1**〜**4**各１点）

　中世に最盛期を迎えたキリスト教文化は、学問や絵画、建築など生活様式から形　　1
成物群に至るまで広く影響を及ぼしました。そして、その文化を生み出したキリス
ト教は、当時のみならず現在に至るまで、ヨーロッパ文化を支えるバックボーンと
なっているのです。それなら「キリスト教徒でない人には、それらの文化や美術作
品を本当に理解することはできないのでは？」と、疑問を抱く人がいるかもしれま　　5
せん。でも私は、そうは思いません。キリスト教についての基礎知識があれば、キ
リスト教徒でなくてもその文化や美術を味わい、理解できるはずだからです。そう
でないと、世界中の人々が魅了される古代ギリシャ彫刻の人体美は、ゼウスなど神
話の神々を信仰しなければ理解不能ということになってしまいます。

　とはいうものの、ギリシャ神話は古代ギリシャ美術をおもしろく鑑賞するために　　10
欠かせません。同様に、キリスト教美術をより深く理解するためには、「受胎告知」
や「東方の三博士」など、基礎的な知識は必要でしょう。知らなければ勝手な思い
違いをしてしまうこともあります。

　たとえば、川で洗濯しているおばあさんの前に巨大な桃が流れてくる絵を見れ
ば、日本人なら誰でも昔話の「桃太郎」の一場面だとわかります。しかし、この話　　15
を知らない外国人はどう思うでしょうか。愉快そうだとか、奇想天外な絵だとか、
様々に思うにしても、その後のストーリーを想像できないのは確実です。

　キリスト教のことを知らないままヨーロッパの中世美術に接すれば、これと同じ
ようなことになってしまうと考えられます。聖書でもイエスの伝記とされる「福音
書」の部分なら分量もわずかですし、最近は漫画化されたものや美術作品の写真で　　20
解説された本も出版されています。ギリシャ神話のような物語の一つと思えば、聖
書はおもしろい読み物になるでしょう。

1 宗教美術は、それを信じる人しか本当に理解することはできない。

○ A　文脈の論理から明らかに正しい。または正しい内容を含んでいる。
○ B　文脈の論理から明らかに間違っている。または間違った内容を含んでいる。
○ C　問題文の内容だけからでは、設問文は論理的に導けない。

2 キリスト教についての知識があれば、ヨーロッパ中世美術の鑑賞において思い違いをしてしまうことを減らせるはずだ。

○ A　文脈の論理から明らかに正しい。または正しい内容を含んでいる。
○ B　文脈の論理から明らかに間違っている。または間違った内容を含んでいる。
○ C　問題文の内容だけからでは、設問文は論理的に導けない。

3 キリスト教美術の作品は、当時の宗教観や文化を理解するための資料となる。

○ A　文脈の論理から明らかに正しい。または正しい内容を含んでいる。
○ B　文脈の論理から明らかに間違っている。または間違った内容を含んでいる。
○ C　問題文の内容だけからでは、設問文は論理的に導けない。

4 昔話の「桃太郎」は日本人の誰もが知る神話のようなものである。

○ A　文脈の論理から明らかに正しい。または正しい内容を含んでいる。
○ B　文脈の論理から明らかに間違っている。または間違った内容を含んでいる。
○ C　問題文の内容だけからでは、設問文は論理的に導けない。

趣旨判定

● 長文に対して、設問文が筆者が訴えたいことかどうかを判定する問題。

例題　解答・解説は右ページ　　　　　　　　　　　　制限時間75秒

次の文章を読み、続く設問文についてA、B、Cを判断して答えなさい。ただし、4つの設問文の中には、AとCにあてはまるものがいずれも1つ以上含まれている。

面接の質問　　　　　　　　　　　　　　　　　　　　　　　　　　　　　　1

　面接官には、応募者の発言を自分なりに変換してしまう傾向がある。自分の経験や知識によって応募者の言葉を勝手に解釈し、「こういうことを言っている」と推定や断定をしてしまう。これは、適切な応募者を選考するための面接の精度を下げる原因となる。　　　　　　　　　　　　　　　　　　　　　　　　　　　　　　5

　例えば、「部内トップの営業成績」という発言をそのまま自分の判断基準で聞きっぱなしにしてはいけない。部内の何人が参加したうちの、どの期間のトップなのかなどを数字で聞かなければ、実際のところはわからないのである。特に「順位」や「役職」については、応募者が自分を過大に評価させようと実際以上にハイレベルな物語を作ってきていることもあり、注意が必要だ。　　　　　　　　　　10

　「抽象的な言葉・形容詞」、「比喩・たとえ話」、「こそあど言葉」など、あいまいな表現に注意したい。人数、金額、規模、年月、期間など、具体的な数字や名称を聞き出さなければ、面接官の勝手な解釈になってしまいがちだ。応募者の実際の情報を知るために、あいまいな情報を具体化するための問いかけが必要なのである。

　面接以外の場でも、誤解のない意思疎通を図るためには具体的な質疑応答が役立　15
つことが多い。会議などでも具体的な言葉での会話を心掛けるようにしたいものである。

A　筆者の趣旨（一番訴えたいこと）が述べられている。
B　筆者はそのことに触れているが、趣旨ではない。
C　この文章とは関係ないことが書かれている。

1　面接官は、応募者の発言を自分の基準によって変換しがちだ。

　　　　　　　　　　　　　　　　　　　　○ A　　　○ B　　　○ C

2 具体的な情報は、友好的な人間関係の基盤になる。

○ A　　○ B　　○ C

3 面接官は、応募者の情報を具体化する問いかけを心掛けるべきである。

○ A　　○ B　　○ C

4 応募者は、実際以上にハイレベルな自分を演出することがある。

○ A　　○ B　　○ C

18秒で解ける超解法!!　●先に長文の趣旨をつかむ

先に長文の趣旨を記憶するよう集中して速読する。内容が頭にあるうちに、4つの設問文を読んで、長文に書かれていない内容を含む設問文にはCを選択する。次に、残った設問文が趣旨か否かを判定する。

1 冒頭の「面接官には、応募者の発言を自分なりに変換してしまう傾向がある」の言い換えなので、本文に書かれている内容。しかし、趣旨とはいえないのでB。

正解　B

2 「友好的な人間関係」についての記述はないのでC。このように、「本文に書かれていない内容」を含んでいたらCを選んでよい。

正解　C

3 この文章の趣旨は、13行目「応募者の実際の情報を知るために、あいまいな情報を具体化するための問いかけが必要」ということなのでA。

正解　A

4 9行目に「応募者が自分を過大に評価させようと実際以上にハイレベルな物語を作ってきている」とある。趣旨ではないのでB。

正解　B

▶解答・解説は別冊40ページ

練習問題　趣旨判定

目標時間

5分

点 16点

・時間を計りながら解いてみましょう

5 次の文章を読み、続く設問文についてＡ、Ｂ、Ｃを判断して答えなさい。ただし、4つの設問文の中には、ＡとＣにあてはまるものがいずれも１つ以上含まれている。

（**1**〜**4**各１点）

一人っ子＝わがまま　　　　　　　　　　　　　　　　　　　　　　　　　　　1

　ラグビーをやっている人はメンタルが強い。アイビーリーグ校に留学した人は優秀である。動物が好きな人に悪い人はいない。こういった思い込みは非常に厄介だ。中でも代表格の思い込みが一人っ子＝わがまま、という固定観念である。

　そう思い込んでいる本人が一人っ子だったりする。　　　　　　　　　　　　　5

　一事が万事である。たった一人の面接官の中に何千人、何万人からなる会社全体の価値観や考え方が埋め込まれていると見るべきだ。固定観念や思い込みが見られる面接官に遭遇したら、その会社へ入ることを考え直したほうがよい。

　実際に一人っ子でもわがままでない人はたくさんいる。兄弟、姉妹がいてもわがままな人はたくさんいる。兄弟、姉妹の数とわがままは関係がない。ちなみに、一　10
人っ子の方が一人っ子ではない子に比べて、独立心、自立性が強いという研究結果もある。そういった研究が正しいとすれば、一人っ子＝わがまま、という図式を持っている人に採用を任せるのは会社として損だ。

　いずれにしても、一人っ子はわがままだという固定観念を持つ面接官に出会ったら、入社することを再検討したほうがよい。　　　　　　　　　　　　　　　　15

A 筆者の趣旨（一番訴えたいこと）が述べられている。
B 筆者はそのことに触れているが、趣旨ではない。
C この文章とは関係ないことが書かれている。

1 一人っ子は独立心、自立心が強いという研究結果がある。

〇 A 〇 B 〇 C

2 一人っ子はわがままであるという固定観念のある面接官に出会ったら、入社を考え直したほうがよい。

〇 A 〇 B 〇 C

3 一人っ子はわがままだと思い込んでいる本人自身が一人っ子であるケースがある。

〇 A 〇 B 〇 C

4 一人っ子＝わがままという固定観念は危険なので持つべきでない。

〇 A 〇 B 〇 C

次の文章を読み、続く設問文についてA、B、Cを判断して答えなさい。ただし、
4つの設問文の中には、AとCにあてはまるものがいずれも1つ以上含まれている。

緊張を解く　　　　　　　　　　　　　　　　　　　　　　　　　　　　　　　　1

　面接ともなれば大半の人が緊張してしまう。面接という特別な場では、緊張しな
い人の方が少ないのだ。「初対面の面接官との対応」、「落ちるかもしれない不安感」
など理由はさまざまにある。しかし過剰な緊張感は心身にマイナスの影響を及ぼし、
思わしくない結果を生み出す。　　　　　　　　　　　　　　　　　　　　　　　5

　緊張をほぐすには綿密な準備が必要である。「学生時代に力を入れたこと」、「自己
PR」、「志望動機」など三大質問への答え方、それについての質問などをあらかじめ
予想しておき、それを口に出して繰り返し練習する。要は慣れてしまうことだ。

　しかし、それでも緊張感に襲われることがあるかもしれない。むりやり笑顔を作
ってみても、頭の中は真っ白で適切な応答ができなくなってしまう。そんな時は、　10
むしろ面接官に「いま緊張しています」と、はっきり口に出して伝えてしまうのが
よい。人は自分の気持ちを言葉にすることで、コントロールすることができるよう
になる。「緊張している」と口にすることで緊張がほぐれるのだ。面接官は応募者の
緊張を理解しているもので、その発言がマイナス評価につながることはない。むし
ろ緊張していると伝えれば、その前提で対応してくれるし、寛容な面接官なら「そ　15
んなに緊張しなくてもいいよ」と一声かけてくれるかもしれない。

A 　筆者の趣旨（一番訴えたいこと）が述べられている。

B 　筆者はそのことに触れているが、趣旨ではない。

C 　この文章とは関係ないことが書かれている。

1 緊張感に襲われるのは、事前の準備が足りないためである。

○ A 　　○ B 　　○ C

2 緊張感は言葉にして相手に伝えることで和らぐものだ。

○ A 　　○ B 　　○ C

3 面接官は寛容なので、応募者の緊張を理解して助けてくれる。

○ A 　　○ B 　　○ C

4 緊張のしすぎは目標達成の妨げになることがある。

○ A 　　○ B 　　○ C

 目標：ここまで2.5分以内に回答

次の文章を読み、続く設問文についてＡ、Ｂ、Ｃを判断して答えなさい。ただし、4つの設問文の中には、ＡとＣにあてはまるものがいずれも1つ以上含まれている。

（**1**～**4**各1点）

目は口ほどにものを言う   1

　コミュニケーション手段といえば、言語を介したものと解釈されがちだか、じつは表情や身振り、声のトーンや視線など、非言語の要素によって成り立っている部分が多い。中でも視線は大きな役割を果たしており、視線の向け方次第で会話を円滑に進めることもできれば、打ち切る方向にもっていくこともできる。まさに「目　　5は口ほどにものを言う」のだ。

　新卒採用を担当するとき、わたしが最も重要視するのは「目を見て話せるかどうか」である。しっかりとこちらの目を見て話す、あるいは聞くことができる学生からは、「熱意がある」「誠意がある」といったプラスのメッセージが伝わってくる。その一方、目線が泳いだり、こちらと目線を合わさない学生からは、「自信がない」　10「コミュニケーション力に欠ける」といったマイナスの印象を受けてしまう。

　現在の若者は「視線耐性」が低下しているといわれている。「視線耐性」とは、「他人の視線を受け止められる力」のこと。デジタルコミュニケーションに依拠して対人経験が不足しがちな若者にとって、相手と向き合った状態で目を見つめながら話すのが、かなりのストレスを伴うことは想像できる。しかし面接中には面接官と目　15線を合わせるようにしてほしい。にらみつけるように凝視し続ける必要はない。適度に目線を合わせ、適度に外す。相手の目を見て話すことが苦手なら、鼻や額に目線を移してもかまわない。「わたしはあなたに話していますよ」「あなたの話をちゃんと聞いていますよ」というメッセージを伝えよう。

A 筆者の趣旨（一番訴えたいこと）が述べられている。

B 筆者はそのことに触れているが、趣旨ではない。

C この文章とは関係ないことが書かれている。

1 最近の若者は対人経験の不足に伴って、視線耐性が低下している。

○ A ○ B ○ C

2 面接では、面接官と目線を合わせることが大切だ。

○ A ○ B ○ C

3 人と人とのコミュニケーションには視線が不可欠である。

○ A ○ B ○ C

4 面接官の目を凝視するのはやめたほうがよい。

○ A ○ B ○ C

次の文章を読み、続く設問文についてA、B、Cを判断して答えなさい。ただし、4つの設問文の中には、AとCにあてはまるものがいずれも1つ以上含まれている。

(**1**〜**4**各1点)

学業と自己PR 　　　　　　　　　　　　　　　　　　　　　　　　　　　　　　　1
　「自己PR」とは、自らを高く評価させるためのものである。自分がどう活躍した
のか、どんな成果を上げたのかを語ることで、「採用すべき理由」「会社に貢献でき
ること」を積極的に提示するものと認識されている。しかし最近、就活中の学生た
ちから「自己PRが苦手だ」という声をよく聞く。なぜだろう。　　　　　　　　　5
　学生たちは、自己PRにはインパクトのあるエピソードが必要だと思い込んでし
まっているようなのだ。ところが新型コロナウイルス禍で人とのリアルな接触が減
り、自粛生活を余儀なくされてしまった。授業はオンラインとなり、友人との付き
合いはもっぱらSNS。クラブやサークル活動は制限付きとなり、派手なイベントは
中止となった。自分が活躍したインパクトあるエピソードがない、というわけだ。　10
　しかし、自己PRに派手なエピソードが必要だろうか。企業が知りたいのは、応募
してきた学生が入社後に戦力となるのか、自社のカラーにフィットするのかという
点である。それを判断するために必要となるのは、人柄や能力、価値観がうかがえ
るエピソードであり、インパクトのある活躍話や成果自慢は不要である。
　じつは学業についての話こそ自己PRに適しているのではないだろうか。学業は学　15
生の本分であり、日常の業務といえる。そしてコロナ禍でも比較的影響が少なかっ
た。大学での学業は曲がりなりにも3年程度にわたってやり続けてきたことである
から、「どんな考えで科目を選択し、そこから何を学んだのか」「グループワークを
成功させるためにどのような役割を果たしたのか」など素材には事欠かないはずだ。
成績を誇る必要はない。学びの場において何にどう取り組んだのか、そこから何を　20
得たのかを話すことで、人柄や能力が伝わる。ぜひ安心して学業をPRしてほしい。

A 筆者の趣旨（一番訴えたいこと）が述べられている。

B 筆者はそのことに触れているが、趣旨ではない。

C この文章とは関係ないことが書かれている。

1 自己PRにはインパクトのあるエピソードはなくてもよい。

○ A　　○ B　　○ C

2 学業についてのエピソードが自己PRに最適である。

○ A　　○ B　　○ C

3 新型コロナウイルス禍が、自己PRできない学生を輩出した。

○ A　　○ B　　○ C

4 自己PRに必要となるのは、人柄や能力、価値観がうかがえるエピソードである。

○ A　　○ B　　○ C

3章 英語

- 「長文読解」と「論理的読解」の2科目。
- 実際の検査と同じ1問25秒で取り組める練習問題を掲載。

◎時間を計って行う練習が効果的

【例題】出題される問題から、解法手順を学びやすい基本パターンを選んであります。まず、例題の解法をきちんと覚えてください。

【練習問題】本番と同じ制限時間で行う再現問題を掲載しました。

【準備するもの】筆記用具（必要ならメモ用紙）、スマートフォンのタイマーなどを準備します。本番と同様のイメージがつかめるよう、「練習問題」は時間を計ってチャレンジすることをお勧めします。最初は時間内で全問は回答できないと思いますが、何回か取り組んで、制限時間内に解く感覚を身につけましょう。

英語【攻略のポイント】

玉手箱の英語には、「長文読解」「論理的読解」という2科目があり、英語が出題される場合はどちらか片方が出題されます。

「長文読解」の問題と制限時間

設問の答えを**5つの選択肢から選ぶ問題**です。1つの長文について計3問で、1画面で1問ずつ出題されます。**C-GABと共通の科目**です。

▼出題画面（144ページ例題より）

◀回答した数とここまでに使った時間。1問ごとの制限時間はない。

※次へ進むと前に戻ることができない設定が一般的ですが、企業によって前に戻れる設定もあります。

24問（8長文）で制限時間は10分、回答時間は1問あたり25秒です。

科目	問題数（長文数）	制限時間	1問あたりの回答時間
長文読解	24問（8長文）	10分	**25秒**

「長文読解」を速く解くための基本的な手順

1問あたり25秒しかかけられないため、本文の全部を読む時間はありません。
先に設問文と選択肢を読んで、**キーワードを本文の中から検索する**のが基本的な解き方です。上の問題では、選択肢に共通するdesigns and sizesを探すとwe offer an extensive range of designs and sizesが見つかるので、該当する選択肢をチェックします。必要な部分を読み取るテクニックを身につけましょう。

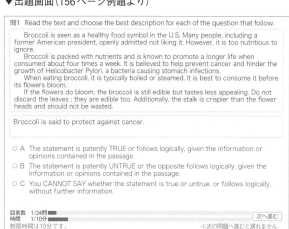

長文の内容について設問文が論理的に正しいかどうかを判定する問題です。１つの長文について計３問で、１画面で１問ずつ出題されます。

▼出題画面（156ページ例題より）

問1　Read the text and choose the best description for each of the question that follow.

Broccoli is seen as a healthy food symbol in the U.S. Many people, including a former American president, openly admitted not liking it. However, it is too nutritious to ignore.
Broccoli is packed with nutrients and is known to promote a longer life when consumed about four times a week. It is believed to help prevent cancer and hinder the growth of Helicobacter Pylori, a bacteria causing stomach infections.
When eating broccoli, it is typically boiled or steamed. It is best to consume it before its flowers bloom.
If the flowers do bloom, the broccoli is still edible but tastes less appealing. Do not discard the leaves ; they are edible too. Additionally, the stalk is crispier than the flower heads and should not be wasted.

Broccoli is said to protect against cancer.

○ A　The statement is patently TRUE or follows logically, given the information or opinions contained in the passage.
○ B　The statement is patently UNTRUE or the opposite follows logically, given the information or opinions contained in the passage.
○ C　You CANNOT SAY whether the statement is true or untrue, or follows logically, without further information.

回答数　1/24問
時間　　1/10分
制限時間は10分です。

次へ進む

※次の問題へ進むと戻れません。

◀回答した数とここまでに使った時間。
１問ごとの制限時間はない。

※次へ進むと前に戻ることができない設定が一般的ですが、企業によって前に戻れる設定もあります。

24問（８長文）で制限時間は10分、回答時間は１問あたり25秒です。

科目	問題数（長文数）	制限時間	1問あたりの回答時間
論理的読解	24問（8長文）	10分	**25秒**

「論理的読解」を速く解くための基本的な手順

指示文と選択肢はどの長文も共通です。下に挙げた**訳を覚えておきましょう**。
指示文：次の文を読み、それに続く設問文に最も適した説明を選びなさい。
A：本文に含まれる情報または主張により、設問に書かれている内容は明らかに正しい、または論理的に導くことができる。
B：本文に含まれる情報または主張により、設問に書かれている内容は明らかに誤っている、または逆のことを述べている。
C：追加の情報がなければ、設問に書かれている内容が正しいか間違っているか、または論理的に導けるかどうかを判断できない。

正しければA、誤っていればB、判断ができない場合はCを選びます。「長文読解」同様、**設問文のキーワードを本文から探して判断**します。上の問題では、cancerを探すと「It is believed to help prevent cancer」が見つかります。

● 本文と選択肢を読んで正しい回答を選ぶ問題。広告文、アナウンス、Eメール、招待状などが出題される。

設問文に関係する箇所を探す

- ● **設問文と選択肢を先に読む**
- ● **英語の言い換え表現に着目する**

例題 解答・解説は146・147ページ　　　　制限時間75秒

続く設問文の解答を5つの選択肢の中から1つ選びなさい。

※右の数字は解説用の行数

Discounted Branded Footwear　　　　　　　　　　　　　　1

　Being the official outlet division of the ABC Group, Inc., we can provide you with savings ranging from 20% to 70% off the suggested retail prices of your preferred brands.　　5

　With an inventory of over 20,000 pairs of top-quality shoes, we offer an extensive range of designs and sizes for the entire family. Whether you are searching for sporty footwear for exercise, relaxed styles for the weekend, or　　10 school shoes for children – you will discover them all here.

　Need an uncommon size? We also offer a diverse collection of styles available in both narrow and wide widths, along with extended sizes.　　　　　　　　　　15

1 This store offers...

- ○ A a lot of designs and sizes.
- ○ B a lot of designs and a few sizes.
- ○ C a few designs and a lot of sizes.
- ○ D a few designs and sizes.
- ○ E average designs and sizes.

2 What is this store?

- ○ A One of the most famous shoemakers
- ○ B An official outlet division of the ABC Group, Inc.
- ○ C A store which sells only top-brand items
- ○ D The world's biggest outlet store
- ○ E A clothing retailer for young people

3 How many shoes do they have in stock?

- ○ A 5,000 pairs
- ○ B 10,000 pairs
- ○ C 15,000 pairs
- ○ D 20,000 pairs
- ○ E More than 20,000 pairs

➡答え・解説は次ページ

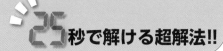

秒で解ける超解法!! ●必ず設問文を先に読もう

本文より先に設問文と選択肢を読んでから、設問文と選択肢の中にあるキーワードを本文の中で検索する。キーワードやその言い換えを含む箇所を見つけたら、該当する選択肢を選ぶ。

1 選択肢に共通するdesigns and sizesを検索する。8行目にwe offer an extensive range of designs and sizes（様々なデザインとサイズを取り揃えています）とあるので、答えは**A**のa lot of designs and sizes.（多くのデザインとサイズ）。13行目のWe also offer～もヒントになる。

別解 「広告文」なので、一般的に考えてa few（数少ない）やaverage（平均的な）ではなくa lot of（多くの）と推測できる。

> 正解　A

2 **What is this store ?** の答えになる箇所を探す。3行目に選択肢**B**と同じofficial outlet division of the ABC Group, Inc.（ABCグループの公式アウトレット部門）とある。ほとんどの場合、**選択肢と本文の中のフレーズが一致すれば正解**と思ってよい。

> 正解　B

3 pairsを検索する。7行目にover 20,000 pairsとあるので、**E**のMore than 20,000 pairs（20,000組以上）が正解。長文読解ではひっかけ問題は少なく、検索で見つかるシンプルな問題が多いので考え込まずに回答しよう。なお、本文が長い場合には、キーワードだけを検索しながら斜め読みすることで時間の短縮が図れる。

> 正解　E

即解▶言い換え表現（パラフレーズ）に注目しよう

本文の中の言葉を言い換えた表現が正解になっている問題が多い。言い換えられていることを意識しながら本文を検索することで回答スピードが上がる。

1 extensive range of designs and sizes → a lot of designs and sizes
同じような意味だとわかった時点ですぐ回答していこう。

3 over 20,000 pairs → More than 20,000 pairs

「キーワードを検索→キーワードのある箇所を言い換えた選択肢を選ぶ」という回答手順を覚えておこう。

146

お得なブランドシューズ

　ABCグループの公式アウトレット部門として、お気に入りのブランドの製品を希望小売価格から20%〜70%オフで提供できます。

　最高品質の靴を20,000組以上在庫しており、ご家族全員に合う様々なデザインとサイズを取り揃えています。運動用のアスレチックシューズ、週末用のカジュアルシューズ、お子様の学校用のシューズなど、すべてここで見つけることができます。

　珍しいサイズが必要ですか？　幅狭や幅広の様々なスタイル、大きなサイズも豊富に取り揃えています。

■1 この店が提供するのは…
- ○ A　多くのデザインとサイズ
- ○ B　多くのデザインと数少ないサイズ
- ○ C　数少ないデザインと多くのサイズ
- ○ D　数少ないデザインとサイズ
- ○ E　平均的なデザインとサイズ

■2 この店は何ですか？
- ○ A　最も有名な靴職人の一人
- ○ B　ABCグループの公式アウトレット部門
- ○ C　一流ブランド品のみを扱う店舗
- ○ D　世界最大のアウトレットストア
- ○ E　若者向け衣料品店小売店

■3 このお店は靴の在庫を何組持っていますか？
- ○ A　5,000組
- ○ B　10,000組
- ○ C　15,000組
- ○ D　20,000組
- ○ E　20,000組以上

▶解答・解説は別冊42ページ

練習問題 長文読解

目標時間
5 分

点
12点

1 続く設問文の解答を5つの選択肢の中から1つ選びなさい。

College students in the United Kingdom spend their summer months in different ways. Those without sufficient funds for their studies often look for summer jobs to save for the next academic year. Many students choose to support themselves rather than depending on financial help from their parents.

Working at a restaurant is a popular choice among British students. They can sometimes earn over a hundred pounds per night in tips from serving customers. However, job opportunities for international students are usually limited to on-campus positions, like working in the library, which typically pays slightly more than the minimum wage.

For some students, overseas intensive programs are attractive options to make the most of their summer. These programs can involve studying Art History in Italy, Marine Biology in the Caribbean, Language and Culture in China, Archaeology in Egypt, and various other unique and exciting programs. These programs often offer more hands-on experiences than regular courses.

Eager students who want to finish their degree early can enroll in summer courses to earn extra credits towards graduation. While the standard bachelor's degree program is designed for three years, it is possible to complete it in two and a half years or even less by taking advantage of summer sessions.

1 How can students earn over a hundred pounds in a single night sometimes?

- ○ A By working in the library
- ○ B By on-campus jobs
- ○ C By working at a restaurant
- ○ D By working for a little more than minimum wage
- ○ E By attending attractive intensive programmes

2 Where can international students usually work?

- ○ A Off campus
- ○ B At a library on campus
- ○ C At restaurants
- ○ D At universities as a teacher of the overseas intensive programmes
- ○ E At a restaurant as a cook of local dishes

3 If UK college students do not have enough money to keep studying, they typically...

- ○ A depend on their parents financially.
- ○ B try to pass a scholarship examination.
- ○ C try to graduate in two and a half years.
- ○ D spend their summers working.
- ○ E take overseas intensive programmes.

Dear Tour Participants   1

We assume your preparations for your trip to Tibet are
well underway.

                                                        5

We want to remind you of the importance of good health
and proper preparation, as Tibet is known for its harsh and
challenging natural environment.

Firstly, the air is very dry with humidity around 25%   10
at this time of year. Additionally, the temperature can
vary significantly throughout the day, with Tibet often
experiencing both summer and winter conditions on the
same day. Furthermore, due to the high elevation of over
3600m, the sun is quite intense, and the oxygen levels are   15
only two-thirds of what you would find in Tokyo.

Given these conditions, it is essential to come
prepared, especially with appropriate clothing such as
hats, thin long-sleeved shirts, sunglasses, and sunscreen.   20

Also, try to keep your luggage to a minimum, as you will
likely have to carry it with you most of the time.

Sincerely,   25
                                        Tibet Explorers

1 This notice is likely being sent...

- ○ A   by an e-mail magazine.
- ○ B   by the Tibetan government.
- ○ C   on the day when participants signed up for the trip.
- ○ D   by the tour guide after arriving in Tibet.
- ○ E   a few days before departure.

2 Why is Tibet's environment so tough?

- ○ A   Because there are many unexplored fields.
- ○ B   Because of the natural environment
- ○ C   Because there are only a few people living there.
- ○ D   Because the local government has not put in enough effort.
- ○ E   Because of excessive exploitation

3 Which of the following is the right advice from Tibet Explorers?

- ○ A   Participants who have heart disease should remain on the tour bus.
- ○ B   All participants are required to have a health exam.
- ○ C   Participants should bring something useful to protect themselves from sunburn.
- ○ D   Participants should take as many clothes as possible.
- ○ E   Participants should come equipped with an oxygen bottle.

🕐 目標：ここまで2.5分以内に回答

Our three-day tour package includes transportation from Sydney Central Station to the hotel, hotel accommodation, breakfast every day except the first, and dinner every day except the last. After breakfast, you have free time until dinner. 1

5

We also offer optional tours, so please inquire for details if you are interested. Make sure to reserve a spot by the day before the tour if you plan to join.

10

Exploring on your own is a great idea, as there are many attractions in the area. You can even rent a car if you prefer. If you need information about train and bus schedules near the hotel, just ask, and we will provide details.

15

If you would like to exercise at the hotel, we have a swimming pool, a fitness gym, and ten tennis courts, all available for free. There is no need to reserve anything in advance except for the tennis courts. If you would like 20 to play tennis, please inquire at the front desk for court availability.

1 What services are available for enjoyment at the hotel?

- ○ A Watching free movies
- ○ B Getting a body massage
- ○ C Doing some physical activities
- ○ D Playing golf
- ○ E Playing an arcade game

2 Which is NOT included in the tour?

- ○ A The transportation fee from Sydney Central Station to the hotel
- ○ B The transportation fee from the hotel to sightseeing locations
- ○ C The hotel charge
- ○ D The charge for breakfast on the second day
- ○ E The charge for dinner on the second day

3 If you want to play tennis at the hotel, what should you do?

- ○ A You should pay in advance.
- ○ B You should ask the tour company in advance.
- ○ C You should book a tennis court in advance.
- ○ D You should inform the tour company of your availability.
- ○ E You should bring your tennis shoes.

Ladies and gentlemen, welcome to our 10th anniversary celebration! I will be your host today.

First, I will share a message from our president: "Thanks to your cooperation, we have been able to achieve the growth we have. To show our appreciation, we are hosting this party. We hope you all have a great time."

Now, let me describe this party venue to you. It is a stand-up dinner party, but there are some seats available at the back of the room if you prefer to sit. Food is served on tables along both sides of the walls, and you can find alcoholic beverages at the bar counter, conveniently located near the seating area. Our bartenders will be happy to make your drinks upon request.

In the middle of our celebration, we will be playing bingo. We have prizes for the first 20 guests who get bingo, and these prizes include our latest products: a handy cleaner, a DVD player, a digital camera, and more. So make sure not to miss out!

We have already distributed bingo sheets at the reception desk. If you did not receive one, please approach a staff member wearing a badge.

Enjoy the party, and thank you for being here!

1 What do you need to do if you do not have a bingo sheet?

○ A　Pay the attendance fee at the reception desk
○ B　Ask another guest
○ C　Look for one in the room
○ D　Speak to a staff member
○ E　Ask the bartenders at the bar

2 What kind of business are they probably running?

○ A　A food manufacturer
○ B　A beverage manufacturer
○ C　A household furniture seller
○ D　A game company
○ E　A home electronics manufacturer

3 Where can you find alcohol?

○ A　On the table near the wall
○ B　In the middle of the room
○ C　At the counter near the reception desk
○ D　At the back of the room
○ E　Near the exit door

2 論理的読解

● 各設問文が論理的に正しいか、誤っているか、判断できないかを問う問題。Cを選ぶ基準をしっかりと身につけよう。

本文から判断できないものはC

- **A** 設問文が、本文と同じことを述べている
- **B** 明らかに誤っていることを述べている
- **C** 追加の情報がないと本文から判断できない

例題 解答・解説は158・159ページ　　制限時間75秒

Read the text and choose the best description for each of the question that follow.

Broccoli is seen as a healthy food symbol in the U.S. Many people, including a former American president, openly admitted not liking it. However, it is too nutritious to ignore.

Broccoli is packed with nutrients and is known to promote a longer life when consumed about four times a week. It is believed to help prevent cancer and hinder the growth of Helicobacter Pylori, a bacteria causing stomach infections.

When eating broccoli, it is typically boiled or steamed. It is best to consume it before its flowers bloom.

If the flowers do bloom, the broccoli is still edible but tastes less appealing. Do not discard the leaves ; they are edible too. Additionally, the stalk is crispier than the flower heads and should not be wasted.

A The statement is patently TRUE or follows logically, given the information or opinions contained in the passage.

B The statement is patently UNTRUE or the opposite follows logically, given the information or opinions contained in the passage.

C You CANNOT SAY whether the statement is true or untrue, or follows logically, without further information.

1 Broccoli is said to protect against cancer.

○ A
○ B
○ C

2 The stalk of broccoli should be discarded.

○ A
○ B
○ C

3 The flowers of broccoli are yellow.

○ A
○ B
○ C

➡答え・解説は次ページ

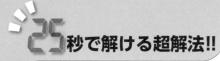

設問文が一般的には正しい場合であっても、文章に記載がなく判断ができなければＣを選ぶ。ひっかけが多いので自分の知識で判断しないようにしよう。

１ cancer（ガン）を検索する。本文7行目に It is believed to help prevent cancer（ガン予防に効果があると信じられています）とあり、設問文の Broccoli is said to protect against cancer.（ブロッコリーはガンを予防すると言われている）と合致しているので、**Ａ**が正解。

> 正解　Ａ

２ stalk（茎）を検索する。14行目に the stalk is crispier than the flower heads and should not be wasted.（茎は花頭よりもシャキシャキしており、無駄にすべきではありません）とある。設問文の The stalk of broccoli should be discarded.（ブロッコリーの茎は捨てるべきだ）と逆のことを言っているので、**Ｂ**が正解。

> 正解　Ｂ

３ 設問文は The flowers of broccoli are yellow（ブロッコリーの花は黄色である）とあるので、まず flowers を検索する。11行目に It is best to consume it before its flowers bloom（花が咲く前に食べるのが最も良い）とあるが、ブロッコリーの花の色についてはどこにも書かれていないので、Ｃが正解。一般的には正しい情報（ブロッコリーの花は黄色）であっても、「本文にあるかどうか」で判断すること。本文で述べられていないことは判断ができないので、**Ｃ**を選ぶ。

> 正解　Ｃ

即解▶必ず設問文を先に読んで、本文でキーワードを検索

１ cancer を検索。It is believed to help prevent cancer を見つけた時点ですぐ選択肢と見比べてＡを選ぶ。他の部分は読まないで回答してよい。

２ stalk を検索。the stalk 〜 should not be wasted を見つけた時点ですぐ選択肢と見比べてＢを選ぶ。

３ flower を検索して、仮に「花は黄色」という記述があればＡ、「花は赤」という記述があればＢ、花の色についての記述がなければＣ。「本文内に設問文に関する記述がない→Ｃと回答」と覚えておこう。ＢかＣで迷ったらＣを選ぶとよい。

次の文を読み、それに続く各設問文に最も適した説明を選びなさい。

　アメリカでは、ブロッコリーは健康的な食材の象徴と考えられています。また、かつてのアメリカ大統領を含む多くの人々がこの野菜が嫌いであることを公然と認めています。しかし、栄養価が高いため、避けるのはもったいないです。

　ブロッコリーは非常に栄養価が豊富で、週に約４回食べることが寿命を延ばすのに役立つと言われています。胃の感染症の原因となるヘリコバクター・ピロリ菌の抑制やガン予防に効果があると信じられています。

　ブロッコリーは、茹でたり蒸したりして食べることが一般的です。花が咲く前に食べるのが最も良いです。

　ブロッコリーの花が咲いても、まだ食べられますが、味は悪くなります。その葉は捨てないでください。それらも食用です。さらに、茎は花頭よりもシャキシャキしており、無駄にすべきではありません。

A　本文に含まれる情報または主張により、設問に書かれている内容は明らかに正しい、または論理的に導くことができる。

B　本文に含まれる情報または主張により、設問に書かれている内容は明らかに誤っている、または逆のことを述べている。

C　追加の情報がなければ、設問に書かれている内容が正しいか間違っているか、または論理的に導けるかどうかを判断できない。

1　ブロッコリーはガンを予防すると言われている。

2　ブロッコリーの茎は捨てるべきだ。

3　ブロッコリーの花は黄色である。

3章
【英語】2 論理的読解

▶解答・解説は別冊46ページ

 練習問題 論理的読解 目標時間 **5**分 | 点 | 12点

1 Read the text and choose the best description for each of the question that follow.

It is believed that cheese was invented as an alternative means of consuming animal milk, which is highly nutritious but not suitable for long-term storage and transport. There is substantial evidence indicating that people were consuming cheese long before the Common Era. 5

However, cheese was not always a common everyday food until the modern era. For instance, in ancient Greece, cheese was offered as a sacrifice to the gods, while in 10 ancient Rome, it was considered a luxurious delicacy reserved for the upper class. The ancient Romans played a significant role in spreading the consumption of cheese, particularly in their colonies, including what is now modern-day France. 15

In Japan, the modern European style of cheese was introduced after the Meiji Restoration, but its popularity did not surge until after World War II, when Westernization of lifestyles and improved living 20 standards led to increased consumption.

A The statement is patently TRUE or follows logically, given the information or opinions contained in the passage.

B The statement is patently UNTRUE or the opposite follows logically, given the information or opinions contained in the passage.

C You CANNOT SAY whether the statement is true or untrue, or follows logically, without further information.

1 Cheese has been a common food since ancient times.

○ A
○ B
○ C

2 In ancient times, it was common to make cheese from goat's milk rather than cow's milk.

○ A
○ B
○ C

3 In ancient Greece, cheese was offered as a sacred offering to the gods.

○ A
○ B
○ C

Read the text and choose the best description for each of the
question that follow.

In Korea, they celebrate the 'New Year' twice because   1
they follow both the solar calendar and the traditional
lunar calendar, which is also used in many other Asian
countries.

5

The Lunar New Year's date varies each year because it is
based on the lunar calendar, which follows the Moon's
cycle rather than the Sun's. It usually falls at the end
of January or the beginning of February. Koreans have a
three–day Lunar New Year holiday for these celebrations,   10
and people typically spend it with their families. They
also have a tradition of sharing special meals and
greetings with their loved ones.

On the other hand, there is only one public holiday for   15
the Solar New Year. Even on this day, some shops remain
open, and interestingly, you can often find many Japanese
tourists enthusiastically shopping.

A The statement is patently TRUE or follows logically, given the information or opinions contained in the passage.

B The statement is patently UNTRUE or the opposite follows logically, given the information or opinions contained in the passage.

C You CANNOT SAY whether the statement is true or untrue, or follows logically, without further information.

1 Spending time with family is a typical way of celebrating the Lunar New Year in Korea.

○ A
○ B
○ C

2 During the Lunar New Year holidays in Korea, highways become heavily congested.

○ A
○ B
○ C

3 Koreans celebrate the New Year twice because they refer to the solar calendar only.

○ A
○ B
○ C

 目標：ここまで2.5分以内に回答 ⋯⋯⋯⋯⋯⋯⋯⋯⋯⋯⋯⋯⋯⋯⋯⋯⋯⋯⋯⋯⋯

Read the text and choose the best description for each of the question that follow.

From my own experience, there appear to be some misunderstandings about caring for tropical fish (freshwater fish) . 1

Many books suggest that a portion of the water should be replaced with fresh water every week. However, if you have a good filtration system that keeps the water circulating well, it does not tend to become overly dirty. 5

Additionally, changing the water too often can stop the growth of bacteria that help break down harmful things like ammonia. This unintentionally creates a polluted environment for the fish, even though you were trying to keep the water crystal clear. 10

15

Therefore, in reality, it is better to consider changing the water only when it starts to look yellowish. Furthermore, be mindful not to overfeed the fish, as leftover food is a significant source of water pollution.

A The statement is patently TRUE or follows logically, given the information or opinions contained in the passage.

B The statement is patently UNTRUE or the opposite follows logically, given the information or opinions contained in the passage.

C You CANNOT SAY whether the statement is true or untrue, or follows logically, without further information.

1 It is necessary to discard a certain amount of water and add fresh water to the aquarium every week.

○ A
○ B
○ C

2 It is essential to pay attention to the amount of food given to the fish.

○ A
○ B
○ C

3 The water in the aquarium with tropical fish turns yellowish after two weeks.

○ A
○ B
○ C

People often consider the world's top three cuisines to   1
be Chinese, Turkish, and French.

In history, Chinese food traveled to the Mediterranean
through the Silk Road, with Turkey playing a vital role as a   5
key point on the route. Italy, the dominant Mediterranean
culture of that time, absorbed Chinese influences and
blended them with Oriental cultures to create its unique
cuisine.
                                                              10
Later, in the 16th century, an Italian, Catherine de
Medicis, married a French King and brought renowned
Italian chefs to France. This led to the development of
outstanding French cuisine that everyone enjoys today.

A The statement is patently TRUE or follows logically, given
   the information or opinions contained in the passage.
B The statement is patently UNTRUE or the opposite follows
   logically, given the information or opinions contained in
   the passage.
C You CANNOT SAY whether the statement is true or untrue, or
   follows logically, without further information.

1 Chinese cuisine was favored by Catherine de Medicis.

○ A
○ B
○ C

2 Italian cuisine was influenced by Chinese cuisine.

○ A
○ B
○ C

3 The selection criteria for the world's three major cuisines are based on whether they were once considered "court cuisine" (dishes served in royal households) or not.

○ A
○ B
○ C

4章 模擬テスト

- 実際の玉手箱とC-GABに準じた模擬テストです。
- 自分で合格レベルが判定できます。

・筆記用具、メモ用紙、電卓、タイマーを準備して時間を計って取り組みましょう。

・計数の「⏰目標」は、前半を後半より短時間で解くペース配分になっています。

※「C-GAB：図表の読み取り」を受検する場合は電卓が使えません。

・55％以上の正解で合格範囲に入ります。

75％以上正解 →【人気企業合格ライン】合格可能性は極めて高いといえます

55％～74％ →【一般企業合格ライン】合格可能性は高いといえます

30％～54％→ WEBテストで落とされる可能性があります

0％～29％→ WEBテストで落とされる可能性がかなりあります

※企業ごとに合格ラインは異なります。

図表の読み取り

▶解答・解説は別冊50ページ

回答時間 15分

点
29問(各1点)

■表やグラフを見て、問いの答えを下の選択肢の中から1つ選びなさい。

【小包郵便物、宅配便取扱個数の推移】

(単位：千個、%)

便名(事業者名)		年度	昭和63年	平成元年	平成2年	平成3年	平成4年
小包郵便物		取扱個数	235,002	287,588	351,434	408.118	425,995
		増減率	20.1	26.6	18.1	16.1	4.4
全宅配便		取扱個数	911,250	1,028,540	1,100,500	1,124,840	1,183,370
		増減率	19.5	12.9	7.0	2.2	5.2
合　計		取扱個数	1,146,252	1,326,138	1,451,934	1,532,958	1,609,365
		増減率	19.6	15.7	9.5	5.6	5.0
主要宅配便5便	A社	取扱個数	352,700	415,560	451,810	478,770	515,200
		増減率	19.1	17.8	8.7	6.0	7.6
	B社	取扱個数	262,950	289,910	309,290	316,090	318,890
		増減率	29.9	10.3	6.7	2.2	0.9
	C社	取扱個数	84,630	94,770	105,970	106,740	107,660
		増減率	15.7	12.0	11.8	0.7	0.9
	D社	取扱個数	70,310	76,400	82,200	76,120	88,750
		増減率	12.4	8.7	7.6	− 7.4	16.6
	E社	取扱個数	45,290	49,020	52,570	58,670	67,360
		増減率	11.7	8.2	7.2	11.6	14.8

注1：取扱個数の単位は千個、増減率は％である。
注2：宅配便取扱個数（航空宅配便を除く）は、同一便名ごとにその便名を扱っている各事業者の取扱実績を集計したものである。
出所：運輸省調べ。

1　昭和62年度のE社の取扱個数はおよそ何千個か。

○ 40,422千個　　○ 40,546千個　　○ 40,628千個　　○ 40,731千個

○ 表からはわからない

【清涼飲料品目別生産量の推移】

（単位：百Kℓ）

年　　度	総生産量	茶系飲料	その他
1989	7,381	5,263	2,118
1990	8,578	5,981	2,597
1991	9,689	6,798	2,891
1992	12,462	8,865	3,597
1993	10,887	7,638	3,249
1994	10,247	7,249	2,998
1995	13,304	9,987	3,317
1996	16,288	13,497	2,791
1997	22,237	18,115	4,122
1998	26,757	20,224	6,533

2 総生産量に占める茶系飲料の割合において、1997年度は1989年のおよそ何倍か。

○ 0.8倍　　　○ 0.9倍　　　○ 1.0倍　　　○ 1.1倍　　　○ 1.2倍

【世界の一次エネルギー消費（石油換算）】

	年	1960	1970	1980	1990	1992	1993
百万t	固体燃料	1,335	1,485	1,810	2,267	2,258	2,245
	液体燃料	898	1,950	2,598	2,808	2,820	2,852
	ガス体燃料	408	888	1,261	1,794	1,817	1,861
	電力	58	106	207	736	778	802
	計	2,699	4,429	5,876	7,605	7,673	7,759
%	固体燃料	49.5	33.5	30.8	29.8	29.4	28.9
	液体燃料	33.3	44.1	44.2	36.9	36.8	36.8
	ガス体燃料	15.1	20.0	21.5	23.6	23.7	24.0
	電力	2.1	2.4	3.5	9.7	10.1	10.3
	計	100.0	100.0	100.0	100.0	100.0	100.0

注：国連 "Energy Statistics Yearbook" による。電力の1960〜80年は水力・原子力・地熱発電のみ。1990年以降は、さらに風力・潮力・波力・太陽エネルギーを利用した発電を含む。

3 1960年から30年間の10年ごとの液体燃料消費量の差を比で表すとおよそどのようになるか。

○ 5：3：1　　○ 5：4：3　　○ 7：3：1　　○ 1：2：11　　○ 1：3：13

【交通安全施設等整備状況の推移】

道路管理者分

年	歩道 km	自転車歩行者道 km	横断歩道橋 箇所	地下横断歩道 箇所	道路照明 基
昭和45年	21,794	–	5,104	335	387,000
昭和50年	41,738	10,558	7,913	1,161	833,287
昭和55年	55,822	29,612	9,147	1,587	1,137,910
昭和60年	72,824	44,957	9,781	2,050	1,590,125
平成2年	85,611	65,681	10,274	2,430	1,825,360
平成3年	87,518	70,761	10,295	2,477	1,941,212
平成4年	88,430	75,401	10,370	2,519	2,035,601
平成5年	89,319		10,377	2,590	2,134,809
平成6年	90,505	84,532	10,483	2,616	2,232,166
平成7年	91,501	89,231	11,763	2,870	2,341,032
平成8年	92,379	94,919	10,574	2,661	2,441,299

出所：建設省資料。

4 平成6年の自転車歩行者道は、平成5年と比較して6％増加した。このとき、表の空欄に入る数値（平成5年、自転車歩行者道）は、およそいくつになるか。

○ 79,460　　○ 79,521　　○ 79,685　　○ 79,747　　○ 79,809

【飲食サービス業の従業員規模別構成比】

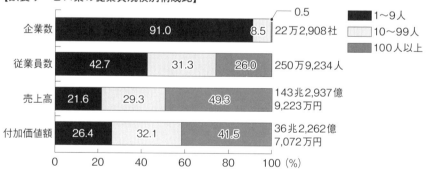

5 従業員100人以上の付加価値額は従業員1～99人の付加価値額のおよそ何倍か。

○ 0.4倍　　○ 0.7倍　　○ 0.9倍　　○ 1.2倍　　○ 1.6倍

172

【世界の太陽電池主要メーカーのシェア】

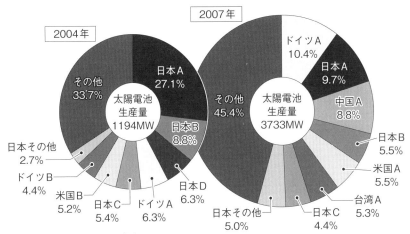

出所：経済産業省ものづくり白書。

6 2004年の「日本A」の生産量をXとおくと、2007年の「その他」を除く生産量の合計はおよそどのように表されるか。

○ 0.8X ○ 1.4X ○ 2.3X ○ 3.6X ○ 6.3X

【A社の財務報告書の推移】

時期	暦年	社員数（人）	売上高（万円）	固定費（万円）	利益（万円）	製造減価率（%）
↑高度成長期↓	1955年	311	28,691	24,852	2,605	41.1
	1960年	320	30,598	31,330	5,817	37.8
	1965年	323	65,141	49,335	10,951	36.2
	1970年	324	112,357	92,582	21,052	34.2
	1973年	326	165,860	116,992	33,942	30.1
↑その後↓	1975年	331	273,152	166,032	49,522	30.0
	1980年	354	349,686	238,126	67,891	26.8
	1985年	379	444,846	289,489	84,103	25.7
	1990年	412	521,757	331,595	108,944	24.1

7 1985年の社員1人あたりの売上高は、およそいくらか。

○ 1,020万円 ○ 1,070万円 ○ 1,120万円 ○ 1,170万円 ○ 1,220万円

【海外から帰国した子供たち】

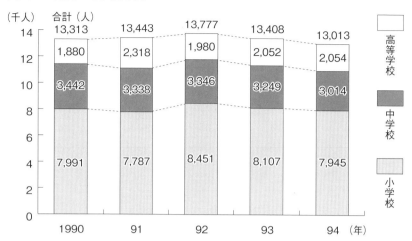

注：上記には終戦前から外地居住者の数も含む。
出所：文部省「学校基本調査」。

8 高等学校の帰国子女数について、1990年は1991年のおよそ何倍か。

○ 0.76倍　　○ 0.81倍　　○ 1.18倍　　○ 1.23倍　　○ 1.37倍

【失業率の国際比較】

(単位：%)

国　名	1989年	1990年	1991年	1992年	1993年
日　本	2.3	2.1	2.1	2.2	2.5
アメリカ	5.3	5.5	6.7	7.4	6.8
カナダ	7.5	8.1	10.3	11.3	11.2
イギリス	6.3	5.8	8.1	9.8	10.4
ドイツ	7.9	7.2	6.3	6.6	8.2

出所：『経済白書』（1994年版）による各国公表値。

9 1989年～1993年にかけて、失業率が最も増加した国はどこか。

○ 日本　　○ アメリカ　　○ カナダ　　○ イギリス　　○ ドイツ

【各国タバコ価格比較（1ドル＝140円で換算）】

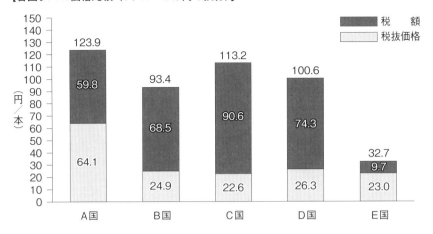

⑩　A国のタバコ1本の価格（税込み）はおよそ何ドルか。

○ 0.79ドル　　○ 0.89ドル　　○ 0.91ドル　　○ 0.99ドル　　○ 1.02ドル

【鉄道会社の事業数の状況】

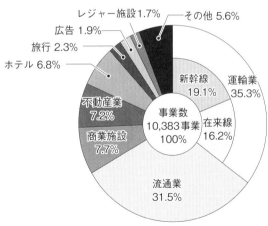

⑪　レジャー施設の事業数をXとすると、新幹線の事業数はどのように表されるか。

○ 1.7X/19.1　　○ 1.7/19.1X　　○ 19.1X/1.7　　○ 19.1/1.7X　　○ 19.1X＋1.7

【アスリート1人あたりの支援者数】

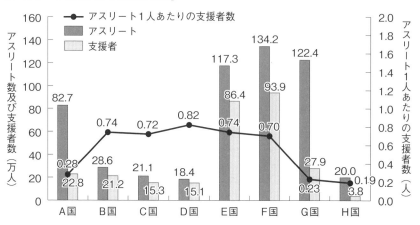

12　F国のアスリートの人数が何人減ると、D国の「アスリート1人あたりの支援者数」の数値と同じになるといえるか。最も適切なものを選びなさい。

○ 16.1万人　　○ 19.7万人　　○ 20.6万人　　○ 22.8万人　　○ 24.2万人

【Y県のうめ収穫量の推移】

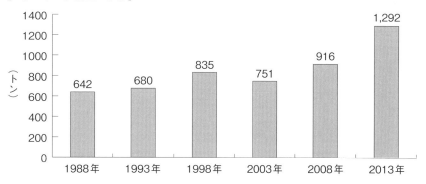

13　次の記述のうち、グラフを正しく説明しているものはいくつあるか。
・2013年のY県のうめ収穫量は、1998年と比べおよそ2.01倍である。
・5年前と比べて150トン以上増加しているのは2008年と2013年のみである。
・Y県のうめ収穫量が650トンを下回った年はない。
・1993年と2013年のうめ収穫量の比は、およそ5：8である。

○ 0　　　　　○ 1つ　　　　　○ 2つ　　　　　○ 3つ　　　　　○ 4つ

【運輸業業種別実態調査の対象事業所数】

(単位：所)

企業規模 産　業	規模計	3,000人 以上	1,000人以上 3,000人未満	500人以上 1,000人未満	100人以上 500人未満	50人以上 100人未満
運輸業計	10,005	1,537	1,250	1,201	4,232	1,785
倉庫業	40	0	15	8	6	11
運輸サービス業	806	140	111	109	221	225
鉄道業	4,702	526	548	588	2,085	955
道路旅客運送業	1,914	455	255	204	686	314
道路貨物運送業	1,084	132	132	148	590	162
水運業	534	183	99	47	176	29
航空運輸業	925	101	90	97	548	89

⓮　次のうち、表から明らかに正しいといえるものはどれか。

○　A　どの業種区分でも、100人以上500人未満規模の事業所数が最も多い。

○　B　調査対象事業所数において、水運業は鉄道業のおよそ8.8倍である。

○　C　運輸サービス業のうち、調査対象事業所数が一番少ないのは1,000人以上3,000人未満規模である。

○　D　鉄道業規模計に占める100人以上500人未満事業所数の割合は、道路貨物運送業に占める同規模の割合より高い。

○　E　規模計に占める3,000人以上規模の割合が17％に最も近いのは、運輸サービス業である。

【地区別小学校教員の男女比】

(単位：人)

地区名	女　性	男　性
P地区	9,638	4,373
Q地区	7,894	5,014
R地区	4,007	1,987
S地区	3,996	1,698
T地区	1,902	983

⓯　T地区の男性教員数はR地区の男性教員数のおよそ何％にあたるか。

○　0.3%　　　○　0.5%　　　○　30%　　　○　50%　　　○　80%

⏰　目標：ここまで7分以内に回答

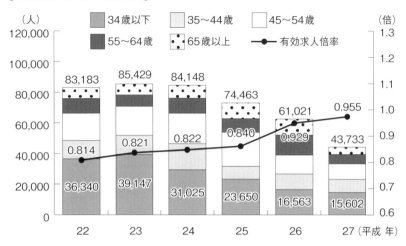

【年齢階層別の有効求職者数】

16 5つの年齢階層合計の有効求職者数の平成22～27年の6年間の平均を1とおくと、有効求職者数が0.85～1.15までの間にあてはまる年はいくつあるか。

○ 0　　　　○ 1つ　　　　○ 2つ　　　　○ 3つ　　　　○ 4つ以上

- -

【電子計算器・同付属装置製造業の事業所数、従業者数、製造品出荷額】

年	事業所数（件）	従業者数（人）	製造品出荷額（百万円）
1986	1,852	145,024	5,149,880
1987	1,813	152,990	6,007,903
1988	1,921	154,258	6,596,755
1989	1,955	160,723	7,632,118
1990	2,030	166,637	8,354,873
1991	2,041	164,852	8,760,751
1992	1,901	162,658	8,301,355
1993	1,776	160,238	8,296,638
1994	1,600	150,464	8,222,902
1995	1,569	146,665	8,358,646

出所：経済産業省『工業統計表』産業編。

17 従業者1人あたりの製造品出荷額において、1995年は1990年と比較しておよそ何％増加したか。

○ 4.3%　　　　○ 6.8%　　　　○ 9.4%　　　　○ 11.2%　　　　○ 13.7%

【家庭の食品ロス内訳】

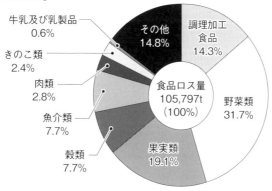

牛乳及び乳製品
0.6%

きのこ類
2.4%

肉類
2.8%

魚介類
7.7%

穀類
7.7%

その他
14.8%

調理加工
食品
14.3%

食品ロス量
105,797t
(100%)

野菜類
31.7%

果実類
19.1%

18 次の記述のうち、グラフから明らかに正しいといえるものはどれか。

○ **A** 果実類のロス量は、きのこ類のおよそ7.3倍である。

○ **B** 毎年最も多いロス量は、野菜類である。

○ **C** 食品ロス量が対前年比で+7.2%のとき、前年の食品ロス量は、およそ98,421tである。

○ **D** 日本の食品ロス量のうち、穀類はおよそ7.7%である。

○ **E** 食品ロス量上位3つの合計とそれ以外の比は、およそ13対7である。

【各国の名目GDPの推移と将来推測】

（単位：百万USドル）

年次	L国	M国	N国	O国	P国	Q国
1955	253,163	331,251	1,377,262	398,140	12,616	174,459
1965	279,495	415,318	1,668,333	445,871	15,768	208,206
1975	337,898	509,722	2,101,851	466,805	19,753	221,191
1985	497,147	610,862	2,583,901	491,835	22,796	258,096
1995	642,580	717,803	3,117,842	509.041	26,690	281,344
2005	856,154	828,843	3,691,579	523,749	30,967	296,962
2025	1,564,159	1,062,068	4,671,252	541,784	41,342	344,825

19 2005年次から2025年次にかけての、M国の推測名目GDP増加率はおよそ何%か。

○ 18%　　○ 23%　　○ 28%　　○ 33%　　○ 38%

【個人向け住宅ローンの融資件数】

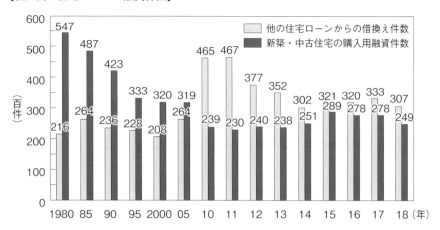

20 2018年の新築・中古住宅の購入用融資件数は、同年の他の住宅ローンからの借換え件数と新築・中古住宅の購入用融資件数の合計融資件数のおよそ何％を占めるか。

○ 42.6%　　○ 44.8%　　○ 46.5%　　○ 48.2%　　○ 50.3%

【賃金－産業別常用労働者1人平均月間現金給与額（事業所規模30人以上）】
(単位：千円)

年　　次	現金給与総　　額	建設業	製造業	電気・ガス業[1]	運輸・通信業	卸売・小売業、飲食店	金融・保険業	サービス業[2]
昭和60年	317	306	300	427	344	273	408	338
平成2年	370	402	352	517	413	309	490	380
平成7年	409	451	391	584	454	336	541	413
平成10年	416	458	408	606	430	345	535	422
前年比[3]（%）	−1.4	−2.2	−1.1	0.8	−0.8	−3.3	−3.5	−0.1

注：[1] 電気・ガス・熱供給・水道業。
　　[2] 家事サービス業及び外国公務も除く。
　　[3] 事務所の抽出替えによるギャップ修正をした指数により算出。
出所：労働省「毎月勤務統計調査年報、月報」。

21 平成10年の前年比増減率が平成11年にも適用されるとすると、平成11年における建設業の現金給与額はおよそいくらか。

○ 443千円　　○ 446千円　　○ 448千円　　○ 453千円　　○ 455千円

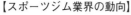

【スポーツジム業界の動向】

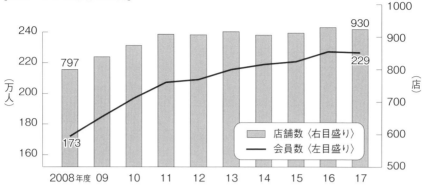

> **22** 店舗数が前年度に比べて減少している年をすべて列挙しているもののうち、最も適切なものを選びなさい。グラフは正しいものとし、数字がない部分がある。

- ○ 2012年度、2017年度
- ○ 2012年度、2013年度、2014年度、2017年度
- ○ 2012年度、2014年度、2015年度、2017年度
- ○ 2012年度、2014年度、2017年度
- ○ 2012年度、2014年度、2015年度、2016年度

【飲食料品小売業の店舗数と販売実績】

| 年 | 営業時間と店舗数（店） | | | | 販売実績 | |
	合計	12時間未満	12時間以上24時間未満	24時間	来店者数（100万人）	税抜収入（100万円）
1994	4,547	2,380	2,136	31	237	259,652
1997	4,188	2,294	1,823	71	224	243,351
2000	4,133	2,745	1,295	93	243	261,994
2003	3,894	2,369	1,400	125	229	252,985
2006	3,086	2,040	908	138	215	238,122
2009	2,139	1,415	582	142	181	189,426
2012	2,023	1,329	503	191	151	172,202

> **23** 2012年において、来店者1人あたりの購入額（税抜）はおよそいくらか。

○ 1,078円　　○ 1,096円　　○ 1,108円　　○ 1,130円　　○ 1,140円

【ケーブルテレビの契約者数シェア】

（単位：百世帯、%）

	ケーブルテレビ合計	O社	P社	Q社	R社	S社	T社
九州＋山口県	18090.3	9119.1	3109.6	1602.4	1787.8	1947.5	523.9
シェア	100.0	50.4	17.2	8.9	9.9	10.8	2.9
大分県	746.0	513.8	199.7	–	–	–	32.5
シェア	100.0	68.9	26.8	–	–	–	4.4
長崎県	764.3	404.0	296.0	–	–	–	64.3
シェア	100.0	52.9	38.7	–	–	–	8.4
福岡県	6416.1	3724.0	–	1013.4	760.9	917.8	–
シェア	100.0	58.0	–	15.8	11.9	14.3	–
佐賀県	347.2	188.0	159.2	–	–	–	–
シェア	100.0	54.1	45.9	–	–	–	–
熊本県	2618.8	1057.0	–	589.0	419.7	553.1	–
シェア	100.0	40.4	–	22.5	16.0	21.1	–
鹿児島県	4033.9	1682.0	1268.1	–	607.2	476.6	–
シェア	100.0	41.7	31.4	–	15.1	11.8	–
宮崎県	836.7	374.6	338.4	–	–	–	123.7
シェア	100.0	44.8	40.4	–	–	–	14.8
沖縄県	457.2	299.7	157.5	–	–	–	–
シェア	100.0	65.6	34.4	–	–	–	–
山口県	1870.1	876.0	690.7	–	–	–	303.4
シェア	100.0	46.8	36.9	–	–	–	16.2

24 P社のケーブルテレビの長崎県のシェアはT社のシェアのおよそ何倍か。

○ 2.4倍　　○ 2.9倍　　○ 3.3倍　　○ 4.6倍　　○ 4.9倍

【洗濯の仕方の各過程での知識】

	総数（人）	(a) 十分に知っている(%)	(b) ある程度知っている(%)	(a+b) 知っている（小計）(%)	(c) あまり知らない(%)	(d) ほとんど知らない(%)	(c+d) 知らない（小計）(%)
洗濯機の使い方	2,281	19.7	59.2	78.9	18.5	2.6	21.1
男性	1,195	18.1	55.6	73.7	21.8	4.5	26.3
女性	1,086	20.9	62.1	83.0	15.8	1.2	17.0
洗剤の選び方	2,014	20.1	53.9	74.0	20.1	6.0	26.0
男性	1025	16.7	46.7	63.4	25.8	10.8	36.6
女性	989	22.8	59.6	82.4	15.5	2.1	17.6
汚れチェックと予洗い	1,862	18.0	60.2	78.1	18.1	3.8	21.9
男性	825	14.2	51.2	65.3	27.0	7.6	34.7
女性	1,037	21.0	67.3	88.3	11.0	0.7	11.7
洗濯表示の見方	1,862	29.5	45.4	75.0	17.3	7.7	25.0
男性	825	13.3	39.0	52.4	31.3	16.4	47.6
女性	1,037	42.4	50.5	93.0	6.2	0.9	7.0
干し方	2,071	12.5	49.2	61.8	30.5	7.7	38.2
男性	973	8.0	39.4	47.4	38.8	13.8	52.6
女性	1,098	16.1	57.1	73.2	23.9	2.9	26.8

注：単位未満は四捨五入しているため、全体と内訳が一致しないことがある。

25 洗濯表示の見方を「知っている」と答えた女性と「知らない」と答えた女性の差は何人か。

○ 926人　　○ 892人　　○ 684人　　○ 538人　　○ 460人

【Y高等学校の支出決算】

（単位：千円）

年	合計	教育研究費	人件費	設備費	管理費	その他
2005	2,857,115	337,336	2,141,078	358,156	(X)	18,406
2006	3,149,825	413,864	2,296,347	419,658	2,174	17,782
2007	3,242,020	406,902	2,303,722	507,413	6,092	17,891
2008	3,403,027	425,648	2,368,624	587,429	5,927	15,399
2009	3,528,399	416,871	2,435,019	657,093	5,766	13,650

26 表中の（X）に入る値として適当なものはどれか。

○ 2,120　　○ 2,139　　○ 2,145　　○ 2,153　　○ 2,162

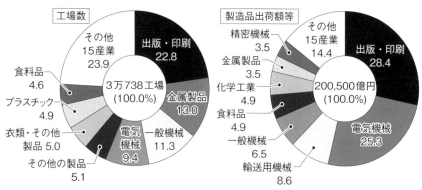

【工場数、製造品出荷額等の産業中分類別構成比（従業員数4人以上工場）】

出所：総務局統計部「工業統計調査速報」平成9年。

㉗ プラスチックの工場数をXとおくと、全工場数はどのように表されるか。

○ 4.9/100X   ○ 100X/4.9   ○ 4.9X   ○ 4.9 − X   ○ 4.9 ＋ X

【イギリスにおける職業別パートタイム労働者数の推移】

(単位：千人)

年	職業計	管理職	専門職	専門・技術職	事務職	技能職	警　備	販　売	工場機械	その他
1991	5,777	261	341	456	1,104	199	973	970	226	1,108
1992	5,932	315	361	417	1,114	191	1,051	1,013	200	1,126
1993	6,004	344	354	436	1,125	207	1,103	1,018	199	1,091
1994	6,152	338	389	475	1,131	199	1,129	1,047	204	1,122
1995	6,183	376	427	463	1,112	185	1,125	1,057	229	1,116
1996	6,410	359	424	509	1,167	177	1,224	1,125	228	1,101
1997	6,554	351	438	569	1,179	188	1,269	1,177	232	1,091
男	1,302	97	123	102	96	103	164	216	103	258
女	5,252	254	315	467	1,083	85	1,105	961	129	833
増加率 1991-97	13.4%	34.5%	28.4%	24.8%	(X)	−5.5%	30.4%	21.3%	2.7%	−1.5%

出所：国家統計局「LFS Historical Supplement-1997」。

㉘ イギリスにおけるパートタイムの1991年～97年にかけての事務職増加率を (X) とするとき、この (X) に入る数値はどれか。

○ 6.2%   ○ 6.4%   ○ 6.6%   ○ 6.8%   ○ 7.0%

【世帯構造別にみた世帯の児童数別世帯数と平均児童数】

世帯構造	総　数	児童数				平　均児童数
		1人	2人	3人	4人以上	
	推計数（単位：千世帯）					（人）
世　帯　総　数	23,683	5,573	11,358	5,679	1,073	1.77
単　独　世　帯	135	135	–	–	–	1.00
核　家　族　世　帯	16,372	4,036	8,218	3,391	727	1.73
三　世　代　世　帯	6,580	1,212	2,930	2,136	301	1.90
その他の世帯	596	189	211	151	44	1.68
	構成割合（単位：%）					
世　帯　総　数	100.0	23.5	48.0	24.0	4.5	–
単　独　世　帯	100.0	100.0	–	–	–	–
核　家　族　世　帯	100.0	24.7	50.2	20.7	4.4	–
三　世　代　世　帯	100.0	18.4	44.5	32.5	4.6	–
その他の世帯	100.0	31.8	35.4	25.4	7.4	–

出所：厚生省統計資料。

29 児童数が4人の三世代世帯が284千世帯のとき、三世代世帯におけるその構成割合はおよそ何％か。

○ 4.1%　　○ 4.3%　　○ 4.7%　　○ 5.2%　　○ 6.3%

▶解答・解説は別冊57ページ

四則逆算

回答時間 **9** 分

点
50問(各1点)

■式中の□に入る数値として正しいものを選択肢の中から1つ選びなさい。

1 $11 \times 23 = \square + 34$

○ 196 ○ 219 ○ 253 ○ 264 ○ 287

2 $12 + 17 + 34 = \square \div 9$

○ 8 ○ 45 ○ 261 ○ 459 ○ 567

3 $10 = \square \times 15/13$

○ 26/3 ○ 3/26 ○ 13/15 ○ 15/13 ○ 150/13

4 $\square + 896 = 1975$

○ 779 ○ 1079 ○ 2871 ○ −2871 ○ −1079

5 $60 + 72 = \square \times 12$

○ 1 ○ 6 ○ 11 ○ 16 ○ 21

6 $0.025 \times \square = 0.5 \times 0.5$

○ 0.01 ○ 0.5 ○ 1 ○ 5 ○ 10

7 $(12 + \square) \times 13 = 546$

○ 591.5 ○ 54 ○ 45.5 ○ 30 ○ 3.5

8 $19+43+\square=85$

- ○ 23
- ○ 42
- ○ 62
- ○ 128
- ○ 137

9 $16/15\times42=\square\div5$

- ○ 7.875
- ○ 8.96
- ○ 192
- ○ 224
- ○ 672

10 $21/16\div21/32=\square$

- ○ 0.5
- ○ 2
- ○ 4
- ○ 32
- ○ 42

11 $0.32\times\square=2.08\div0.26$

- ○ 22
- ○ 25
- ○ 28
- ○ 32
- ○ 40

12 $\square\div12+21=48$

- ○ 324
- ○ 432
- ○ 576
- ○ 821
- ○ 1008

13 $0.46+0.28=37\div\square$

- ○ 6.66
- ○ 27.58
- ○ 50
- ○ 75
- ○ 100

14 $75\times\square=3000\times0.15$

- ○ 600
- ○ 66
- ○ 60
- ○ 6
- ○ 0.6

15 $1/18+\square=1/12$

- ○ 1/36
- ○ 5/36
- ○ 1/24
- ○ 1/6
- ○ 5/6

16 $56-101=25-\square$

- ○ −70
- ○ −20
- ○ 70
- ○ 132
- ○ 182

17 $72 \div 81 = 16 \div \square$

- ○ 3
- ○ 9
- ○ 12
- ○ 16
- ○ 18

18 $12 \times \square + 28 \times \square = 140$（□には同じ値が入ります）

- ○ 2.5
- ○ 2.75
- ○ 3.5
- ○ 5.5
- ○ 8.75

19 $0.56 \div \square = 0.8$

- ○ 0.07
- ○ 0.7
- ○ 1
- ○ 1.7
- ○ 7

20 $25 \div 0.25 = 0.025 \times \square$

- ○ 4000
- ○ 2500
- ○ 2000
- ○ 1000
- ○ 250

21 $\square \times \square = 0.0225$（□には同じ値が入ります）

- ○ 3/8
- ○ 3/10
- ○ 2/5
- ○ 3/20
- ○ 5/9

22 480の$\square\% = 57.6$

- ○ 276.48
- ○ 14.4
- ○ 14
- ○ 12
- ○ 0.12

23 $64 \div \square - 32 = 48$

- ○ −0.5
- ○ 0.5
- ○ 0.8
- ○ 1.5
- ○ 1.25

24 $3/10 + 12/25 = \square$

- ○ 0.78
- ○ 0.51
- ○ 0.348
- ○ 0.28
- ○ 0.18

25 $4970 - \square = 124.36$

- ○ −5094.36
- ○ −4845.64
- ○ 3726.64
- ○ 4845.64
- ○ 5094.36

🕐 目標：ここまで4分以内に回答

26　$12 \times 11/13 = \square \div 13/33$

- ○ 13/11　　○ 11/13　　○ 4　　　○ 6　　　○ 13/33

27　$\square \times 16/9 = 56$

- ○ 3.5　　○ 7　　　○ 16　　　○ 28.5　　○ 31.5

28　$\square \times 0.15 = 27 \div 60$

- ○ 0.9　　○ 0.5　　○ 0.3　　○ 3　　　○ 5

29　$5250 - \square \times 35 = 3150$

- ○ 240　　○ 200　　○ 180　　○ 120　　○ 60

30　$11/50 = 5.5 \div \square$

- ○ 50　　　○ 28　　　○ 25　　　○ 20　　　○ 11

31　$1/10 + 1/16 + 1/25 = \square$

- ○ 0.2025　○ 0.3　　○ 0.4625　○ 0.665　○ 1.125

32　$122の\square\% = 610$

- ○ 20　　　○ 50　　　○ 125　　　○ 250　　　○ 500

33　$21 = 0.9 \times \square$

- ○ 70/3　　○ 7/3　　○ 3/70　　○ 3/7　　○ 30

34　$12 = \square \div 31/25$

- ○ 13.64　　○ 14.4　　○ 14.88　　○ 37.2　　○ 38.44

35 □÷1/10＝16÷80

○ 2　　　○ 5　　　○ 1/50　　　○ 1/25　　　○ 1/5

36 0.059÷□＝59

○ 1/1000　○ 1/100　○ 1/10　　　○ 10　　　○ 100

37 1/24÷□＝1/16＋1/16

○ 1/12　　○ 1/8　　○ 1/4　　　○ 1/3　　　○ 1/2

38 □÷1/10＝0.125

○ 4/5　　　○ 1/8　　○ 1/16　　　○ 1/80　　　○ 5/4

39 12/5＋12/25＝40×□

○ 0.048　○ 0.072　○ 0.72　　　○ 19.2　　　○ 48.2

40 1/20＋0.7＝2÷□

○ 3/8　　　○ 3/4　　○ 8/3　　　○ 3/2　　　○ 4/3

41 2/25＋7/40＝1.25－□

○ 0.275　○ 0.575　○ 0.995　　○ 1.505　　○ 2.225

42 7/8＝□％

○ 0.875　○ 8.75　○ 75.7　　　○ 85.7　　　○ 87.5

43 □＋256＝□×65（□には同じ値が入ります）

○ 3　　　○ 3.5　　○ 4　　　○ 4.5　　　○ 5

190

44 $10 \times \square \div 16 = 240 \div 12 \div 8$

○ 4   ○ 8   ○ 10   ○ 12   ○ 14

45 $(53-37) \times 5 = (\square+1)(\square-1)$ (□には同じ値が入ります)

○ 17   ○ 15   ○ 13   ○ 11   ○ 9

46 $21 - 110 \div \square = 11$

○ 8   ○ 9   ○ 10   ○ 11   ○ 12

47 $16 \times (\square - 3.25) = 13 \div 5/12$

○ 7.8   ○ 5.2   ○ 2.15   ○ 1.95   ○ 1.3

48 $1/8 + 1/10 = 13 \div \square + 14 \div \square$ (□には同じ値が入ります)

○ 20   ○ 40   ○ 80   ○ 100   ○ 120

49 $41 \div \square \div 12 = 4.1 \times 5$

○ 4/5   ○ 1/6   ○ 5/6   ○ 1/24   ○ 1/41

50 $1165 - (\square + 440) = 78 + 92$

○ 555   ○ 610   ○ 1435   ○ 1513   ○ 1775

▶解答・解説は別冊62ページ

表の空欄推測

回答時間 **20**分 | 点 20問(各1点)

■あるバンドで、4回のライブごとのステッカー売上枚数を集計しています。

【ステッカー売上枚数】

	第1回	第2回	第3回	第4回
ステッカー売上枚数 （枚）	781	957	1,029	?
チケット売上枚数 （枚）	4,686	5,742	6,174	8,994

1 第4回ライブのステッカー売上枚数は何枚と推測できるか。
以下の選択肢の中から1つ選びなさい。

○ 1,376枚

○ 1,398枚

○ 1,442枚

○ 1,468枚

○ 1,499枚

■あるスポーツ用品店で、夏商品販売数を集計しています。

【夏商品販売数】

	1週目	2週目	3週目	4週目	5週目
水鉄砲 （個）	324	410	586	390	580
家庭用プール（個）	246	366	195	225	198
水着 （着）	625	500	400	320	?

2 5週目の水着販売数は何着と推測できるか。
以下の選択肢の中から1つ選びなさい。

○ 197着

○ 211着

○ 229着

○ 242着

○ 256着

■A町役場で、町税歳入内訳についてまとめています。

【A町町税歳入内訳】

	2005年	2006年	2007年	2008年	2009年
人口　　　（人）	124,324	123,485	124,521	123,542	124,584
町民税　　（万円）	361,520	372,040	402,160	448,520	?
固定資産税（万円）	90,380	93,010	100,540	112,130	116,760
町たばこ税（万円）	40,540	42,180	40,970	42,770	43,630
軽自動車税（万円）	11,100	12,200	8,820	4,590	4,060
入湯税　　（万円）	4,730	5,060	6,290	5,670	7,200

3 2009年の町民税はいくらと推測できるか。
以下の選択肢の中から1つ選びなさい。

○ 457,340万円

○ 467,040万円

○ 472,610万円

○ 485,020万円

○ 492,350万円

- -

■B県で、年間の産業廃棄物排出量についてまとめています。

【B県産業廃棄物排出量】

	2000年	2001年	2002年	2003年	2004年	2005年
汚泥　　　　（千t）	5,930	5,823	5,786	5,424	5,390	?
動物のふん尿（千t）	2,279	2,309	2,251	2,256	1,568	1,440
がれき類（千t）	469	497	501	899	924	989
木くず（千t）	210	223	301	296	336	359
その他（千t）	125	284	388	590	892	946

4 2005年の汚泥の排出量は何千tと推測されるか。
以下の選択肢の中から1つ選びなさい。

○ 5,327千t

○ 5,402千t

○ 5,436千t

○ 5,639千t

○ 5,887千t

■ある美術館で時間帯別の来館者数の調査を行っています。

【時間帯別の来館者数】

	P館	Q館	R館	S館	T館
10〜12時（人）	40	50	80	60	30
12〜14時（人）	50	50	60	60	60
14〜16時（人）	60	70	40	60	70
16〜18時（人）	100	80	70	70	?

5 T館の16〜18時の来館者数は何人と推測できるか。
以下の選択肢の中から1つ選びなさい。

○ 90人

○ 100人

○ 110人

○ 120人

○ 130人

- -

■あるオフィス用品店で、得意先4社へのPC周辺機器の見積書を作成します。

【PC周辺機器見積書】

		J社	K社	L社	M社
マウス	（個）	5	10	0	5
キーボード	（個）	0	10	5	5
ヘッドセット	（個）	0	0	15	5
USBメモリ	（個）	10	5	0	5
モバイルバッテリー	（個）	10	0	5	5
見積金額	（円）	76,000	79,500	83,000	?

6 M社の見積金額はいくらと推測できるか。
以下の選択肢の中から1つ選びなさい。

○ 75,500円

○ 76,500円

○ 77,500円

○ 78,500円

○ 79,500円

■大型衣料品店で、各店舗の防寒着の売上実績を調べています。

【売上実績】

	店舗P	店舗Q	店舗R	店舗S	店舗T
防寒着売上 （億円）	890	700	850	820	？
総売上 （億円）	5,000	3,800	4,100	4,200	3,800
立地別平均気温（℃）	6	11	6	8	9.5
従業員数 （人）	125	98	132	102	113

7 店舗Tでの防寒着売上高はいくらと推測できるか。
以下の選択肢の中から1つ選びなさい。

○ 590億円

○ 680億円

○ 750億円

○ 850億円

○ 910億円

■市内に30店舗あるハンバーガー店で、月曜から金曜までの売上個数をまとめています。

【曜日別売上個数】

	月曜日	火曜日	水曜日	木曜日	金曜日
ドリンク （杯）	1,721	1,196	1,687	1,301	1,384
フライドチキン（個）	1,279	1,804	1,313	1,699	？
フライドポテト（個）	2,489	2,306	2,121	2,532	2,297
ハンバーガー （個）	2,983	3,021	2,854	2,965	2,843

8 金曜日のフライドチキンの売上個数は何個と推測できるか。
以下の選択肢の中から1つ選びなさい。

○ 1,164個

○ 1,265個

○ 1,307個

○ 1,525個

○ 1,616個

■ある飲食店で働くアルバイト店員Kさんの月収の推移は次の通りです。

【Kさんの月収データ】

	1年目	2年目	3年目	4年目	5年目
平均月収（円）	40,000	100,800	79,200	27,600	?
平均月間勤務時間 （時間）	50	120	90	30	80

⑨ 5年目の平均月収はいくらと推測できるか。
　以下の選択肢の中から1つ選びなさい。

○ 74,400円

○ 76,800円

○ 78,400円

○ 80,800円

○ 81,600円

■ある会社では、陶磁器工場でマグカップを製造し、ホームセンターに出荷しています。

【マグカップ出荷数】

		P工場	Q工場	R工場	S工場	T工場
製作数	（個）	3,400	5,000	3,000	3,700	3,900
出荷数	（個）	3,332	4,900	2,940	3,626	－
販売可能数	（個）	3,165	4,655	2,793	3,445	?

⑩ T工場の、ホームセンターでの販売可能数は何個と推測できるか。
　以下の選択肢の中から1つ選びなさい。

○ 3,631個

○ 3,724個

○ 3,841個

○ 4,082個

○ 4,382個

 目標：ここまで9分以内に回答

■あるPCメーカーで、パソコン本体の価格を全面改定することになりました。

【価格改定案】

PCの モデル	改定前の 価格（千円）	改定後の 価格（千円）	（参考）競合X社同クラス の価格（千円）
モデルA	800	675	750
モデルB	600	495	550
モデルC	400	315	350
モデルD	300	225	250
モデルE	200	?	150

11 モデルEの改定後の価格はいくらと推測できるか。
以下の選択肢の中から1つ選びなさい。

○ 120千円

○ 125千円

○ 130千円

○ 135千円

○ 140千円

■歌手Aのコンサートごとのチケット売上枚数を集計しています。

【チケット売上枚数】

コンサート	第1回	第2回	第3回	第4回
ファンクラブ会員数（人）	20,486	20,742	21,965	22,465
チケット売上枚数 （枚）	122,916	124,452	131,790	?

12 第4回コンサートのチケット売上枚数は何枚と推測できるか。
以下の選択肢の中から1つ選びなさい。

○ 134,790枚

○ 140,650枚

○ 152,021枚

○ 163,307枚

○ 172,348枚

■ある農家で、産地直送の野菜箱ごとの宅配便発送料金をまとめています。

【野菜箱別発送料金】

	野菜箱L	野菜箱M	野菜箱N	野菜箱O	野菜箱P	野菜箱Q
重さ　（kg）	15	11	14	13	9	12
距離　（km）	148	88	123	115	78	102
発送料金（円）	1,490	1,380	1,490	1,380	1,270	?

⓭ 野菜箱Qの発送料金はいくらと推測できるか。
　　以下の選択肢の中から1つ選びなさい。

○ 1,160円
○ 1,270円
○ 1,380円
○ 1,490円
○ 1,600円

■ある建築会社で、防火扉設置工事の見積金額を検討しています。

【防火扉設置工事見積金額】

	Pビル	Qビル	Rビル	Sビル	Tビル	Uビル
防火扉設置箇所（カ所）	10	3	2	20	15	8
小計　　　（万円）	1,000	90	200	1,600	1,275	360
出精値引額（万円）	550	49.5	110	880	701.25	?
見積金額（万円）	450	40.5	90	720	573.75	

⓮ Uビルの防火扉設置工事の出精値引額はいくらと推測できるか。
　　以下の選択肢の中から1つ選びなさい。ただし表には空欄がある。

○ 198万円
○ 220万円
○ 233万円
○ 250万円
○ 260万円

■ある水泳教室で、5年間のクラス数・指導コーチ数についてまとめています。

【水泳教室のクラス数・指導コーチ数】

	2005 年度	2006 年度	2007 年度	2008 年度	2009 年度
初級 （クラス）	4	3	4	5	4
中級 （クラス）	6	4	5	6	6
上級 （クラス）	5	5	5	6	6
指導コーチ数（人）	19	?	18	22	20

15 2006年度の指導コーチ数は何人と推測できるか。
以下の選択肢の中から1つ選びなさい。

○ 15人

○ 16人

○ 17人

○ 18人

○ 19人

- -

■ある駐車場では、利用時間によって料金を設定しています。

【駐車料金一覧】

	1時間まで	3時間まで	5時間まで	6時間まで	8時間まで
利用料金（円）	300	870	1,400	?	2,120

16 6時間までの利用料金はいくらと推測できるか。
以下の選択肢の中から1つ選びなさい。

○ 1,650円

○ 1,760円

○ 1,840円

○ 1,980円

○ 2,120円

■ある洋菓子店で、イベントごとの販売促進の成果をまとめています。

【販売促進成果一覧】

	こどもの日	ハロウィン	クリスマス	年末年始	バレンタイン
ポップ枚数 （枚）	25	20	32	18	20
広告配布数（千枚）	22	19	25	22	23
平均値引率 （%）	11	9	15	13	13
販促人員数 （人）	12	9	12	9	15
売上高 （万円）	390	360	420	390	?

⑰ バレンタインのときの売上高はいくらと推測できるか。
以下の選択肢の中から1つ選びなさい。

○ 390万円

○ 400万円

○ 420万円

○ 460万円

○ 490万円

■グルメイベント開催のため、主催会社が屋外施設候補を比較検討しています。

【グルメイベント屋外施設候補地】

	施設J	施設K	施設L	施設M	施設N
収容人数 （人）	7,800	2,423	2,400	2,316	1,990
最寄り駅からの距離（分）	5	1	7	15	15
駐車場 （台）	300	150	200	80	371
会場使用料 （千円）	4,360	1,260	1,860	1,165	800
入場券予定価格 （円）	?	5,200	7,750	5,030	4,020
建築面積 （m²）	81,000	9,300	28,320	8,300	7,600

⑱ 施設Jの入場券予定価格はいくらと推測できるか。
以下の選択肢の中から1つ選びなさい。

○ 5,390円

○ 5,490円

○ 5,590円

○ 5,690円

○ 5,790円

■ある保険会社で、先月の支店別販売促進費についてまとめています。

【販売促進費比較】

支店名	P	Q	R	S	T	U
新規契約件数（件）	75	450	1,040	840	1,170	700
支店従業員数（人）	38	86	102	56	153	94
営業部員数　（人）	5	15	13	8	18	10
販売促進費（万円）	80	125	160	185	145	?

19 U支店の販売促進費はいくらと推測できるか。
以下の選択肢の中から1つ選びなさい。

○ 60万円
○ 100万円
○ 130万円
○ 150万円
○ 180万円

■ある会社が、社名変更に伴い、社章、名刺、名札、社員証を新たに発注することになりました。

【発注予定表】

	人数（人）	社章（個）	名刺A（組）	名刺B（組）	名札（枚）	社員証（枚）	支払い予定金額（円）
役員	15	15	15		15	15	87,000
商品部	200	200		400	200	200	1,360,000
管理部	400	400	400		400	400	2,320,000
開発部	800	800		800	800	800	?
研修部	500	500			500	500	1,400,000
契約社員	120			120	120		276,000
パート従業員	120				120		36,000
アルバイト	220				220		66,000
合計	2,375	1,915	415	1,320	2,375	1,915	－

20 開発部の支払い予定金額はいくらと推測できるか。
以下の選択肢の中から1つ選びなさい。

○ 2,720,000円　　○ 3,420,000円　　○ 3,840,000円
○ 4,620,000円　　○ 5,440,000円

▶解答・解説は別冊67ページ

論理的読解

回答時間

15分

点

32問(各1点)

問1　次の文章を読み、設問文1つ1つについて以下のA、B、Cのいずれにあ
たるか答えなさい。

　　劇場で舞台芸術が上演される時、「これはフィクションである」という同意が舞　　1
台と客席の間に存在する。実際は、舞台と客席は劇場という連続した同じ空間に存
在している。俳優は、観客と同じ「いま・ここ」で演技をしているが、舞台と客席
の間にあるフィクションであることへの「同意」が舞台と客席を異なる空間に隔て
ている。それによって舞台上は物語の空間に、俳優は架空の人物となる。概念上存　　5
在するこの境界を「第四の壁」という。概念自体はシェイクスピアの時代以前に発
生していたが、第四の壁という呼称は19世紀に発生したといわれる。ちなみに第
一から第三の壁は、舞台を物理的に囲っている壁（正面奥、左右）のことである。
　　もちろん第四の壁は実際には存在しないし、上演中に観客と俳優が第四の壁の存
在を意識することはないに等しい。それほど、劇場における「同意」の力は大きい。　　10
しかし、「これは演劇である／ここは劇場である／あなたは観客である」と、観客
にあえてフィクションを意識させることがある。こういった手法を「メタ演劇的手
法」、演出を「第四の壁を破る」と呼ぶ。
　　メタ演劇のメタは、「―を超えて」「―を含む」「高次な」といった意味を持つ接
頭語だが、転じて、高度なフィクション―現実とフィクションとの境がわからなく　　15
なることを意味する。観客がいる世界の枠組みを意識させる構造になっているもの
をメタ演劇と言ってもよい。この代表的な手法は、舞台の俳優が観客に気づいた
り、観客に話しかけたりすることである。これにより観客は自分が舞台から見られ
る存在であることに気づき、「これはフィクションである」という意識を持たされ
る。そうすることで、それまで無意識に客席から舞台上を見ていた観客に、批判的　　20
に、意識的に舞台を鑑賞することを求めることになる。

1 観客は第四の壁が破られることを望んでいない。

○ A　文脈の論理から明らかに正しい。または正しい内容を含んでいる。
○ B　文脈の論理から明らかに間違っている。または間違った内容を含んでいる。
○ C　問題文の内容だけからでは、設問文は論理的に導けない。

2 上演中の観客はフィクションへの同意をほとんど意識していない。

○ A　文脈の論理から明らかに正しい。または正しい内容を含んでいる。
○ B　文脈の論理から明らかに間違っている。または間違った内容を含んでいる。
○ C　問題文の内容だけからでは、設問文は論理的に導けない。

3 シェイクスピアの時代から演劇人は「第四の壁」を破ろうとしていた。

○ A　文脈の論理から明らかに正しい。または正しい内容を含んでいる。
○ B　文脈の論理から明らかに間違っている。または間違った内容を含んでいる。
○ C　問題文の内容だけからでは、設問文は論理的に導けない。

4 第四の壁という呼称が生まれたことで、第四の壁を破る手法も始まった。

○ A　文脈の論理から明らかに正しい。または正しい内容を含んでいる。
○ B　文脈の論理から明らかに間違っている。または間違った内容を含んでいる。
○ C　問題文の内容だけからでは、設問文は論理的に導けない。

問2　次の文章を読み、設問文1つ1つについて以下のA、B、Cのいずれにあ
　　たるか答えなさい。

　　飛鳥・奈良の時代から大和言葉で歌われた「和歌」は、『万葉集』や『古今和歌 1
集』を含め、古代社会の産物といえる。貴族社会であった当時、貴族たちは自然へ
の思いや恋愛感情など自分の心に感じることを表すために和歌を選び、平安時代に
完成させた。その後、貴族中心の古代社会が崩壊し、武士の時代（鎌倉・室町時
代）である中世社会に移り、和歌の担い手であった階層が力を失っていく。当然、 5
それと共に和歌は衰退してもおかしくなかったが、和歌は変わらず受け継がれ、亡
びることも縮小することもなかった。それどころか、かえって和歌を詠み親しむ階
層が広がり、それまで以上に大量の歌が作られているのだ。
　　中世社会で和歌の世界がさらに拡大したのは、幕府の意向や当時の仏教思想と結
びつき、歌を詠むことが第一の教養とされ、修業や精神修養の役割も担うようになっ 10
ったことが大きな要因として挙げられる。和歌は文語表現の根源であり、物語や散
文など数多くの文学作品のほか、演劇・美術・工芸といった文化領域とも幅広くか
かわるため、理想的な基礎教育科目と見なされたのだ。特に、自ら歌を作ることで、
その美的小世界に参加できるところが良かった。例えば、『源氏物語』に由来する
和歌を作れば、この大長編を読破した証拠として自慢げに示せるのだ（たとえダイ 15
ジェスト版であったとしても）。五・七・五・七・七の三十一文字の和歌で「みや
び」の世界の一員となった実感を得られるのである。
　　この和歌の参加感を直接的に感じ取れるものとして、当時に流行したのが、複数
人のリレー形式で和歌を詠み連ねる「連歌」（れんが）である。参加者は酒食を共
にしながら濃密なひと時を過ごして人間関係を深めたという。 20

1 中世社会では、和歌は文学やその関連文化とかかわるため、教育すべき教養と考えられていた。

- ○ A　文脈の論理から明らかに正しい。または正しい内容を含んでいる。
- ○ B　文脈の論理から明らかに間違っている。または間違った内容を含んでいる。
- ○ C　問題文の内容だけからでは、設問文は論理的に導けない。

2 『源氏物語』の読破は、中世社会の人々には名誉あることだった。

- ○ A　文脈の論理から明らかに正しい。または正しい内容を含んでいる。
- ○ B　文脈の論理から明らかに間違っている。または間違った内容を含んでいる。
- ○ C　問題文の内容だけからでは、設問文は論理的に導けない。

3 中世以降の日本文化の多様化に、和歌は大きな影響を及ぼした。

- ○ A　文脈の論理から明らかに正しい。または正しい内容を含んでいる。
- ○ B　文脈の論理から明らかに間違っている。または間違った内容を含んでいる。
- ○ C　問題文の内容だけからでは、設問文は論理的に導けない。

4 中世社会では武士だけでなく一般庶民へも和歌の世界が拡大していった。

- ○ A　文脈の論理から明らかに正しい。または正しい内容を含んでいる。
- ○ B　文脈の論理から明らかに間違っている。または間違った内容を含んでいる。
- ○ C　問題文の内容だけからでは、設問文は論理的に導けない。

問3　次の文章を読み、設問文1つ1つについて以下のA、B、Cのいずれにあ
　　　たるか答えなさい。

　　われわれは「砂漠化」という言葉から、流砂に飲み込まれる映画シーンや、砂嵐　　1
　に覆われるシルクロードの遺跡といった、建物や都市が砂に埋まる光景をついイメ
　ージしてしまう。しかし、それは大きな誤解である。国連の「砂漠化対処条約」で
　定義されているように、「砂漠化」とは主に乾燥地域における気候変動や人間の活
　動などによる土地の劣化のことを指している。植物や作物の生育が低下して生産能　　5
　力が減少した土地がパッチ状に現れ、それぞれが次第につながって拡大していくの
　が実際の砂漠化現象なのである。砂漠自体が拡大・縮小することがあっても予測の
　範囲内で、砂漠化によって世界各地の都市まで砂に埋もれるような危機にさらされ
　ているわけではない。
　　つまり、砂漠化が最初に起こるのは砂漠の中でも周辺でもない。砂漠からかなり　　10
　離れた半乾燥地や半湿潤地の農地から始まるのである。砂丘が畑を飲み込んで前進
　するようなことはほとんどない。まばらに点在する劣化した土地が徐々に広がって
　増えていき、それが地域住民の飢餓や貧困へと結びついていくのだ。
　　砂漠化が進行するにつれ、既存の植物の生息地や生物の多様性が失われるだけで
　はない。生態系の構造や機能が劣化することで、植生の質に影響を及ぼす場合もあ　　15
　る。現存量はほとんど変化しなくても、より乾燥した環境に適応した植物へと種組
　成が質的に変化することもあるのである。

1 砂漠自体が拡大することによって砂漠化が始まるわけではない。

- ○ A　文脈の論理から明らかに正しい。または正しい内容を含んでいる。
- ○ B　文脈の論理から明らかに間違っている。または間違った内容を含んでいる。
- ○ C　問題文の内容だけからでは、設問文は論理的に導けない。

2 砂漠化が進む周辺地域で流砂や砂嵐を見ることはあまりない。

- ○ A　文脈の論理から明らかに正しい。または正しい内容を含んでいる。
- ○ B　文脈の論理から明らかに間違っている。または間違った内容を含んでいる。
- ○ C　問題文の内容だけからでは、設問文は論理的に導けない。

3 砂漠化とは、世界中すべての地域で起こりうる現象である。

- ○ A　文脈の論理から明らかに正しい。または正しい内容を含んでいる。
- ○ B　文脈の論理から明らかに間違っている。または間違った内容を含んでいる。
- ○ C　問題文の内容だけからでは、設問文は論理的に導けない。

4 砂漠化が進むにつれ、植物の現存量は減少する一方である。

- ○ A　文脈の論理から明らかに正しい。または正しい内容を含んでいる。
- ○ B　文脈の論理から明らかに間違っている。または間違った内容を含んでいる。
- ○ C　問題文の内容だけからでは、設問文は論理的に導けない。

問4　次の文章を読み、設問文1つ1つについて以下のA、B、Cのいずれにあたるか答えなさい。

　文化人類学者が異文化について比較研究する際、現象認識に用いる2つの視点があります。1つは、研究対象を外側から観察・分析する視点で、これを「エティック」と呼びます。第三者の立場で客観的・科学的に判断することから「研究者の視点」や「科学者の視点」と言われることもあります。もう1つは、研究対象の内側から当事者の立場で観察する視点の「エミック（イーミック）」です。

　外部からの分析基準にあてはめるエティックな見方は、多数の対象を広く調査でき、全人類に共通する普遍的な特徴などの比較にとても便利な視点ですが、「その文化圏に生きる当事者がどう見ているのか」までは理解できません。一方、エミックな見方では、研究対象とする人々の生活の中に深く入り込んで内側から物事を捉えようとするため、当事者から見た文化について知ることができるのです。エティックな見方による研究は多くの科学で用いる手法ですが、長期間の観察やかかわりを必要とする文化人類学ではエミックな見方で分析する傾向にあります。とはいえ異文化の理解には、「エミック」だけでなく「エティック」も併せた両方の視点をバランスよく扱うことが大切になります。

　調査研究のための海外生活が長くなると、対象集団へのエミックな見方が身についてしまい、自分が暮らしていた日本社会の方が異文化に思えて違和感を抱くことがあります。このように、少し離れた立場から自文化を見つめなおせる「鏡」を手に入れることも、文化人類学の重要な役割の1つといえるでしょう。

1 文化人類学は、自文化を見つめなおせる１つの手段ともなる。

○ A 文脈の論理から明らかに正しい。または正しい内容を含んでいる。
○ B 文脈の論理から明らかに間違っている。または間違った内容を含んでいる。
○ C 問題文の内容だけからでは、設問文は論理的に導けない。

2 異文化を比較研究するためには、「エミック」な見方より「エティック」な見方で行う方がいい。

○ A 文脈の論理から明らかに正しい。または正しい内容を含んでいる。
○ B 文脈の論理から明らかに間違っている。または間違った内容を含んでいる。
○ C 問題文の内容だけからでは、設問文は論理的に導けない。

3 海外生活が長くなると日本社会の文化に違和感を抱くのは、自文化をエティックな見方で見るようになるからである。

○ A 文脈の論理から明らかに正しい。または正しい内容を含んでいる。
○ B 文脈の論理から明らかに間違っている。または間違った内容を含んでいる。
○ C 問題文の内容だけからでは、設問文は論理的に導けない。

4 エミックな見方による分析は、科学的とはいえない。

○ A 文脈の論理から明らかに正しい。または正しい内容を含んでいる。
○ B 文脈の論理から明らかに間違っている。または間違った内容を含んでいる。
○ C 問題文の内容だけからでは、設問文は論理的に導けない。

 目標：ここまで7.5分以内に回答

問5　次の文章を読み、設問文１つ１つについて以下のA、B、Cのいずれにあたるか答えなさい。

　現代の日本社会が抱える重大な問題の１つが「少子化」であり、その原因として、価値観の多様化による未婚化や晩婚化、非婚化といった結婚行動の変化が挙げられている。これまで「人はいずれ結婚し、子を作るのは当然である」という価値観でライフプランを立てることが一般的だったことに対し、近年は「必ずしも結婚して子を作る必要はない」という新たな価値観が生まれ、あえて結婚しない生き方を選択する者が現れたので少子化が進んだとするものだ。

　しかし、昔から「結婚して子を作る」というライフスタイルにこだわらない人々は一定数存在していた。まるで新しい価値観のように扱われているが、自らの価値観のもとに他とは違う生き方を選択した人々も確実にいたのである。

　確かに「結婚して子を作るのは当然」という社会的コンセンサスが支配していた時代があった。そのため、自らの価値観に従った非婚者は「結婚しなかった」というより「結婚できなかった」のではないかと、まるで何かの資質に欠けているかのように評価されることさえあった。つまり、他とは違う生き方を選んだ人々は、その価値観を容易には認められなかったのだ。当然、こうした同調圧力に屈し、自分の価値観とは違う生き方を選択せざるを得ない者も多かったはずだ。その結果、「結婚しない」という生き方を選ぶ者は少数派となり、彼らの価値観が社会的関心を得るチャンスも限定されてしまったのである。

　とはいえ今日の日本社会においては、結婚しない生き方を選ぶことも珍しいことではなくなり、その価値観も肯定的に捉えられてきている。社会的コンセンサスが「結婚する、しないは個人の自由である」と変容してきたためといえるだろう。ただしそれは、今まで黙殺されがちだったライフスタイルや価値観が表面化してきたにすぎないのだ。

1 日本社会では今も昔も、自分と異なる生き方を選択した人の価値観は容易に認められないものである。

○ A 文脈の論理から明らかに正しい。または正しい内容を含んでいる。
○ B 文脈の論理から明らかに間違っている。または間違った内容を含んでいる。
○ C 問題文の内容だけからでは、設問文は論理的に導けない。

2 結婚も非婚も個人の自由であるというのが、現代の日本の社会的コンセンサスである。

○ A 文脈の論理から明らかに正しい。または正しい内容を含んでいる。
○ B 文脈の論理から明らかに間違っている。または間違った内容を含んでいる。
○ C 問題文の内容だけからでは、設問文は論理的に導けない。

3 多様な価値観は、社会的コンセンサスが変化することによって生まれている。

○ A 文脈の論理から明らかに正しい。または正しい内容を含んでいる。
○ B 文脈の論理から明らかに間違っている。または間違った内容を含んでいる。
○ C 問題文の内容だけからでは、設問文は論理的に導けない。

4 結婚しないという選択が容易になったのは、新しい価値観が生まれたからである。

○ A 文脈の論理から明らかに正しい。または正しい内容を含んでいる。
○ B 文脈の論理から明らかに間違っている。または間違った内容を含んでいる。
○ C 問題文の内容だけからでは、設問文は論理的に導けない。

問6　次の文章を読み、設問文1つ1つについて以下のA、B、Cのいずれにあ
たるか答えなさい。

　我々は商品を購入しようとする際、その商品の実際の外見や機能より、メディア 1
の広告やコピー、パッケージデザインなどで完璧に創り上げられたイメージによっ
て決めることも多い。そして、その「イメージ」が最も強く影響する商品の代表格
として、美肌を保つ化粧水や保湿クリームなどの「基礎化粧品」が挙げられる。な
ぜなら、購入する前にその実態である"現実的効果"を確かめることができない性 5
質の商品だからである。
　もちろん、売場のテスターや試供品で自分の「肌に合う」かどうか試してからの
購入であれば、基礎化粧品としての「実態（現実的効果）」を検討した上での判断
だといえないこともない。しかし、それはあくまでも一時的かつ短期的なものであ
ることは否めない。特に、基礎化粧品のような商品で効果を得るまでには、肌の角 10
質層の細胞が入れ替わる一定の時間をふまえて、継続的な使用が必要とされる。つ
まり、テスターや試供品による短期間の「お試し使用」では、実際に購入すること
になる製品とは使用する期間的条件が違ってくるのである。
　ということは、ある基礎化粧品を数日使っただけでは効果が実感できなくても、
半年間ほど使用を継続すれば肌質が驚くほど改善するかもしれないのである。また 15
その反対に、短期的な使用では違和感がなくても、長い間使用するうちに発疹など
の皮膚疾患が生じることも起こりうる。つまり、短期的な使用では長期的な使用の
効果や結果はわからないということなのだ。
　しかし、多くの購入者はこうした基礎化粧品の不確定性を理解しつつ購入判断を
下している。それは「この商品なら、長期間継続して使っても大丈夫だろう」「こ 20
の商品だったら、広告から受けたイメージ通りの効果が得られるはずだ」などとい
った、暗黙の信頼と期待がモチベーションとなっているにすぎない。

1 基礎化粧品は、使用期間が短期の場合と長期の場合とで、効果や結果が異なることがある。

○ A 　文脈の論理から明らかに正しい。または正しい内容を含んでいる。
○ B 　文脈の論理から明らかに間違っている。または間違った内容を含んでいる。
○ C 　問題文の内容だけからでは、設問文は論理的に導けない。

2 テスターや試供品で試せば、基礎化粧品の実態（現実的効果）がよくわかる。

○ A 　文脈の論理から明らかに正しい。または正しい内容を含んでいる。
○ B 　文脈の論理から明らかに間違っている。または間違った内容を含んでいる。
○ C 　問題文の内容だけからでは、設問文は論理的に導けない。

3 肌の細胞が入れ替わるために要する時間は、基礎化粧品の効果により変化する。

○ A 　文脈の論理から明らかに正しい。または正しい内容を含んでいる。
○ B 　文脈の論理から明らかに間違っている。または間違った内容を含んでいる。
○ C 　問題文の内容だけからでは、設問文は論理的に導けない。

4 基礎化粧品の購入者は、その商品から結果的に害を被る可能性を排除できない。

○ A 　文脈の論理から明らかに正しい。または正しい内容を含んでいる。
○ B 　文脈の論理から明らかに間違っている。または間違った内容を含んでいる。
○ C 　問題文の内容だけからでは、設問文は論理的に導けない。

問7　次の文章を読み、設問文１つ１つについて以下のＡ、Ｂ、Ｃのいずれにあたるか答えなさい。

　　チャールズ・ダーウィンは進化論を唱えた『種の起源』の出版後、自説では説明できない現象に頭を抱えていた。たまたま生息環境に適した個体が生存・進化していき、適さなかった個体は死滅するという「自然淘汰（ナチュラル・セレクション）」が、同種内の性差についてはあてはまらなかったのである。たとえば、カブトムシの角はオスにはあるのにメスにはない。長くて重たい角を持つオスは飛ぶときに不便なはずなのに…。また、魚類や鳥類には体色が雌雄で異なる種類も多い。地味なメスは捕食者に襲われにくいが、派手なオスは目立って危険だろうに…。ダーウィンは悩んでいた。「同じ環境」にありながら、どうしてさまざまな性差のパターンがあるのか。特にオスが生存上不利に思える性質や形態に進化しているのはなぜなのだろうか…。

　　しかし、ダーウィンはやがて生存上で不利な性質や形態であっても、それが繁殖競争に有利であれば進化が起こりうるという、性淘汰（セクシャル・セレクション）のしくみを発見する。つまり、同じ自然環境にあっても、繁殖における社会的環境は雌雄で異なる。「オスとは小配偶子をたくさん作る性、メスとは大配偶子を少しだけ作る性」であるという繁殖戦略の違いが、数が少ない卵を作るメスの獲得にオス同士が争い（雄間競争）、大量の精子を作るオスたちの中から好みの個体をメスが選ぶ（配偶者選択）というふうに、雌雄で異なる社会的環境をもたらし、それが進化に結びつくことがあるのだ。

1 オスの雄間競争とメスの配偶者選択は、両方とも性淘汰を引き起こす社会的環境である。

○ A　文脈の論理から明らかに正しい。または正しい内容を含んでいる。
○ B　文脈の論理から明らかに間違っている。または間違った内容を含んでいる。
○ C　問題文の内容だけからでは、設問文は論理的に導けない。

2 性淘汰が起こるのは、雌雄が作り出す配偶子数の違いによるものと考えられる。

○ A　文脈の論理から明らかに正しい。または正しい内容を含んでいる。
○ B　文脈の論理から明らかに間違っている。または間違った内容を含んでいる。
○ C　問題文の内容だけからでは、設問文は論理的に導けない。

3 カブトムシのオスは、生存上有利であるという理由で角を進化させた。

○ A　文脈の論理から明らかに正しい。または正しい内容を含んでいる。
○ B　文脈の論理から明らかに間違っている。または間違った内容を含んでいる。
○ C　問題文の内容だけからでは、設問文は論理的に導けない。

4 「同じ環境」にある場合、繁殖上で有利な形状や性質は常に生存上の有利さより優先する。

○ A　文脈の論理から明らかに正しい。または正しい内容を含んでいる。
○ B　文脈の論理から明らかに間違っている。または間違った内容を含んでいる。
○ C　問題文の内容だけからでは、設問文は論理的に導けない。

問8　次の文章を読み、設問文１つ１つについて以下のＡ、Ｂ、Ｃのいずれにあたるか答えなさい。

　　商品のブランド価値を高めるため、ロゴを前面に押し出すという企業戦略は見事 1
に成功した。

　ブランドロゴは1970年代初頭までは洋服や服飾雑貨の裏側にそっと縫い付けられていたものであり、今ほど目につくことはなかった。今では外から見えるシャツやブレザーの胸にエンブレムとして据えられ、バッグや財布にメインモチーフとし 5
て扱われている。特に高級ブランドのロゴは、その商品の値札と同じような役割を果たすことになったのだ。つまり、身に着けている服や装飾品の価値を一目で他人に伝えることができるようになったわけである。私のファッションはこんなに高額な商品なのだと、あえて言葉にすることなく周囲に自慢できるのである。

　企業側にすれば、購入者が自ら広告塔となってくれるのだから、まさに願ったり 10
かなったりである。それまでの商品上にはブランド名が目立たないようにしていたが、ロゴのイメージ定着によってブランド名そのものが商品に付加価値を与えることになった。さらにロゴの機能は拡大し、自社製品をブランド化するまでに至ったのである。

　ブランドロゴ戦略に成功した企業は、ロゴにより企業自体にも付加価値を付ける 15
ことも考え出した。

　もともと企業は自社名の宣伝やイメージアップの戦略として、スポーツや音楽、芸術などの文化行事やイベントを支援・後援していたが、その際に、横断幕やブローシャー（商業用冊子）に自社のロゴを入れることにしたのだ。そこで自社ロゴが人々の注目を得られれば、その企業に興味がない人たちにも目に留まることにな 20
る。それが購買時に「あの時、協賛していた企業だ」となり、消費者に購入を促すきっかけとなるはずだ。

　また、知名度がさほど高くない文化イベントであっても「あの企業が協賛するなら…」と、逆に企業イメージが先行してイベント参加者が増える可能性もある。結果的にその文化イベントの知名度を上げ、価値を高めることも企業の狙いの一つで 25
ある。こうしたブランド化によって、前例と同様に、その企業に興味や関心のなかった人々へアピールする機会を創出できるからである。

1 自社ロゴを作成したことで、企業は文化行事やイベントの支援や後援をしやすくなった。

- ○ A 文脈の論理から明らかに正しい。または正しい内容を含んでいる。
- ○ B 文脈の論理から明らかに間違っている。または間違った内容を含んでいる。
- ○ C 問題文の内容だけからでは、設問文は論理的に導けない。

2 企業が文化行事やイベントに支援・後援を行う理由は、その内容に興味を持ったからだ。

- ○ A 文脈の論理から明らかに正しい。または正しい内容を含んでいる。
- ○ B 文脈の論理から明らかに間違っている。または間違った内容を含んでいる。
- ○ C 問題文の内容だけからでは、設問文は論理的に導けない。

3 商品自体に付加価値を与えれば、ブランドロゴは商品の価格を示すようになる。

- ○ A 文脈の論理から明らかに正しい。または正しい内容を含んでいる。
- ○ B 文脈の論理から明らかに間違っている。または間違った内容を含んでいる。
- ○ C 問題文の内容だけからでは、設問文は論理的に導けない。

4 ブランドロゴは、その企業に無関心だった人々にアピールする役割も果たす。

- ○ A 文脈の論理から明らかに正しい。または正しい内容を含んでいる。
- ○ B 文脈の論理から明らかに間違っている。または間違った内容を含んでいる。
- ○ C 問題文の内容だけからでは、設問文は論理的に導けない。

▶解答・解説は別冊70ページ

趣旨判定

回答時間 **10**分　点　32問(各1点)

問1　次の文章を読み、続く設問文についてA、B、Cを判断して答えなさい。ただし、4つの設問文の中には、AとCにあてはまるものがいずれも1つ以上含まれている。

自己PRのもち数　　　　　　　　　　　　　　　　　　　　　　　　　　　　1

　演奏家がいくつ演奏可能曲をもっているかは演奏家によって異なる。少ないけれど解釈の深みが年とともに加わっていきその演奏家の魅力に転じてファンが増えることもあるし、はじめて演奏する曲をどう弾くのだろうか、という興味から会場に行ってファンになる人もいるだろう。演奏可能曲が多いほどファンの数が多いとは一概にい　　5
えないのである。

　自己PRのレパートリーも、一つのパターンをどの企業でも使い回す場合と、逆に多くのパターンを企業や選考段階で使い分けていく場合がある。前者の強みは、場数を踏むほどに洗練されていき、インパクトが加わっていくことだ。一方、後者の場合は、先方が期待するものと合致する確率が高くなる期待がもてる。　　　　　　　　　　10

　どちらの作戦でゆくかは、その人のパーソナリティやこれまでやってきたことの幅によって決まるだろう。やってきたことの幅が広くて、弁が立つ人であれば、多くの自己PRのネタをもち、その場その場で臨機応変にアピールを変えるのは有効だし、可能だろう。逆に、どうしても自分が大学でやってきた研究に沿った仕事をやっていきたい、というような人は、自己PRのもち数は一つだけでよい。　　　　　　　　　　15

A　筆者の趣旨（一番訴えたいこと）が述べられている。

B　筆者はそのことに触れているが、趣旨ではない。

C　この文章とは関係ないことが書かれている。

1　状況に応じたパターンの使い分けと一つのパターンの掘り下げのうち、自分に合った方法を選ぶとよい。　　　　　　　　　　　　　　　　　○A ○B ○C

2　やってきたことの幅が狭い人は同じパターンで自己PRするしかない。

　　　　　　　　　　　　　　　　　　　　　　　　　　　　　　○A ○B ○C

3　演奏家がファンをもつ方法には、複数のパターンがある。　　　○A ○B ○C

4　一つのパターンを洗練させることは、自己PRにおいて強みとなる。

　　　　　　　　　　　　　　　　　　　　　　　　　　　　　　○A ○B ○C

問2　次の文章を読み、続く設問文についてA、B、Cを判断して答えなさい。ただし、
　　　4つの設問文の中には、AとCにあてはまるものがいずれも1つ以上含まれている。

インターンシップ　　　　　　　　　　　　　　　　　　　　　　　　　　　　　　　1
　　インターンシップは、学生が社会に出る前に就業体験するための制度のことで、大
学3年生の6月頃から大学4年生の3月頃までに行われるのが一般的だ。人気企業は参
加希望者も多く、高い競争倍率の選考を通過しなければ参加できない。毎年この時期
になると、学生から「インターン選考で落ちたら、本選考もダメなんでしょうか」と　5
いう相談が増えてくる。インターン選考に落ちたことで、その企業への応募を控えて
しまうようなのだ。
　　実際のところはどうなのだろう。インターンは、就業体験を通じて仕事内容や業界
を理解してもらうためのもの。受け入れ人数には限りがあるので、選考はあくまで応
募者を絞るために行われる。これに対して本選考は、入社後に活躍してくれる人材か　10
どうか、社風に合うかどうかを判断するために行われる。インターン選考と本選考は
別の目的をもって行われているのだ。インターンの選考に落ちたからといって、本選
考への応募を諦めるのはもったいない。そもそもインターンシップの選考で採用者が
決まってしまうのなら本選考をやる意味がないではないか。インターンの結果にこだ
わらずに、受けたい企業を受けるのが正解である。　　　　　　　　　　　　　　　　15
　　だからといって、インターンから本選考までの時間を漫然と過ごしていいというわ
けではない。自己分析や志望動機をブラッシュアップして、本選考ではインターン選
考より優れたアピールとなるようにしたい。

　　A　筆者の趣旨（一番訴えたいこと）が述べられている。
　　B　筆者はそのことに触れているが、趣旨ではない。
　　C　この文章とは関係ないことが書かれている。

1　本選考ではインターン選考とは違う長所を見せることが大切である。

　　　　　　　　　　　　　　　　　　　　　　　　　　　　　　　○A　○B　○C
2　本選考は入社後に活躍できる人材かどうかを判断するためのものだ。

　　　　　　　　　　　　　　　　　　　　　　　　　　　　　　　○A　○B　○C
3　インターン選考の落選で本選考への応募を諦める必要はない。　　　○A　○B　○C

4　インターン選考に落ちるのは、入社への熱意が正しく伝わっていないからである。

　　　　　　　　　　　　　　　　　　　　　　　　　　　　　　　○A　○B　○C

問3　次の文章を読み、続く設問文についてＡ、Ｂ、Ｃを判断して答えなさい。ただし、4つの設問文の中には、ＡとＣにあてはまるものがいずれも1つ以上含まれている。

入社選考と志望度　　　　　　　　　　　　　　　　　　　　　　　　　　　1
　新卒採用を行っている企業では、志望度を重視して、どれだけ自社を強く志望しているかを採用の重要な評価基準としているところが多い。確かに同じ程度の能力を持つ人材ならば、志望度の高いほうが入社後に頑張るだろうという目安にはなるかもしれない。しかし志望度ははたして適切な評価方法といえるのだろうか。わたしにはそ　5
う思えない。
　現在の就活状況は超売り手市場であり、有望な学生には企業からスカウトがくる状況である。そしてこの傾向は今後ますます強まるはずだ。そのなかで、学生の多くは「有名企業だから」とか「先輩に誘われたから」くらいの軽い気持ちで入社選考に臨んでいる。しかしそうもいえないので、苦労して志望動機を作り上げているのが実態だ。　10
また、優秀な人材ほど企業の選択肢が多いため、当然1社あたりの研究度や志望度は低くなるはずだ。こうした状況下でいまだに志望度を評価基準としている企業は、わたしからすると現実が見えていないと言わざるを得ない。
　現代はもはや志望度の高低で採用を決められる時代ではないのだ。入社選考においては、能力、仕事への適性、企業風土との相性など重視すべき要素はいくらでもあるは　15
ず。実際、現状を理解している企業や採用担当者のなかには、「志望度は重視しない」と明言するところもある。人材難がさらに進む将来、こうした姿勢の企業は今後増えていくものと考えられる。むしろ志望度は、企業や採用担当者が努力することで、学生に高めてもらう時代なのかもしれない。

Ａ　筆者の趣旨（一番訴えたいこと）が述べられている。

Ｂ　筆者はそのことに触れているが、趣旨ではない。

Ｃ　この文章とは関係ないことが書かれている。

１　志望度を評価基準にする企業には入社すべきでない。　　　　　○Ａ ○Ｂ ○Ｃ

２　入社選考で重視すべき要素は、志望度のほかにもたくさんある。　○Ａ ○Ｂ ○Ｃ

３　志望度は重視しない企業や採用担当者が増えている。　　　　　○Ａ ○Ｂ ○Ｃ

４　現在、志望度は適切な評価基準とはいえない。　　　　　　　　○Ａ ○Ｂ ○Ｃ

問4　次の文章を読み、続く設問文についてA、B、Cを判断して答えなさい。ただし、
　　　4つの設問文の中には、AとCにあてはまるものがいずれも1つ以上含まれている。

選挙と社会貢献　　　　　　　　　　　　　　　　　　　　　　　　　　　　　　　　1
　日本経済は1990年代半ばまでは成長していたが、それ以降は成長が止まり、今や
経済成長率は世界最低水準である。加えて、相対的貧困率は先進国で最悪（厚生労働
省「2022年 国民生活基礎調査」）であり、潜在的国民負担率が60％超という「高負
担低福祉国家」になってしまった。産業構造の変化や少子高齢化などでは説明がつか　　5
ない。こんな状況の国は世界中で日本だけなのだから、極めて異常である。
　国の形は政治が作るのだが、政治家を選ぶ国民にも責任がある。私たちが政治を動
かせる最大の手段は投票なのだから、選挙には必ず行くべきなのだ。投票率が低いか
らこそ、選挙結果が組織票に左右されてしまう。そして政治が国民のためのものでな
く、既得権益層のものに成り下がり、固定された格差社会が成立してしまう。　　　　10
　私が経営している会社では、選挙に行かない（ことが多い）と回答した応募者は落
とすことにしている。よりよい社会に変えようという意識が欠如しているということ
だからだ。ひいては会社を通じて社会に貢献したいという気持ちがないのだと思って
しまうのである。

4
章

模擬テスト［言語］趣旨判定

　　A　筆者の趣旨（一番訴えたいこと）が述べられている。
　　B　筆者はそのことに触れているが、趣旨ではない。
　　C　この文章とは関係ないことが書かれている。

1　格差社会になった原因の一つに投票率の低さがある。　　　　　○A ○B ○C
2　日本経済も政治が変われば持ち直すだろう。　　　　　　　　　○A ○B ○C
3　よりよい社会にするために選挙に行くべきである。　　　　　　○A ○B ○C
4　入社選考では、応募者が選挙に行ったかどうかを重視すべきだ。　○A ○B ○C

 目標：ここまで5分以内に回答

問5　次の文章を読み、続く設問文についてA、B、Cを判断して答えなさい。ただし、4つの設問文の中には、AとCにあてはまるものがいずれも1つ以上含まれている。

面接で重視する要素 1
　新卒採用に関するアンケート調査において、企業が「選考時に重視する要素」として長年1位を占めているのがコミュニケーション能力である。いわゆるコミュニケーション能力とは、意思疎通をスムーズに行い、信頼関係を築くうえで重要なスキルとされているものだ。企業が重視するのは当然かもしれない。 5
　しかし問題は、そのコミュニケーション能力を判断する場が面接に限られるという点だ。面接では、初対面の面接官からあれこれと質問され、その答えによって短時間で評価される。そんな特殊な状況下では誰でも緊張するものであり、うまく自分を表現できなくても当然だ。実際の話、面接ではダメでもふだんはうまく話せるという人はいくらでもいる。 10
　そもそもコミュニケーション能力は入社後の経験によって高めることができる能力である。わたし自身を振り返っても、入社したばかりの頃はつたない話し方しかできなかったと思う。しかし経験を積むにつれ、クライアントを前にして、ものおじせずにプレゼンができるようになっていったものである。仕事相手との交渉や関係の構築も同様である。人は経験から学んで成長していくものなのだ。そう考えれば、コミュ 15
ニケーション能力という今後育てられる資質を面接時に持っていないことを理由に不合格にするのは間違いだといえる。むしろ面接で重視すべきなのは、「やり抜く力」や「自己認識力」など、入社後の経験では育ちにくい資質の有無なのだ。

　A　筆者の趣旨（一番訴えたいこと）が述べられている。
　B　筆者はそのことに触れているが、趣旨ではない。
　C　この文章とは関係ないことが書かれている。

1　面接官は入社後に育てられる資質ではなく、育ちにくい資質を重視すべきだ。
　　　　　　　　　　　　　　　　　　　　　　　　　　　　　　○A ○B ○C
2　会社に入らなければ、コミュニケーション能力は育てることができない。
　　　　　　　　　　　　　　　　　　　　　　　　　　　　　　○A ○B ○C
3　面接で緊張しない人はいないだろう。　　　　　　　　　　○A ○B ○C
4　コミュニケーション能力の有無だけで採用を決めるのは間違っている。
　　　　　　　　　　　　　　　　　　　　　　　　　　　　　　○A ○B ○C

問6　次の文章を読み、続く設問文についてA、B、Cを判断して答えなさい。ただし、4つの設問文の中には、AとCにあてはまるものがいずれも1つ以上含まれている。

大企業と中小企業

　大企業と中小企業、どちらを選ぶか。日本において大企業に分類されるのは、わずか1パーセントに満たない。したがって競争倍率も高く、100倍を超えるところが珍しくない。それでも就活生の目はどうしても大企業に向きがちな現状がある。

　企業規模に由来する特性をしっかりと把握し、自分との適不適を検討した上で大企業を選んでいるのなら問題はないのだが、志望する学生の声をきいていると、そうとばかりも言い切れない。「社会的に知名度が高く、人気がある」「給与が高く福利厚生も充実している」といったメリットばかりに注目してしているようなのだ。実際は大企業ならではのデメリットもあり、中小企業ならではのメリットもある。企業の規模を比較して優劣を決めるのは難しい。

　では、何を軸にして選べばいいのだろうか。私は学生たちに「自分にとって譲れない条件を決めることだ」と伝えている。たとえば「地域に密着した仕事がしたい」「早く昇進したい」といった条件を設定するのなら、中小企業への就職を勧めたい。一方で「高い給与が欲しい」「安定した組織で仕事がしたい」が絶対の条件ならば大企業を目指すべき、という具合だ。つまりは大企業か中小企業かを選択の軸にするのではなく、自分の重きを置く条件が実現できるのはどこか、という視点で選択すればよいのである。そのためには自身の資質に見合った仕事を捉えておくことも大切だ。自分が実現したいことが明確なら、志望企業も自然と決まってくるはずだ。

A　筆者の趣旨（一番訴えたいこと）が述べられている。

B　筆者はそのことに触れているが、趣旨ではない。

C　この文章とは関係ないことが書かれている。

1　大企業のメリットだけに注目する就活は失敗する。　　　　　　　○A ○B ○C

2　大企業と中小企業の優劣は一概には判断がつかない。　　　　　　○A ○B ○C

3　企業選択は、自らが重要視する条件が実現できるのはどこか、という視点で臨めばよい。　　　　　　　　　　　　　　　　　　　　　　　　　　　　　　○A ○B ○C

4　自分にとって譲れない条件とは、自身の資質を捉えなければ見えてこない。
　　　　　　　　　　　　　　　　　　　　　　　　　　　　　　　　○A ○B ○C

問7　次の文章を読み、続く設問文についてA、B、Cを判断して答えなさい。ただし、4つの設問文の中には、AとCにあてはまるものがいずれも1つ以上含まれている。

面接と笑顔 1

「面接では自然な笑顔が大切」とよく言われる。確かに自然な笑顔は相手に好印象を与える。しかし、緊張しがちな面接という場で自然な笑顔を浮かべることは存外に難しい。ネットを調べれば笑顔の作り方の類がいくらでも見つかるが、そもそも練習したからといって、誰でもができるようになるわけではない。面接官の前では笑顔でいなければならないと思い込むあまり、かえって硬直した表情になってしまうこともある。これが「笑顔の呪縛」である。

そんな悩みを持つ学生から相談されるたびに、私はこう答えることにしている。「うまく笑顔が作れないからといって面接に落ちることはない」と。笑顔の効用を信じ込んでいる学生は怪訝な顔をするが、これは事実である。 10

「笑顔」以外にも相手に好印象を与える表情はいくらでもある。たとえば相手の話を聞くときの真剣な顔つき、あるいは入社への意欲を語るときの熱意あふれる眼差しなどはどうだろう。笑顔と同様に向かい合った相手によい印象を残すはずである。笑顔が難しければ、それ以外の表情で自分の人となりや魅力を表現できるように工夫すればよい。それだって十分に好印象を与える「武器」になるのだ。無理して笑顔だけにこだわることなく、自分の得意な武器を磨いてほしい。 15

A　筆者の趣旨（一番訴えたいこと）が述べられている。
B　筆者はそのことに触れているが、趣旨ではない。
C　この文章とは関係ないことが書かれている。

1 面接では笑顔にこだわらず自分の得意な表情で勝負すればよい。　○A ○B ○C

2 笑顔の作り方をいくら練習しても、「笑顔の呪縛」からは逃れられない。

○A ○B ○C

3 熱意あふれる眼差しは相手によい印象を与える。　○A ○B ○C

4 面接では、自分の人となりや魅力を表現する表情が最も大切なことである。

○A ○B ○C

問8　次の文章を読み、続く設問文についてＡ、Ｂ、Ｃを判断して答えなさい。ただし、
　　　４つの設問文の中には、ＡとＣにあてはまるものがいずれも１つ以上含まれている。

逆質問とアピール　　　　　　　　　　　　　　　　　　　　　　　　　　　　　　　1
　面接の終わりに「最後に何か質問はありますか」と聞かれることがある。いわゆる
「逆質問」といわれるものだ。どう応じればよいのか。「こんなことを質問していいの
だろうか」「何もありませんとはいえないし…」など、困惑する応募者もいる。
　この質問は何のためにあるか。理由の一つはもちろん応募者の疑問に答えることで、5
自分の会社についての理解を深めてほしいからである。そしてもうひとつの理由は、応
募者の入社意欲をはかるためである。高い入社意欲を持っているものほど入念な企業
研究を行っているので、面接に臨む時点でいくつかの疑問点が浮かんでいるはず。ど
んな質問をしてくるかで、熱意や意欲をはかることができる、というわけだ。言い換
えれば、逆質問は応募者が自らの入社意欲の高さをアピールする、またとないチャン　10
スともいえる。十分に企業研究を重ねたうえで、ぜひとも熱意がうかがえる質問を準
備してほしい。「とくにありません」などと答えては、せっかくのアピールのチャンス
を自ら放棄することになるばかりか、「会社への興味がない＝入社意欲が低い」と判断
される可能性もある。
　「キャリアビジョン」「社風」など、自分が知りたいと思うことを聞けばよい。ただ　15
し、給与や福利厚生など、待遇面の質問ばかりするのは控えたほうがよい。仕事への
意欲を疑われる可能性があるからだ。会社のHPなどを調べればわかることを質問する
のもNGだ。

　Ａ　筆者の趣旨（一番訴えたいこと）が述べられている。
　Ｂ　筆者はそのことに触れているが、趣旨ではない。
　Ｃ　この文章とは関係ないことが書かれている。

１ 逆質問の目的の一つは、会社のことを知ってもらうためである。　○Ａ ○Ｂ ○Ｃ
２ 福利厚生についての逆質問をすると不合格になることもある。　　○Ａ ○Ｂ ○Ｃ
３ 面接官は逆質問で応募者の熱意をはかっている。　　　　　　　　○Ａ ○Ｂ ○Ｃ
４ 逆質問は応募者が入社意欲を伝えるチャンスである。　　　　　　○Ａ ○Ｂ ○Ｃ

長文読解

▶解答・解説は別冊73ページ

回答時間

5分

点

12問(各1点)

問1　続く設問文の解答を5つの選択肢の中から1つ選びなさい。

　　Are you interested in living in a luxurious home away　1
from the city but still want the convenience of city life?
This beautiful 4-bedroom wooden house by the riverside
might be the perfect choice for you. It is just a 30-minute
drive to the city center, and a large shopping mall is only　5
10 minutes away from there. Additionally, there is a medical
center with advanced facilities right across the street
from the mall in case you or your family need medical care.

　　Inside the house, each bedroom comes with its own　10
bathroom and walk-in closet. The spacious living room
features a stunning rock fireplace, a library, and a game
room. The kitchen is well-designed with marble flooring, a
glass-topped island, and a high-quality oven. The house is
surrounded by breathtaking views of the river and beautiful　15
natural scenery, providing a peaceful retreat after a long
day of work. You can also enjoy watching the sunset from
the wooden deck overlooking the river.

1 What material is the kitchen floor?

○ A   Wood
○ B   Rock
○ C   Glass
○ D   Marble
○ E   Tile

2 Who might find this house appealing?

○ A   People who do not want to give up on living in a city
○ B   People who want to live in a remote area
○ C   People who want to live outside a city with the convenience of city life
○ D   People who do not want to drive more than half-hour to work
○ E   People who do not want to spend much money to live in a city

3 Where can you find the shopping mall?

○ A   Between the house and the city
○ B   On the opposite side of the street from the medical center
○ C   On the opposite side of the city from the house
○ D   Next to the medical center
○ E   Between the house and the medical center

Next month, we are having a class reunion to celebrate   1
our 10-year graduation anniversary. Additionally, our
homeroom teacher is retiring this month, so let's come
together to express our gratitude.

5

Here are the reunion details. Please check the date and
your schedule, and send back the enclosed reply card by
the end of this month. We are excited to see you again, and
if you have any questions, feel free to contact the Reunion
Committee.   10

If you need to cancel, please do so in advance to avoid a
cancellation fee. Up to one week before the event, the fee
is 30% of the participation fee. After that, you will need to
pay the full fee.   15

Date and Time: March 27th, 6 p.m. to 9 p.m.
Location: HI Room, XYZ Hotel
Participation Fee: 10,000 yen per person

20

*If you require accommodation for the event day, you can
book a room at the XYZ Hotel with a 5,000 yen discount.
More details are included in this letter.

1 What is this notice about?

○ A　Introduction to a new class
○ B　Information about the hotel
○ C　Invitation to a final homeroom meeting
○ D　Introduction of the teacher
○ E　Invitation to a reunion

2 What do you have to do this month?

○ A　Make phone calls to the organizers
○ B　Pay a participation fee to the hosts
○ C　Reply regarding your participation
○ D　Thank the homeroom teacher
○ E　Reserve a room at the XYZ Hotel

3 How much is the fee if you cancel five days before the event?

○ A　15,000 yen
○ B　10,000 yen
○ C　7,000 yen
○ D　5,000 yen
○ E　3,000 yen

 目標：ここまで2.5分以内に回答

To Emily Anderson <Emily0625@XXXXXXX.com>   1
Date: Fri, May 07, 20xx
Subject: Re: Exciting News!!

Congratulations on passing your international student   5
examination! I am thrilled that you have chosen our
university out of all the options you had. I believe you
have made an excellent decision. I am eagerly looking
forward to meeting you in person in September and studying
 together for a year.   10

I have heard that you have an interest in Japanese
history and literature. When you arrive in Japan, let's
explore numerous shrines and temples together. The more
you know about Japanese history, the more you will enjoy   15
visiting these places. We can exchange our knowledge
about them.

Considering your remarkable abilities, I have no doubt
you will become a popular student at our university. Your   20
proficiency in both Japanese and English, along with your
ability to read and write many Chinese characters, is
impressive. I understand that your mother is Japanese, but
I imagine it must have been challenging to learn Japanese
in your home country. Additionally, you are a talented   25
violinist and athlete!

If you have any questions about our university, the
city, or anything else, please do not hesitate to reach out
to me. I am always here to assist you.   30

1 According to the sender, what can make visits to temples more enjoyable?

- ○ A Proficiency in Japanese language
- ○ B A companion who knows them well
- ○ C A tour guide who is familiar with temples
- ○ D Knowledge about the history of Japan
- ○ E Advance preparation and detailed plans

2 What is correct about Emily from the following options?

- ○ A She is on the verge of taking the exam for international students.
- ○ B She is an incoming foreign student to a university in Japan.
- ○ C She is the daughter of German parents who are interested in Japan.
- ○ D She will be a tutor for the sender of this email.
- ○ E She will visit Japan for a concert as a professional violinist.

3 Why is Emily so remarkable?

- ○ A Because she is coming to Japan alone.
- ○ B Because she was accepted at a good university.
- ○ C Because she is able to speak German.
- ○ D Because she is a popular person at her university.
- ○ E Because she is a person of many talents.

問4　続く設問文の解答を5つの選択肢の中から1つ選びなさい。

Eating well is crucial for your physical and mental
health. If you are fortunate enough to have someone who
prepares healthy and tasty meals for you every day, that
is great. But even if you do not have such a person in your
life and do not have much time to cook balanced meals
yourself, do not worry. Being mindful of your food choices
can still have a positive impact.

Firstly, aim to include a variety of foods in each meal.
For example, if you have hamburgers or noodles for lunch,
try adding some salad or soup to the meal. You can also
replace the soup or salad with fruits and yogurt.

Secondly, try to eat many kinds of dishes. If you
frequently rely on convenience store lunch boxes,
consider trying different ones. When dining out, explore
different dishes from the menu each time.

Even small changes can make a significant difference.
You can still obtain some of the essential nutrients
and vitamins you need, even if it is not always perfect.
Hopefully, this will help you maintain good physical
health.

1 Which lunch option would the author probably suggest?

- ○ A A cheeseburger and milk
- ○ B A hamburger and fresh salad
- ○ C A hotdog and orange juice
- ○ D A hamburger and pasta
- ○ E Noodles and a rice ball

2 What is accurate based on the passage?

- ○ A We should learn how to eat properly at school.
- ○ B Cooking by yourself is better than eating out.
- ○ C You may avoid getting sick if you are careful about your meals.
- ○ D You should eat out as rarely as possible.
- ○ E Lunch boxes are not good for your health.

3 Which statement is the author inclined to make?

- ○ A You should think about what you eat every day.
- ○ B You should live with someone who can cook for you.
- ○ C You should not eat hamburgers for lunch.
- ○ D Health is more important than anything else in our life.
- ○ E Little things are not important.

▶解答・解説は別冊77ページ

論理的読解

回答時間

5 分

点

12問(各1点)

問1 Read the text and choose the best description for each of the question that follow.

　　The United States is a large country that stretches from 77 degrees west longitude (Washington D.C.) to 157 degrees west longitude (Honolulu). Longitude decides a region's time zone. For every 15 degrees of longitude difference, you either add or subtract an hour, depending on the direction. In the U.S., there are six different time zones.

　　For instance, when Hawaiians are having breakfast at 7:00 a.m., people in Washington D.C. are having a late lunch at 1:00 p.m. Washington D.C. follows Eastern Standard Time and is six hours ahead of Hawaii, which follows the Hawaii–Aleutian Standard Time. So, when Washington D.C. celebrates New Year's Day with cheers, Hawaiians are not even in the same year.

1

5

10

15

A The statement is patently TRUE or follows logically, given the information or opinions contained in the passage.

B The statement is patently UNTRUE or the opposite follows logically, given the information or opinions contained in the passage.

C You CANNOT SAY whether the statement is true or untrue, or follows logically, without further information.

1 The time difference between Washington D.C. and Hawaii is 8 hours.

○ A
○ B
○ C

2 According to this passage, longitude determines a region's time zone.

○ A
○ B
○ C

3 When Washington D.C. celebrates the New Year, Hawaii has already entered the New Year.

○ A
○ B
○ C

問2 Read the text and choose the best description for each of the question that follow.

Sumo is Japan's oldest and national sport, but not everyone knows it began as a Shinto ritual to pray for peace, family prosperity, fertile agriculture, and successful fishing. That is why Sumo follows strict ceremonial manners.

The hefty and healthy sumo wrestlers represent the respect for Shinto gods. One of the most impressive events showcasing these religious and cultural traditions is when the Yokozuna - top-ranking professional Sumo wrestlers - performs the 'Hounou Dohyo-iri' ceremony at the Meiji Jingu Shrine. This ceremony is a way of offering their body and spirit to the gods.

However, these traditional practices are sometimes questioned in today's society, especially regarding gender bias. Professional Sumo wrestlers are exclusively male, and women are not allowed in the wrestling ring. People have diverse opinions, some advocating for respecting these customs for their historical value, while others believe they should be adapted to modern times.

A The statement is patently TRUE or follows logically, given the information or opinions contained in the passage.

B The statement is patently UNTRUE or the opposite follows logically, given the information or opinions contained in the passage.

C You CANNOT SAY whether the statement is true or untrue, or follows logically, without further information.

1 Sumo is the most popular sport in Japan.

○ A
○ B
○ C

2 The reason Sumo has continued to uphold traditional practices to this day is due to its religious nature.

○ A
○ B
○ C

3 The main reason for the ongoing controversy surrounding today's sumo is the argument between traditional viewpoints and modern perspectives.

○ A
○ B
○ C

 目標：ここまで2.5分以内に回答

問3 Read the text and choose the best description for each of the question that follow.

People all over the world love coffee, and its taste
varies depending on where it is grown. For instance, Mocha
in Yemen, Blue Mountain in Jamaica, or Kona in Hawaii each
have unique flavors. Even within the same region, different
farms produce distinct tastes. This diversity is one reason
why coffee has been enjoyed throughout history.

Additionally, cafés and coffee houses have attracted
intellectuals and artists, providing a space for
socializing over coffee. These establishments not only
serve coffee but also offer pastries and snacks to
accompany it, contributing to the development of
confectionery. Nowadays, cafés and coffee houses even
explore creative ways to serve coffee, like the delightful
"latte art," which involves drawing pictures with foamed
milk on the coffee's surface.

Thus, coffee has played and continues to play a important
role in our culture.

1 The country where coffee originated is not definitively known.

○ A
○ B
○ C

2 Snacks are not served at cafés and coffee houses.

○ A
○ B
○ C

3 Coffee has contributed to the development of culture.

○ A
○ B
○ C

問4 Read the text and choose the best description for each of the question that follow.

Japanese literature is very popular abroad, attracting many enthusiastic fans who wish to comprehend not only the surface content but also the deep philosophical ideas concealed within the text. 'Gorin-no-sho,' authored by the renowned Japanese swordsman Miyamoto Musashi between 1643 and 1645, shortly before his death, is a well-received work of Japanese literature in this regard.

During his lifetime, Musashi survived more than 60 life-or-death sword duels, owing to his strong self-discipline and determination to emerge victorious and stay alive. Although the book primarily serves as a guide on the art of war and swordplay, a closer examination reveals profound insights into the world and life. Its core message emphasizes that true mastery results not only from techniques but also from embracing 'the spirit of keeping nothing,' enabling quick thinking in life-threatening situations.

A The statement is patently TRUE or follows logically, given the information or opinions contained in the passage.

B The statement is patently UNTRUE or the opposite follows logically, given the information or opinions contained in the passage.

C You CANNOT SAY whether the statement is true or untrue, or follows logically, without further information.

1 Japanese literature enthusiasts are not only interested in the surface text but also seek to understand its philosophy.

○ A
○ B
○ C

2 Musashi wrote Gorin-no-sho in his later years.

○ A
○ B
○ C

3 Musashi was able to consistently survive in sword matches because he relied on his sword techniques.

○ A
○ B
○ C

5章 性格テスト

- 性格（パーソナリティ）診断と意欲（モチベーションリソース）診断の2種類があり、それぞれに本格版と簡易版がある。
- 企業ごとに2種類、2版が異なる組み合わせで実施される。

・能力検査（計数・言語）とともに実施される場合は、本格版です。

・C-GAB、GABでは性格診断が使われます。意欲診断は使われません。

性格テストの種類		問題数／標準回答時間
性格診断 パーソナリティ	本格版	68問／約20分
	簡易版	30問／制限時間なし
意欲診断 モチベーションリソース	本格版	36問／約15分
	簡易版	36問または48問／制限時間なし

※性格テストに制限時間はなく、「標準回答時間」として目安の時間が表示されます。また、「標準回答時間」を過ぎても強制的に終了となることはありません。

1 性格診断の回答方法

　玉手箱の性格テストは「性格（パーソナリティ）診断」と「意欲（モチベーションリソース）診断」の2種類があります。企業により両方を出題したり、片方のみ出題されたりします。また、それぞれに本格版と簡易版があります。

　ここでは性格診断の回答方法について説明します。

　まず下の例題の質問文を読んで回答してみましょう。

　なお、意欲診断の回答方法については250ページに記載してあります。

例題：以下の質問に答えなさい。

---

1 【本格版】1問につき4質問文×68問

> 1問ごとに4つの質問文があります。
> その中で、**自分に最も近い文を選んで、YES欄のA〜Dのいずれか1つをクリックしなさい**。また、**自分から最も遠い文を選んで、NO欄のA〜Dのいずれか1つをクリックしなさい**。

問題番号		YES	NO	
1	A	◯	◯	事前に計画を立てる
	B	◯	◯	気配りが得意だ
	C	◯	◯	友人が多い
	D	◯	◯	感情を抑えられる

---

2 【簡易版】30問

> **自分がAとBのどちらに近いかを判断して、あてはまる箇所を1つ選びなさい。**

	A	非常にAに近い	←Aに近い	←どちらかというとA	どちらかというとB→	Bに近い→	非常にBに近い	B
1	自分で考えて決める	◯	◯ ◯	◯	◯ ◯	◯	◯ ◯	周りに相談して決める
2	自分の業績を主張する	◯	◯ ◯	◯	◯ ◯	◯	◯ ◯	自慢話をしない
3	人とは違うアイデアを出せる	◯	◯ ◯	◯	◯ ◯	◯	◯ ◯	古い価値観を大切にする

●回答例●

【本格版】

問題番号		YES	NO	
1	A	●	◯	事前に計画を立てる
	B	◯	◯	気配りが得意だ
	C	◯	●	友人が多い
	D	◯	◯	感情を抑えられる

1問ごとに、**YESを1つ、NOを1つ**選びます。

A～Dのうちで、自分に最も近い文がAの「事前に計画を立てる」だった場合、
AのYES ● を選択します。また、自分から最も遠い文がCの「友人が多い」だ
った場合、CのNO ● を選択します。**選ばなかったBとDはそのまま**にしてお
きます。どの質問も好ましい表現になっていることが多いので悩むことがありま
すが、**必ずYESとNOの両方を選択**してください。全部で68問あります。

【簡易版】

	A	非常にAに近い	←	Aに近い	←	どちらかというとA	どちらかというとB	Bに近い	→	非常にBに近い	B
1	自分で考えて決める	◯	◯	◯	◯	◯	◯	◯	◯	●	周りに相談して決める
2	自分の業績を主張する	◯	◯	◯	◯	◯	●	◯	◯	◯	自慢話をしない
3	人とは違うアイデアを出せる	◯	●	◯	◯	◯	◯	◯	◯	◯	古い価値観を大切にする

各設問ごとに、AとBのどちらに近いかを**10段階で選択**します。
1番の設問では、「B 周りに相談して決める」に非常に近いと考えた場合、「非常
にBに近い」の ◯ を選択します。以下、同様にAとBの近い度合いに応じて選
択をしていきます。全部で30問あります。

　回答結果によって、受検者の性格特性が**30の尺度**で計測されます。次ページに、
性格診断で計測される尺度を掲載してあります。

2 性格診断の尺度

性格診断は以下の 30 の尺度で検査されます。表内の「質問例」は、本格版で「YES」、簡易版で「自分に近い」を選ぶと**その尺度が高くなる質問**です。

人間関係 ◀ 周囲とのコミュニケーション

	尺度	その尺度が低い場合の特徴 ←→ その尺度が高い場合の特徴
1	**説得力**	説得を好まない ←→ 人の意見を変えることを好む
	質問例	「交渉ごとが苦にならない」「人を説得するのが好きだ」
2	**指導力**	リードするのが苦手 ←→ 周囲を統率する
	質問例	「人をうまく動かすことができる」「まとめ役になることが多い」
3	**独自性**	意見を主張しない ←→ 自分の意見を通す
	質問例	「何事にも自分の意見がある」「自分のやり方にこだわる」
4	**外向性**	静かで真面目 ←→ **人を楽しませる**
	質問例	「冗談を言うのが好きだ」「初対面の人と気軽に話せる」
5	**友好性**	一人を好む ←→ 人と一緒にいるのが好き
	質問例	「何でも話せる友だちがいる」「大勢の友だちと過ごすことが多い」
6	**社会性**	人前に出るのが苦手 ←→ **スピーチやプレゼンが得意**
	質問例	「公式な場の挨拶は苦にならない」「気楽にスピーチができる」
7	**謙虚さ**	自慢をする ←→ 自分の成功を人に話さない
	質問例	「あまり自慢話をしない」「控えめな性格だ」
8	**協調性**	人に相談しない、自分の考えで決めがち ←→ **人の意見を聞いて決める**
	質問例	「他人の意見に耳を傾ける」「話し合いで決めることを好む」
9	**面倒見**	情に流されない ←→ 人の相談に乗る
	質問例	「相談に親身に対応する」「後輩の世話をすることが多い」

仕事スタイル ◀ 課題に取り組むときの考え方

	尺 度	その尺度が低い場合の特徴 ←→ その尺度が高い場合の特徴
10	**作業志向**	モノを作る / 組み立てるのが苦手 ←→ 手作業が得意
	質問例	「パソコンを扱うのが好きだ」「壊れたものを直すのが得意だ」
11	**数値志向**	数字より感情を優先する ←→ データに沿って考える
	質問例	「数字に強いほうだ」「統計、データを扱うのが好きだ」
12	**美的関心**	美的なものに関心がない ←→ 美的感覚を重視する
	質問例	「尊敬する芸術家がいる」「デザインには敏感だ」
13	**人間への関心**	人の行動の背景に関心がない ←→ 人の行動をよく分析する
	質問例	「自分の行動を冷静に分析できる」「人の行動の動機を考える」

14	保守性	伝統的な価値観を重視しない ←→ すでにある価値観を大切にする
	質問例	「古い価値観を大切にする」「実績のある確実な方法をとる」
15	変化への対応	変化を受け入れない ←→ 新しい状況やチャレンジを好む
	質問例	「海外旅行が好きだ」「同じことをするのは好きではない」
16	論理性	難しい話が嫌い ←→ **論理的に考える**
	質問例	「筋道を立てて物事を考える」「問題を論理的に考えて解決する」
17	創造性	独自のアイデアを出さない ←→ 独創性がある
	質問例	「人とは違うアイデアを思いつく」「創意工夫をするのが好き」
18	計画性	場当たり的に行動する ←→ **計画を立ててから行動する**
	質問例	「事前の準備をするのが好きだ」「トラブルを先に予測して行動する」
19	緻密さ	細かい作業は人に任せる ←→ 几帳面である
	質問例	「細かいところに注意を払う」「正確さを要求される作業が好きだ」
20	時間管理	期日を柔軟に捉える ←→ **時間を厳守する**
	質問例	「物事を途中で投げ出さない」「約束事や締切は守るほうだ」

メンタリティ ◀ 感情のコントロールやメンタルの強さ

	尺　度	その尺度が低い場合の特徴 ←→ その尺度が高い場合の特徴
21	ストレス耐性	緊張しやすい・イライラしやすい ←→ **常にリラックスできる**
	質問例	「慌てないで考えたり行動できる」「気持ちの切り替えができるほうだ」
22	心配性	予期せぬ出来事に動じない ←→ 動揺しやすい・心配しやすい
	質問例	「大きな出来事の前は緊張する」「予定通りに行かないと気になる」
23	タフネス	人からどう評価されいるか気になる ←→ **中傷・批判を気にしない**
	質問例	「失敗しても落ち込まない」「中傷されても毅然と対応する」
24	感情の安定	喜怒哀楽がはっきりしている ←→ 感情を表に出さない
	質問例	「怒りを抑えられる」「感情に流されないほうだ」
25	ポジティブ	悲観的に考える ←→ **楽観的に考える**
	質問例	「悲観的になることはほとんどない」「苦しいときでもよく寝られる」
26	批判性	あら探しをしない ←→ 物事の欠点や矛盾に気がつく
	質問例	「議論の矛盾に気がつく」「不備や見落としにすぐ気がつく」
27	行動力	静かに過ごすのが好き ←→ 体を動かすのを好む。すぐとりかかる。
	質問例	「スポーツや体を動かすのが好きだ」「じっとしていられないほうだ」
28	競争心	競争を好まない ←→ 負けず嫌いである
	質問例	「勝負にはこだわるほうだ」「相手をやり込めるのが好きだ」
29	上昇志向	マイペース ←→ 目標達成意欲が高く、出世や昇進を好む
	質問例	「目標は高く設定する」「実力主義の社会が好き」
30	決断力	じっくり時間をかけて決断する ←→ 決断がはやい
	質問例	「すぐに答えを出せるほうだ」「リスクを伴う決断を下せる」

※太字は、一般的にはプラス評価につながる資質です。

3 性格診断の回答の心構え

　企業や職種により求める人材像は異なるので、共通してプラス評価を受ける回答方法はありません。しかし、次に挙げる❶〜❸の３点を意識しながら回答すれば、**過度の「マイナス評価」がつくことは避けることができる**でしょう。

❶ 明るい気分のときに受検する

　玉手箱の性格診断は自己申告なので、回答者の自己イメージや回答時の気分、体調によって診断結果が左右されることがあります。

　例えば、プライベートで辛いことがあったときは、「悲観的になることがよくある」などに「YES」と答えてしまいがちです。これでは「ポジティブ」の尺度が低くなる原因となり、不要なマイナス評価につながります。

　性格診断は、落ち込んでいるときや気分が暗いときに受検するのは控えましょう。前向きで明るい気分のときに受検してください。

❷ 職場で活躍する理想的な自己イメージをもって回答する

　性格診断を受ける上で一番のコツは、**自分に合った職務、やりたい仕事で活躍している理想的な自分を思い描きながら回答する**ことです。以下に代表的な職種と高いほうがよい尺度を紹介します。志望する職種について「○○職　望ましい人材像」などとネット上で検索してみるとよいでしょう。

（　）内の数字は 246、247 ページの尺度番号

営業職	・説得力（1）・外向性（4）・友好性（5） ・社会性（6）・ポジティブ（25）・競争心（28）
技術職	・作業志向（10）・数値志向（11）・論理性（16） ・緻密さ（19）・時間管理（20）
コンサルティング	・説得力（1）・数値志向（11）・論理性（16） ・ストレス耐性（21）・タフネス（23）
一般事務	・協調性（8）・緻密さ（19）・時間管理（20）・感情の安定（24）

※上記は一般的な尺度です。業界や企業によってプラス評価となる尺度は異なります。

　例えば、営業職が希望であれば、顧客に対して好意的に接し、商品の良さをアピールできる自分を思い描きながら回答します。すると、自然と「説得力」や「社

会性」の尺度が高くなります。ただし、意識しすぎて作為的な回答にならないように注意してください。自分とかけ離れた人物像は作らないようにします。

❸ 社会人・組織人として「望ましい」ほうを選ぶ

　性格診断に正解はありませんから、回答のプラス、マイナスを過剰に意識する必要性はありません。ただし、**緊張や心配をしがち、悲観的に考えがちなど、会社勤めに不向きな評価にならないようにすることには注意**します。

　性格診断でマイナス評価を受けるのを防ぐためには、**【社会人・組織人として望ましい人物像】を思い描きながら回答する**ことが大切です。

【社会人・組織人として望ましい人物像】
・人前で話すことが苦にならず、初対面の人とも打ち解けることができる
・論理的に考えて、計画を立ててから実行する
・前向きで感情が安定している
・精神的にタフで、活動的に行動する

　プラスの自己イメージを持ちながら回答していけば、過度なマイナス判定を受けることはありません。また、多くの企業が採用ページで**【求める人物像】**を公表しています。性格診断の前に確認しておくことも大切です。

　なお、玉手箱の性格テストに制限時間はありませんので、**すべての設問に回答するようにしてください。**

※企業は自社にマッチした、入社後に長期的に活躍できる人材を採用するために性格テストを実施しています。また就活生にとっても、自分本来の性格や資質に合う、自身が活躍できる企業や職種で仕事をするのが望ましいことでしょう。
　そのために、何よりもまず「自分に適した企業・職種を選ぶ」ことが大切です。**自分に合う企業や職種がわからないという人は、まずは自己分析と企業分析をしっかりと行うことから始めましょう。**

4 意欲診断の回答方法

1 【本格版】1問につき4質問文×36問

1つの設問は4つの仕事環境に関する質問文から成り立っています。
自分が最も重視するものを1つ選んで、YES欄のA～Dのいずれか1つをクリックしなさい。また、自分が最も重視しないものを1つ選んで、NO欄のA～Dのいずれか1つをクリックしなさい。

問題番号		YES	NO	
1	A	◯	◯	高い目標が与えられる
	B	◯	◯	仕事量に応じて報酬が良い
	C	◯	◯	福利厚生がしっかりしている
	D	◯	◯	競争第一の空気がある

2 【簡易版】質問数36のパターン

最もやる気が出る仕事環境や状況を3つ選び、A欄をクリックしなさい。
また、最もやる気が出ない仕事環境や状況を3つ選び、B欄をクリックしなさい。

	A	B		A	B	
1	◯	◯	数値による目標が与えられる	◯	◯	はっきりした目標がない
2	◯	◯	利益を出すことを強く求められる	◯	◯	利益を意識する必要がない
3	◯	◯	定型的な仕事をする	◯	◯	毎日の変化が激しい仕事をする
4	◯	◯	ゆっくり仕事を行える	◯	◯	仕事に速さが求められる
5	◯	◯	チームワークが重要な仕事が多い	◯	◯	一人で行う仕事が多い

【簡易版】質問数24×2セットのパターン（48）

以下の仕事環境や状況の中で、あなたにとって、**やる気が出る要因を3つ以上クリック**しなさい。また、**やる気が出ない要因を3つ以上クリック**しなさい。

やる気が出る					
1	◯	チームワークを重視する	13	◯	福利厚生が整備されている
2	◯	自分のやりかたで仕事ができる	14	◯	実力次第で昇進のチャンスがある
3	◯	複数の仕事を同時にこなす	15	◯	地位の重要性が認められる

やる気が出ない					
1	◯	あまり上下関係がない	13	◯	昇進は年功序列である
2	◯	成績は収入に影響しない	14	◯	評価が公表されない
3	◯	上司の指示に従って仕事をする	15	◯	一人で働く

●回答例●

1 【本格版】

問題番号		YES	NO	
1	A	○	○	高い目標が与えられる
	B	●	○	仕事量に応じて報酬が良い
	C	○	○	福利厚生がしっかりしている
	D	○	●	競争第一の空気がある

　自分が**最も重視するもの**がBの「仕事量に応じて報酬が良い」だった場合、BのYES ○ を選択します。**自分が最も重視しないもの**がDの「競争第一の空気がある」だった場合、DのNO ○ を選択します。**A、Cはそのまま**にします。

2 【簡易版】質問数36

	A	B			A	B	
1	●	○	数値による目標が与えられる		○	●	はっきりした目標がない
2	○	○	利益を出すことを強く求められる		○	○	利益を意識する必要がない
3	○	●	定型的な仕事をする		○	○	毎日の変化が激しい仕事をする
4	○	○	ゆっくり仕事を行える		●	○	仕事に速さが求められる
5	●	○	チームワークが重要な仕事が多い		○	●	一人で行う仕事が多い

　左右の質問が対になっています。**最もやる気が出る環境や状況を3つ**選び、それぞれのA欄を選択します。次に、**最もやる気が出ない環境や状況を3つ**選び、それぞれのB欄を選択します。選ばなかった項目はそのままにしておきます。

【簡易版】質問数24×2セット（48）

やる気が出る					
1	●	チームワークを重視する	13	○	福利厚生が整備されている
2	●	自分のやりかたで仕事ができる	14	○	実力次第で昇進のチャンスがある
3	○	複数の仕事を同時にこなす	15	●	地位の重要性が認められる

やる気が出ない					
1	○	あまり上下関係がない	13	●	昇進は年功序列である
2	●	成績は収入に影響しない	14	○	評価が公表されない
3	○	上司の指示に従って仕事をする	15	●	一人で働く

　「やる気が出る」と「やる気が出ない」の質問文が24ずつあり、**それぞれから3つ以上**を選びます。選ばなかった項目はそのままにしておきます。

5 意欲診断の尺度と心構え

意欲診断は、どのような仕事環境がやる気を引き出すかを測定する検査です。意欲診断には以下の18の尺度があります。表内の「質問例」は、「重視する」「やる気が出る」の回答で「尺度が低くなる ← 尺度が高くなる」例です。

エナジー＆ダイナミズム：やる気の出る仕事環境

	尺　度	その尺度が低い場合の特徴 ← その尺度が高い場合の特徴
1	活力	落ち着いて仕事に取り組む ← スピードが求められる
	質問例	「仕事が少なく、暇が多い」← 「同時に多くの仕事をする」
2	達成	はっきりした目標がない ← **高い目標が与えられる**
	質問例	「目標達成を強いられない」← 「挑戦的な目標が与えられる」
3	競争	社員間の競争がない ← 競争が激しい
	質問例	「自分のペースで仕事ができる」← 「競争第一という雰囲気がある」
4	失敗	失敗しても責任を問われない ← 失敗が許されない
	質問例	「失敗しても再度チャレンジができる」← 「失敗したときのリスクが大きい」
5	権限	権限を持たない ← ほかの人の仕事に責任を持つ
	質問例	「責任も権限もない仕事である」← 「人の仕事を管理する業務が多い」
6	没頭	プライベートの時間を多く取る ← 長時間、仕事に没頭する
	質問例	「余暇が多く取れる」← 「自分の時間をなるべく多く仕事につぎ込む」
7	利潤	利益を意識しない ← **利益重視の仕事をする**
	質問例	「利益とは直接関係のない仕事をする」← 「利益を出すことが重要である」

外的要因：仕事の報酬

	尺　度	その尺度が低い場合の特徴 ← その尺度が高い場合の特徴
8	収入	成績が収入に影響しない ← 頑張って働けば給料が増える
	質問例	「個人の業績は賞与に反映されない」← 「年収が常に増えていく」
9	昇進	昇進は年功序列である ← 若くても昇進のチャンスがある
	質問例	「昇進の基準がはっきりしない」← 「実力次第で昇進のチャンスがある」
10	地位	上下関係が少ない ← 地位の重要性がある
	質問例	「地位が高い人も平等に扱われる」← 「肩書きのあるポジションにつく」

シナジー：重視する職場環境

	尺 度	その尺度が低い場合の特徴 ←→ その尺度が高い場合の特徴
11	**帰属**	一人でする仕事が多い ←→ **協力してする仕事が多い**
	質問例	「他の社員と接触がほとんどない」←→「チームワークが重要な仕事が多い」
12	**認知**	評価が公表されない ←→ 成果がしっかり評価される
	質問例	「上司から関心を持たれない状況で働く」←→「仕事が上司から評価される」
13	**倫理**	規律よりも利益を重視する ←→ **社会的な倫理を重んじる**
	質問例	「倫理や原則にはこだわらない」←→「仕事で社会に貢献している」
14	**安定・快適**	冒険的な仕事をする ←→ 会社の将来に不安がない
	質問例	「いつどうなるかわからない仕事環境である」←→「福利厚生が整備されている」
15	**成長**	学ぶ機会が少ない ←→ **仕事を通して能力開発できる**
	質問例	「技術や資格の勉強は任意である」←→「社内で新しい技術・知識を身につけられる」

内的要因：興味・仕事スタイル

	尺 度	その尺度が低い場合の特徴 ←→ その尺度が高い場合の特徴
16	**興味**	単純・定型的な仕事をする ←→ 変化に富む仕事をする
	質問例	「ルーティンワークが多い」←→「変化の激しい仕事をする」
17	**柔軟性**	仕事の手順が決まっている ←→ 手順を柔軟に変化できる
	質問例	「手順がシステム化された仕事をする」←→「仕事の手順は自分で決められる」
18	**自主性**	指示通りに動く ←→ **自主性を発揮する**
	質問例	「上司の指示に従って仕事をする」←→「自分で考え行動する」

※一般的には、尺度が高い**太字**の方がプラス評価につながります。

● 回答の心構え

　新卒の採用試験の場合、一般的には、以下のような資質が好まれやすい傾向にあります。（　）内の数字は表内の尺度の番号です。

・**達成意欲と成長意欲が高い**（2、15）

・**チームワークを守って働く**（11）

・**社会的倫理を守りながらも利益を重視する**（13、7）

・**自主性がある**（18）

　基本的には、意欲診断においても、「性格診断の回答の心構え」（248ページ）と同様、**明るい気分のときに、理想的な自分・望ましい社会人像をイメージしながら回答をすれば、過度なマイナス評価は避けられます**。

6

セルフチェックができる
簡易版性格テスト

合否に関係することが多い代表的な尺度について、セルフチェックができます。
性格診断、意欲診断それぞれにおいて、代表的な質問に回答してみましょう。
※セルフチェック用の回答形式で、実際の検査とは異なります。

設問 自分がAとBのどちらに近いかを判断して、あてはまる箇所を1つ選びなさい。

● 【性格診断】 **1**〜**10**の回答数字を【判定表1】に記入して合計しましょう。

	A	Aに近い	どちらかというとA	どちらかというとB	Bに近い	B
1	人見知りするほうだ	①	②	③	④	人が集まるところで中心となるほうだ
2	難しい話は好きではない	①	②	③	④	論理的に考える課題が好きだ
3	人からどう思われているか気になるほうだ	①	②	③	④	自分がどう見られているか気にしないほうだ
4	喜怒哀楽が激しいほうだ	①	②	③	④	感情を抑えることができるほうだ
5	物事を悪い方に考えがちだ	①	②	③	④	物事を楽観的に考えるほうだ
6	静かでまじめな人にみられる	①	②	③	④	人を楽しませるのが好きだ
7	論理的に説明するのが苦手だ	①	②	③	④	筋道立てて話をするのが得意だ
8	批判や中傷を気にしやすい	①	②	③	④	中傷には毅然と対応する
9	激高することがしばしばある	①	②	③	④	怒っても顔に出さないほうだ
10	悪いほうに考えて眠れないことがある	①	②	③	④	苦しいときでもよく寝ることができる

【判定表1】

回答(1～4)		合計	尺度	3点以下	7点以上	一般的に望ましい
1	**6**	点	外向性	低い	高い	外交的である
2	**7**	点	論理性	低い	高い	論理的である
3	**8**	点	タフネス	低い	高い	精神的に強い
4	**9**	点	感情の安定	低い	高い	感情が安定している
5	**10**	点	ポジティブ	低い	高い	楽観的である

● 【意欲診断】 **1**～**6**の回答数字を【判定表2】に記入して合計しましょう。

	あてはまらない	どちらかといえばあてはまらない	どちらかといえばあてはまる	あてはまる
1 チームワークが必要となる仕事が多いほうがよい	①	②	③	④
2 高い目標が与えられるとやる気がでる	①	②	③	④
3 仕事を通して能力開発ができるほうがよい	①	②	③	④
4 利益を出すことを求められる仕事を好む	①	②	③	④
5 仕事で社会的に貢献したい	①	②	③	④
6 自主性を発揮できる職場で働きたい	①	②	③	④

【判定表2】

回答(1～4)	尺度	3以上が好ましい		回答(1～4)	尺度	3以上が好ましい
1	帰属	チームワークを守る		**4**	利潤	利益志向である
2	達成	達成志向である		**5**	倫理	倫理感が高い
3	成長	成長志向である		**6**	自主性	自主的に動く

　本番の性格テストを受検する際は、**志望企業で活躍する自分をイメージ**しながら、**前向きな回答を心掛ければ過度に心配する必要はありません。**

※玉手箱の性格診断および意欲診断の判定・評価方法は、公開されていません。本書で挙げた判定・評価方法は、他の性格検査、適性検査の判定基準から類推されるものであることをご了承ください。

5章【性格テスト】**6** セルフチェックができる簡易版性格テスト

●著者プロフィール

オフィス海【Kai】

学習参考書、問題集、辞典、資格試験対策本等の企画執筆を行う企画制作会社。1989年設立。「日本でいちばんわかりやすくて役に立つ教材」の制作に心血を注いでいる。

著書『史上最強 SPI＆テストセンター超実戦問題集』『史上最強 一般常識＋時事一問一答問題集』『史上最強の漢検マスター準1級問題集』『史上最強のFP2級AFPテキスト』『史上最強のFP2級AFP問題集』『史上最強の宅建士テキスト』『史上最強の宅建士問題集』(ナツメ社)ほか多数。

小社では、みなさまからの就職活動に関する体験記や情報（SPIをはじめとした適性検査や一般常識テストなど採用テストの出題形式、面接の内容、エントリーシート・履歴書の書式など）を募集しております。次年以降の企画に役立てたいと考えています。下記の住所・アドレスにハガキ、封書、Eメールなどでお寄せください。

有益な情報をお寄せいただいた方には薄謝（図書カード等）を進呈いたします。

なお、お寄せいただいた個人情報を公表することはありません。

〒 101-0051
東京都千代田区神田神保町 1-52　ナツメ社ビル 3F
ナツメ出版企画株式会社　就職情報係
Eメールアドレス　saikyo@natsume.co.jp

本書のお問い合わせは、ナツメ社WEBサイト内の、お問い合わせフォームからご連絡を頂くか、FAXにてお送り下さい。電話でのお問い合わせはお受けしておりません。回答まで7日前後の日にちを頂く場合もあります。
※正誤のお問い合わせ以外の書籍内容に関する解説・受験指導は一切行っておりません。
ナツメ出版企画㈱　FAX03-3291-1305

ナツメ社Webサイト
https://www.natsume.co.jp
書籍の最新情報（正誤情報を含む）を
ナツメ社Webサイトをご覧ください。

史上最強 玉手箱＆C-GAB超実戦問題集

著　者	オフィス海	©office kai
発行者	田村正隆	

発行所	株式会社ナツメ社
	東京都千代田区神田神保町1-52　ナツメ社ビル1F（〒101-0051）
	電話　03(3291)1257（代表）　FAX　03(3291)5761
	振替　00130-1-58661

制　作	ナツメ出版企画株式会社
	東京都千代田区神田神保町1-52　ナツメ社ビル3F（〒101-0051）
	電話　03(3295)3921（代表）

印刷所	ラン印刷社

玉手箱&C-GAB
超実戦問題集

別冊 解答・解説集

1 図表の読み取り ▶本冊26〜47ページ

※解説では、3桁区切りのカンマ（ , ）は省略しています。

① 【1.74倍】

【一般外食費の構成比（全世帯）】

1999年の洋食の割合は**5.4%**。日本そば・うどんの割合は**3.1%**。

5.4 ÷ 3.1 = 1.741… → 約1.74倍

※ 5.5 ÷ 3.0 = 1.83…と概算しない。割られる数（5.4）を大きく、割る数（3.1）を小さくして概算すると、答えは大きくずれてしまう。

② 【87.7倍】

【目的別放送時間比率】

①標準テレビジョン音声多重放送以外のもの　　　　（単位：%）

番組 区分	報道	教育	教養	娯楽	広告	その他	計
Aチャンネル	10.7	22.9	24.7	39.4	1.2	1.1	100.0
Bチャンネル	29.6	15.9	17.0	12.8	2.2	22.5	100.0
Cチャンネル	48.1	13.1	11.0	15.2	5.3	7.3	100.0
Dチャンネル	5.6	15.0	17.0	61.4	0.7	0.3	100.0
Eチャンネル	9.6	2.4	14.2	72.9	0.5	0.4	100.0

Dチャンネルの娯楽番組の放送時間比率は**61.4%**で、広告番組は**0.7%**。

61.4 ÷ 0.7 = 87.7… → 87.7倍

【即解】600 ÷ 7 = 85.7… → 87.7倍
10倍して概算し、600と7で計算する。割り算で割られる数（614）を小さく概算すると答えも小さくなる。求めた[85.7]は概算しない場合よりも小さい。少し大きい選択肢を選ぶ。

③ 【50%】

2010年の家庭系の割合は全体の**33%**。残りの合計は、100 − 33 = **67%**。

33 ÷ 67 × 100 = 49.2… → 50%

【即解】33は67の約1/2と概算し選択肢の

【A市のゴミ】

50%を選ぶ。または33%→100%の約**1/3**、他3つの合計が**2/3**なのでその半分（50%）。

④ 【D】

【X国の建築機械総出荷金額の推移】　　　　（単位：百万円）

年度	総出荷金額	国内出荷金額	輸出金額
2009	1,262,180	457,574	804,606
2010	1,962,979	510,992	1,451,987
2011	2,350,355	663,101	1,687,254
2012	2,149,510	780,210	1,369,300
2013	2,335,244	1,009,372	1,325,872
2014	2,439,602	993,911	1,445,691
2015	2,256,791	999,259	1,257,532
2016	2,206,567	986,527	1,220,040
2017	2,595,163	983,455	1,611,708
2018	2,807,253	992,503	1,814,750

A　国内出荷金額＜輸出金額であり、2016年以降、差は広がっている。国内出荷金額が輸出金額を越すという推測は不適。

B　1009372 ÷ 780210 = 1.2937…。増加分は0.2937で約29.3%なので不適。
※概算して100 ÷ 78 = 1.282…でもよい。

C　国内出荷金額のピークは、2018年度ではなく2013年度なので不適。

D　輸出金額は2009年度が**804606**、2010年度が**1451987**。1451987 ÷ 804606 = **1.80…。約1.8倍なので適**（ここでDを選択）。

E　2016年度の総出荷金額は2206567。国内出荷金額986527は、その半分（0.5）にもならないので不適。

⑤ 【37.7%】

1995年のトランジスタ生産額は、

8774 × 0.4 = **3509.6億円**

1993年のトランジスタ生産額は、
6705億円× 0.38 = 2547.9億円
3509.6 ÷ 2547.9 = 1.3774…
増加分は、
137.7 − 100 = 37.7%

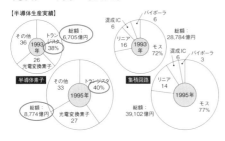

【半導体生産実績】

【K国の製造業法人数の推移】

8 【0.37x】

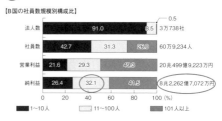

【国内における自動車の新車販売台数（年単位）】

2018年の新車販売台数合計 x は 430 万台、
そのうち軽自動車は 158 万台なので、
概算して 160 ÷ 430 = 0.372… → 0.37x。

6 【平成25年度】

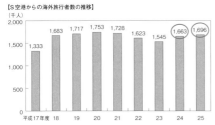

【S空港からの海外旅行者数の推移】

増加している年度のうち増加率の低い年度を
答えるので、前年より減少している年(21、
22、23年度)は外す。また、増加率の高そう
な年度(18、24年度)も外す。答えの候補は
19、20、25年度。各年度の前年比は、
19年度…1717 ÷ 1683 = 1.0202…
20年度…1753 ÷ 1717 = 1.0209…
25年度…1696 ÷ 1663 = 1.0198…
よって、最も増加率が低いのは **25年度**。
※厳密には【増加率(%) = (今年÷昨年 − 1) ×
100】だが、今年÷昨年だけで正解が選べる。
また、僅差と思われるときは概算しない。

9 【2兆6,406億円】

【B国の社員数規模別構成比】

	1~10人	11~100人	101人以上	
法人数	91.0		8.5 / 0.5	3万738社
社員数	42.7	31.3	26.0	60万9,234人
営業利益	21.6	29.3	49.3	20兆499億9,223万円
純利益	26.4	32.1	41.5	8兆2,262億7,072万円

8兆2262億を 82000、32.1% を 32% とし
て概算する。
82000 × 0.32 = 26240億円
選択肢では **2兆6406億円**。

7 【4.21%】
1985年の年間販売額(百万ドル)は 428 で、
1988年は 446。
446 ÷ 428 × 100 = 104.21…
→ **増加分は 104.21 − 100 = 4.21%**

10 【9,640億円】
総合スーパーの「その他の衣料品、身の回り
品」の年間販売額は、
99567 × 0.086 = 8562.762億円
これが前年と比べて 11.2% 減少しているの

で、グラフの年は前年の
100－11.2＝88.8%にあたる。よって前年は、
8562.762÷0.888＝**9642.75億** →
9640億円

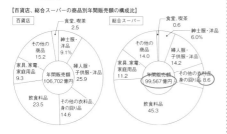

【百貨店、総合スーパーの商品別年間販売額の構成比】

穀類は、**X × 8/17** と表せる。Xは上辺（分子）にかかるので、**8X/17**。

⑬【206.4kg】

【1人1日当たりの負荷（BOD）】

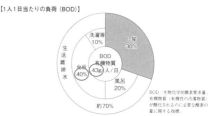

BOD：生物化学的酸素要求量。有機物質（有機性の汚濁物質）が酸化されるために必要な酸素の量に関する指標。

1人1日あたりの有機物質は**43g**。
台所からは**40%**なので、43g×0.4＝**17.2g**
人口1万2千人の都市では、
17.2×12000＝**206400g＝206.4kg**

⑭【14.7%】

【R地帯の生産作物】

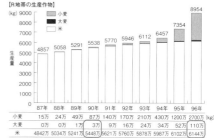

	87年	88年	89年	90年	91年	92年	93年	94年	95年	96年
小麦	15万	24万	49万	87万	140万	170万	210万	430万	1200万	2700万(kg)
大麦	0万	0万	1万	3万	9万	16万	24万	34万	52万	110万
米	4842万	5034万	5241万	5448万	5621万	5760万	5878万	5987万	6102万	6144万

図表の下部の90年と96年だけ見ればよい。
大麦と米の合計の生産量（kg）は、
1990年：3万＋5448万＝**5451万**
1996年：110万＋6144万＝**6254万**
6254万÷5451万＝1.1473… → 114.7%
増えたのは、
114.7－100＝14.7%

⑪【3.5X/32.3】

【電気通信事業者の地域別本社所在地数比の比較】

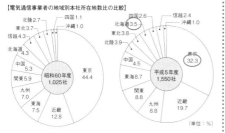

（単位：%）

東京に本社がある事業者数**32.3%**をXとすると、**3.5%**の北海道は、**X × 3.5/32.3** と表せる。Xは分子にかかるので、**3.5X/32.3**。
※「Xとすると」を「1とすると」と置き換えて考えるとよい。東京よりも北海道の方が少ないので、比率は1よりも小さくなる。分子（上辺）に小さい数字がくる。Xは常に上辺につく。

⑮【日用雑貨】

2016年から前年と比べて数値が同じ、または下がっているのは日用雑貨のみ。
※このように、計算の必要がない問題も出題される。なるべく時間をかけずに正解したい。

⑫【8X/17】

【食品ロスの年間種類別割合】

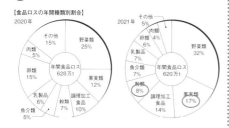

2021年の果実類**17%**をXとすると、**8%**の

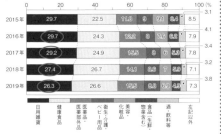

【ドラッグストアの商品カテゴリー別年間売上高構成比の推移】

	日用雑貨	健康食品	医薬部外品	医薬品・衛生・介護・ベビー用品	化粧品・美容	物菜含む食品(生鮮)	酒・飲料等	左記以外
2015年	29.7	22.5	11.8	9	9.1	6.4		8.5
2016年	29.7	24.3	12.2	8	7.6	6.2		7.9
2017年	29.2	24.9	15.5	8	6.5	5.3		7.8
2018年	27.4	26.7	14.1	8.3	7	5.9		7.1
2019年	26.3	26.6	15.5	8.8	6.9	4.9		7.3

⑯【5,900万人】

【主要国の道路現況】

国名	高速道路延長 (km)	高速道路/国土面積 (km/万km²)	人口万人あたりの高速道路延長 (km/万人)	自動車千台あたりの高速道路延長 (km/千台)	自動車保有台数 (千台)
A国	89,232	95.29	3.24	0.415	214,775
B国	11,515	322.55	1.39	0.256	44,916
C国	3,358	138.19	0.56	0.145	23,159
D国	11,500	208.33	1.96	0.34	33,813
E国	6,621	219.97	1.14	0.188	35,143
F国	6,851	181.24	0.54	0.09	76,271

D国の人口万人あたりの高速道路延長は、1.96km/万人。

D国の高速道路延長は、11500kmなので、
1万人:1.96km = x万人:11500kmで、
1.96x = 1×11500

x = 11500 ÷ 1.96 = 5867.3…万人
→ 5900万人

※難問だが、「11500は、人口×1.96」と単位を省略して考えると式を導ける。

⑰【3つ】

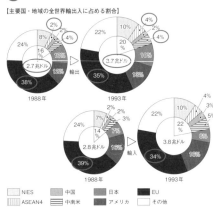

【主要国・地域の全世界輸出入に占める割合】

NIES　中国　日本　EU
ASEAN4　中南米　アメリカ　その他

1つずつ確かめる。

・輸出額、輸入額ともに全世界の中でEUの占める割合が最も大きい。 →**すべてのグラフでEUの割合が最も大きい…○**

・1988年のASEAN4の全世界の輸出額に占める割合は1993年の半分である。
→**ASEAN4の輸出額の割合は、1988年は2%、1993年は4%…○**

・1988年に比べ、1993年に全世界の輸入額に占める割合が減少している国は日本のみである。 →**EUが39%から34%に減少している(また、日本は16%→16%で同じ)…×**

・中南米の1993年の輸出額は1988年と比べて400億ドル増えた。
→中南米の輸出額の増加分を求める。
3.7兆×0.04 − 2.7兆×0.04 = (3.7兆 − 2.7兆)×0.04 = 1.0兆×0.04 = 0.04兆
= 400億ドル…○
よって、正しい説明は3つ。

⑱【96.6】

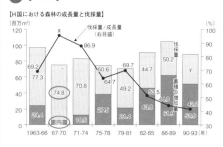

【H国における森林の成長量と伐採量】

xは67-70年の【伐採量/成長量】(=伐採量÷成長量)を表している。
67-70年の森林の伐採量…74.8百万m³
67-70年の森林の成長量(伐採量+蓄積の増加量)…74.8 + 2.6 = 77.4百万m³
x = 74.8 ÷ 77.4 = 0.966… → 約96.6%

⑲【40.9】

一番下の行のみ見ればよい。各国の出願合計が41342件、うち各国特許庁への直接出願の合計が16907件。直接出願の割合は、

【Y国から海外への発明特許出願件数】

	出願合計	構成比 (%)	うち各国特許庁への直接出願数	うち各国特許庁への直接出願比率 (%)
米国	21,368	51.7	11,852	55.4
欧州特許庁	5,711	13.9	1,064	18.6
日本	2,840	7.3	635	22.3
韓国	1,947	4.8	378	19.4
インド	1,681	3.2	128	7.6
ロシア	860	2.3	59	6.0
香港	844	2.3	844	100.0
ブラジル	737	1.8	57	7.7
オーストラリア	638	1.5	98	15.3
カナダ	646	1.5	91	14.0
その他	4,052	9.7	1,701	41.9
合計	41,342	100.0	16,907	(A)

$16907 \div 41342 = 0.4089\cdots \to 40.9\%$

20 【24%】

【イギリスにおける職業別パートタイム労働者数の推移】 （単位：千人）

年	職業計	管理職	専門職	専門・技術職	事務職	技能職	警　備	販　売	工場機械	その他
1991	5,777	261	341	456	1,104	199	973	970	226	1,108
1992	5,932	315	361	417	1,114	191	1,051	1,013	200	1,126
1993	6,004	344	354	436	1,125	207	1,103	1,018	199	1,091
1994	6,152	338	389	475	1,131	199	1,129	1,047	204	1,122
1995	6,183	376	427	463	1,112	185	1,125	1,057	229	1,116
1996	6,410	359	424	509	1,167	177	1,224	1,125	228	1,101
1997	6,554	351	438	569	1,179	188	1,269	1,177	232	1,091
男	1,302	97	123	102	96	103	1,164	216	103	258
女	5,252	254	315	467	1,083	85	1,105	961	129	833
増加率										
1991-97	13.4%	34.5%	28.4%	24.8%	(X)	-5.5%	30.4%	21.3%	2.7%	-1.5%

1994年の行だけを見る。

管理職と事務職の合計は、

$338 + 1131 = 1469$千人

1994年の職業計は6152千人なので、職業
計に対する管理職と事務職の合計の割合は、

$1469 \div 6152 = 0.238\cdots \to 24\%$

21 【1.1】

【電子計算器・同付属装置製造業の事業所数、従業者数、製造品出荷額】

年	事業所数 (件)	従業者数 (人)	製造品出荷額 (百万円)
1986	1,852	145,024	5,149,880
1987	1,813	152,990	6,007,903
1988	1,921	154,258	6,596,755
1989	1,955	160,723	7,632,118
1990	2,030	166,637	8,354,873
1991	2,041	164,852	8,760,751
1992	1,901	162,658	8,301,355
1993	1,776	160,238	8,296,638
1994	1,600	150,464	8,222,902
1995	1,569	146,665	8,358,646

事業所数の列だけを見る。

1987年の事業所数は1813。1991年の事業
所数は2041。

1987年の事業所数を1とすると、1991年
の事業所数は、

$2041 \div 1813 = 1.12\cdots \to 1.1$

22 【86.0%】

【チョコレートの国内販売数のブランド別シェア】

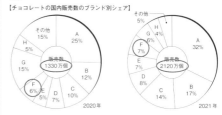

2020年のFの販売数は、

$1330 \times 6\% = 79.8$万個

2021年のFの販売数は、

$2120 \times 7\% = 148.4$万個

148.4万$\div 79.8$万$= 1.859\cdots \to 186.0\%$

増加分は、

$186.0 - 100 = 86.0\%$

【別解】増加分は、

$(148.4$万$- 79.8$万$) \div 79.8$万$= 0.8596\cdots$
$\to 86.0\%$

23 【16.7%】

【4～5年前と比較した食品別小売価格の変化】

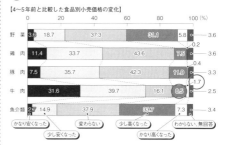

牛肉が「高くなった」と感じる割合は「少し高く
なった」と「かなり高くなった」の合計なので、

$8.5 + 1.7 = 10.2\%$

このうち「かなり高くなった」と感じる割合は、

$1.7 \div 10.2 = 0.166\cdots \to 16.7\%$

24 【−7.4】

D社の取扱個数（千個）は、平成2年が82200、
平成3年が76120。

増減数は、

$76120 - 82200 = -6080$

増減率は、

−6080 ÷ 82200 = −0.0739··· → −7.4

【別解】76120 ÷ 82200 = 0.9260···

→ **92.6%**

増減率は、

92.6 − 100 = −7.4%

小包郵便物、宅配便取扱個数の推移 （単位：千個、％）

便名（事業者名）	年度	昭和63年	平成元年	平成2年	平成3年	平成4年
小包郵便物	取扱個数	235,002	287,588	351,434	408.118	425,995
	増減率		20.1	26.6	18.1	16.1	4.4
全宅配便	取扱個数	911,250	1,028,540	1,100,500	1,124,840	1,183,370
	増減率		19.5	12.9	7.0	2.2	5.2
合　計	取扱個数	1,146,252	1,326,138	1,451,934	1,532,958	1,609,365
	増減率		19.6	15.7	9.5	5.6	5.0
主要宅配便5社	A社	取扱個数	352,700	415,560	451,810	478,770	515,200
		増減率	19.1	17.8	8.7	6.0	7.6
	B社	取扱個数	262,950	289,910	309,290	316,090	318,890
		増減率	29.9	10.3	6.7	2.2	0.9
	C社	取扱個数	84,630	94,770	105,970	106,740	107,660
		増減率	15.7	12.0	11.8	0.7	0.9
	D社	取扱個数	70,310	76,400	82,200	76,120	88,750
		増減率	12.4	8.7	7.6	(X)	16.6
	E社	取扱個数	45,290	49,020	52,570	58,670	67,360
		増減率	11.7	8.2	7.2	11.6	14.8

㉕【2,050億ドル】

各国における鶏肉の輸出額の国別占有率の推移

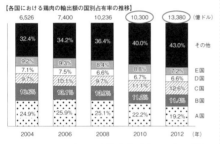

2010～2012年の総輸出額（億ドル）の増加
率は、

13380 ÷ 10300 = 1.299··· → **130%**
（増加したのは130 − 100 ＝約30%）
この増加率が2012～2014年と同じなので、
2014年の総輸出額は、

13380 × 1.30 = **17394**

このうちB国の占有率は**11.8%**なので、B国
の輸出額は、

17394 × 0.118 = **2052.4··· → 2050億ドル**

㉖【250,000人】

2012年の女性の就業者数（千人）は**35273**。
2013年の女性の対前年増減率は**0.7%**なの

で、増加した人数は、

**35273 × 0.007 = 246.9··· → 250千人 →
250000人**

M国の就業者数の推移

年	就業者数（人数）		対前年増減率		人口に対する割合		
	男性（千人）	女性（千人）	男性（%）	女性（%）	全体（%）	男性（%）	女性（%）
2011年	45,518	34,930	0.2	1.3	73.6	86.2	61.8
2012年	45,539	35,273	0	1	73.9	86.3	62.4
2013年	45,487		−0.1	0.7	73.7	85.8	62.5
2014年	45,448	35,767	−0.1	0.7	73.9	85.7	62.9
2015年	45,437	36,051		0.8		85.8	63.4

㉗【422千円】

賃金－産業別常用労働者1人平均月間現金給与額（事業所規模30人以上） （単位：千円）

年　次	現金給与総額	建設業	製造業	電気・ガス[1]	運輸・通信業	卸売・小売業、飲食店	金融・保険業	サービス業[2]
昭和60年	317	306	300	427	344	273	408	338
平成2年	370	402	352	517	413	309	490	380
平成7年	409	451	391	584	454	336	541	413
平成10年	416	458	408	606	430	345	535	422
前年比[3]（%）	−1.4	−2.2	−1.1	0.8	−0.8	−3.3	−3.5	−0.1

表に平成9年はないが、平成10年の前年比か
ら算出できる。平成9年を1とすると、平成
10年は前年比−1.4%なので、

1 − 0.014 = 0.986

平成9年の現金給与総額は、

416 ÷ 0.986 = 421.9··· → 422千円

㉘【12,502千人】

世帯構造別にみた世帯の児童数別世帯数と平均児童数

世帯構造	総　数	児童数				平均児童数
	推計数（単位：千世帯）	1人	2人	3人	4人以上	（人）
世帯総数	23,683	5,573	11,358	5,679	1,073	1.77
単独世帯	135	135	−	−	−	1.00
核家族世帯	16,372	4,036	8,218	3,391	727	1.73
三世代世帯	6,580	1,212	2,930	2,136	301	1.90
その他の世帯	596	189	211	151	44	1.68
	構成割合（単位：%）					
世帯総数	100.0	23.5	48.0	24.0	4.5	−
単独世帯	100.0	100.0	−	−	−	−
核家族世帯	100.0	24.7	50.2	20.7	4.4	−
三世代世帯	100.0	18.4	44.5	32.5	4.6	−
その他の世帯	100.0	31.8	35.4	25.4	7.4	−

三世代世帯の総数は**6580千世帯**で平均児童
数が**1.90人**なので、三世代世帯の児童数は、

6580千 × 1.90 = 12502千人

【即解】選択肢が離れた数なので概算する。三世
代世帯の平均児童数が1.90人なので、6580千
世帯の2倍弱の選択肢を選ぶ → 12502千人

㉙【33,799億円】

1993年の半導体素子、集積回路の合計生産

額（億円）は、

6705 ＋ 28784 ＝ 35489

対前年比増加率が 5%（0.05）なので、前年
（1992年）の合計生産額は、

35489 ÷ 1.05 ＝ 33799.0…

→ **33799億円**

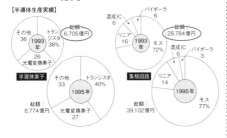

【半導体生産実績】

大きい順に **8年＞6年＞4年＞7年＞5年**で、
3番目に大きいのは**平成4年度。**

【F国の果物生産量】　　　　　　　　　　　　（単位：千kg）

年度（平成）種類	3	4	5	6	7	8
リンゴ	13,498	13,555	13,103	12,860	12,486	13,892
桃	2,383	2,545	2,767	2,872	3,103	3,402
さくらんぼ	2,216	2,212	2,192	2,286	2,502	2,522
バナナ	1,807	1,880	1,804	1,923	1,666	1,772
いちご	1,416	1,369	1,276	1,415	1,396	1,430
なし	1,270	1,132	1,065	970	1,181	1,246
みかん	533	622	757	785	905	930
グレープフルーツ	439	475	510	367	487	441
ぶどう	294	298	307	350	399	434
パイナップル	127	171	220	245	266	259
ブルーベリー	61	77	100	107	126	137
レモン	78	91	75	95	107	126
メロン	37	35	43	59	94	68
マンゴー	9	5	1	39	107	58
その他	247	240	326	308	272	268
合計	24,415	24,708	24,545	24,863	25,097	26,986

㉜【1,032億円】

【T国の主な肉類輸出相手国】　　　　　　　（単位：%）

	1位	2位	3位	4位
牛肉 5,776億円	米国 98.7	その他 1.3		
鶏肉 2,448億円	米国 72.3	EU 15.2	カナダ 9.3	中国 3.2
豚肉 3,393億円	米国 60.6	カナダ 23.7	豪州 15.5	中国 0.2
羊肉 2,225億円	豪州 76.3	米国 14.1	EU 6.1	カナダ 3.5

右表から、鶏肉と豚肉それぞれのカナダへの
輸出額（億円）を求める。

鶏肉…2448 × 0.093 ＝ 227.664 → **228**

豚肉…3393 × 0.237 ＝ 804.141 → **804**

合計…228 ＋ 804 ＝ 1032 → 1032億円

㉝【35%】

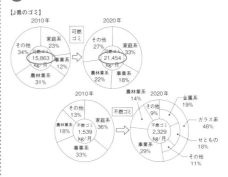

【J県のゴミ】

21454 ÷ 15863 ＝ 1.35… → **135%**

増加したのは135 － 100 ＝ 35%

【別解】（21454 － 15863）÷ 15863 ＝ 0.35

㉚【18.8%】

【自動車メーカーCの販売台数】

法人営業の販売台数（万台）は、

2013年度…294 × 0.73 ＝ 214.62

2014年度…327 × 0.78 ＝ 255.06

255.06 ÷ 214.62 ＝ 1.188… → **118.8%**

増加分は、118.8 － 100 ＝ 18.8%

※ 78% － 73% ＝ 5% とするのは%の母数が
異なるので間違い。販売台数を計算する必要
がある。

㉛【平成4年度】

表の最下段の「合計」で、各年度の前年度に対
する割合を求める。

4年：24708 ÷ 24415 ＝ **1.0120**

5年：4年より少ないので増加率は1以下

6年：24863 ÷ 24545 ＝ **1.0129**

7年：25097 ÷ 24863 ＝ **1.0094**

8年：26986 ÷ 25097 ＝ **1.0752**

7

… → 35%

34 【12秒】

【S国の民間ラジオ放送番組種類別放送時間の推移】

年	ラジオ放送社数（社）	1社1日平均放送時間（分）	番組構成比（%）						1社1カ月平均CM本数（本）
			報道	教育教養	娯楽	スポーツ	CM	その他	
1980	39	599	11.6	26.1	38.6	18.9	0.7	4.1	528
1985	46	873	10.9	35.9	45.3	5.3	1.0	1.6	4,061
1990	77	998	10.6	36.7	47.3	4.3	0.5	0.6	4,422
1995	88	1,009	11.7	36.8	46.2	4.4	0.4	0.5	5,824
2000	93	1,042	13.5	36.9	44.4	4.1	0.5	0.6	6,746
2004	102	1,090	15.1	35.8	42.8	5.0	0.5	0.8	7,239

2004年の1社1カ月平均のCMの放送時間が**1447.8分**のとき、CM1本あたりの放送時間を求める。1社1カ月平均のCM本数は**7239本**なので、

1447.8 ÷ 7239 = 0.2(分)

0.2 × 60 = 12秒

※「図表の読み取り」では計算に必要な項目を速く見つけることが大切。本問では「1社あたり1カ月平均でCMが何本あったか」だけが必要な情報だとわかればすぐに解くことができる。表内で必要な情報は「7239」だけ。

35 【131%】

【日本企業の海外への研究費支出額】

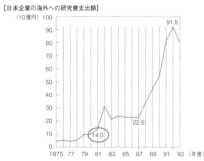

（10億円）

グラフの単位が（**10億円**）であることに注意する。82年度が323億円で、81年度は**140億円**なので、

323億 ÷ 140億 = 2.307… → 231%

増加分は、**231 − 100 = 131%**

【別解】(323 − 140) ÷ 140 = 1.307…

→ 131%

36 【21時間51分】

【ジャンル別放送時間比率】

①標準テレビジョン音声多重放送以外のもの　　（単位：%）

区分	ニュース	ドラマ	バラエティ	スポーツ	広告	その他	計
P放送局	10.7	22.9	24.7	39.4	1.2	1.1	100.0
Q放送局	29.6	15.9	17.0	12.8	2.2	22.5	100.0
R放送局	48.1	13.1	11.0	15.2	5.3	7.3	100.0
S放送局	5.6	15.0	17.0	61.4	0.7	0.3	100.0
T放送局	9.6	2.4	14.2	72.9	0.5	0.4	100.0
U放送局	1.1	43.6	10.3	45.0	0	0	100.0
V放送局	45.4	13.9	15.3	25.3	0	0.1	100.0

②標準テレビジョン音声多重放送　（単位：%）

ステレオ番組	80.9
2カ国語番組	15.5
その他の二音声番組	3.6
計	100.0

標準テレビジョン音声多重放送27時間のうちのステレオ番組が占める割合を求める。②の表【標準テレビジョン音声多重放送】で、ステレオ番組の割合は**80.9%**なので、

27 × 0.809 = 21.843時間

0.843時間 = 0.843 × 60 = 50.58分

21.843時間 ≒ 21時間51分

※選択肢が近い値なので概算しない。選択肢から概算の可否を判断することも大切。

37 【30万km²】

【ある年の主要国の自動車使用台数】

国名	乗用車（万台）	商業車（万台）	100人あたりの台数（台）	1km²あたりの台数（台）
K 国	654	395	3.8	27.2
L 国	4,006	1,559	40.2	10.2
M 国	3,043	172	18.9	50.0
N 国	2,076	89	18.6	47.0
O 国	190	372	0.4	0.2
P 国	1,150	258	23.1	25.9
Q 国	731	73	14.0	26.7
R 国	577	151	28.2	0.7

Q国の国土面積を求めるので、必要な情報は乗用車+商業車の合計数と1km²あたりの台数。

乗用車+商業車 = 731 + 73 = 804万台

1km²あたりの台数は**26.7台**なので、国土面積は、

804万 ÷ 26.7 = 30.1万… → 30万km²

38 【2.3%】

13年度の国内営業収益（百万円）は**30744**。

スポーツ飲料の収益は**715**。

割合なので単位は省略して計算する。

715 ÷ 30744 = 0.0232…

→ 2.3%

【飲料メーカーQ社の営業収益の推移】 （単位：百万円、%）

区別＼年度（平成）	13 金額	14 金額	増減率	15 金額	増減率
国内営業収益	30,744	32,667	6.2	34,206	4.7
コーヒー飲料	24,277	24,704	1.8	24,995	1.2
茶系飲料	2,283	2,628	15.1	2,795	6.4
炭酸飲料	1,508	2,198	45.8	2,765	25.8
スポーツ飲料	715	861	20.4	1,008	17.1
その他	1,961	2,276		2,643	16.9
海外営業収益	1,435	1,494	4.5	1,633	9.1
コーヒー飲料	1,141	1,210	6.0	1,355	12.0
茶系飲料	107	114	6.5	118	3.5
炭酸飲料	16	13	△18.8	11	△15.4
スポーツ飲料	62	47	△24.2	35	
その他	109	110	0.9	114	3.6
合計	32,179	34,161	6.2	35,845	4.9

㉟【16%】

【全国メインバンク上位20行の企業数比較】

金融機関	2022年 社数（社）	シェア（%）	前年比（pt）	2021年 社数（社）	シェア（%）	前年比（pt）
A銀行	16,076	1.10	0.01	16,046	1.09	0.01
B銀行	21,422	1.46	±0.00	21,124	1.45	0.01
C銀行	76,880	5.25	±0.00	77,437	5.41	▲0.02
D銀行	14,427	0.98	▲0.01	14,291	0.98	±0.00
E銀行	17,593	1.20	0.01	17,418	1.18	0.01
F銀行	14,052	0.96	±0.00	14,027	0.96	±0.00
G銀行	30,753	2.10	0.02	30,469	2.08	0.01
H銀行	15,226	1.04	±0.00	15,198	1.05	±0.00
I銀行	16,730	1.14	±0.00	16,745	1.15	±0.00
J銀行	15,602	1.06	▲0.01	15,500	1.08	±0.00
K銀行	14,338	0.98	±0.00	14,160	0.97	±0.00
L銀行	61,831	4.22	0.01	62,291	4.35	0.01
M銀行	22,096	1.51	0.02	21,871	1.47	0.03
N銀行	16,653	1.14	±0.00	16,387	1.11	±0.00
O銀行	95,718	6.58	▲0.06	96,511	6.8	▲0.05
P銀行	20,777	1.42	0.01	20,563	1.4	±0.00
Q銀行	23,965	1.64	▲0.01	23,895	1.68	±0.00
R銀行	15,052	1.03	±0.00	14,944	1.03	▲0.01
S銀行	18,068	1.23	▲0.01	17,993	1.24	・
T銀行	15,254	1.04	▲0.01	15,319	1.08	0.01

2022年のシェア（%）の欄で、1位は6.58％の〇銀行、2位は5.25％のC銀行、3位は4.22％のL銀行。この3行の合計シェアは、
6.58 + 5.25 + 4.22 = 16.05% → 16%

㊵【4億4,000万円】

【P国の税収益】

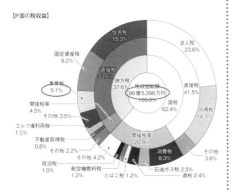

税収益総額が86億5398万円で、そのうち事業税の割合は5.1％なので、
865398万× 0.051 ＝ 44135万円
　→4億4000万円
※ 10000万→1億（ゼロを4つ減らす）

※お疲れ様でした。
「玉手箱」の計数は、ほとんどの受検者が、制限時間内に全問を解くことは難しいと感じるようです。1回目で制限時間内で解けなくても、まったく問題ありません。
最初は解けない場合でも、「玉手箱の対策は出題パターンに対応した解法の暗記」と割り切って、本書の解き方を覚えていけば、本番で十分に対応できます。解説を読んで解法パターンを理解したうえで、もう一度やってみましょう。
練習問題を最低2周してから、「模擬試験」にチャレンジすると実力アップが実感できるでしょう。

計数・解説 ▼ ❶ 図表の読み取り

●解説は基本的に、□のない辺を先に計算する方法で記載されてます。□＝の式にしてからまとめて計算してもかまいません。**他辺に移したときの＋－×÷の記号と位置がどう変わるかを判断できるようにしましょう。**

㊸【41】
$7 \times 11 = \square + 36$←左辺を計算
$77 = \square + 36$←＋36を左辺へ（－36）
$77 - 36 = 41 = \square$
【即解】選択肢の一の位が異なるため、一の位だけ計算。**$7 \times 1 = 7$。$7 - 6 = 1$**なので、□の一の位は**1**。一の位が1の選択肢は41だけ。

㊷【144】
$8 + 11 + 17 = \square \div 4$←左辺を計算
※割り算（÷4）を先に左辺へ移してから計算する場合は、$(8 + 11 + 17) \times 4$のようにかっこでくくる。$8 + 11 + 17 \times 4$とはしない。
$36 = \square \div 4$←÷4を左辺へ（×4）
$36 \times 4 = 144 = \square$

※以下、「計算」とある箇所は、なるべく暗算か筆算でできるように練習しておくとよいでしょう。志望企業の適性検査が電卓が使える検査だとわかっている場合は、電卓で練習しましょう。

㊸【4/45】
$0.1 = \square \times 9/8$←分数に揃えて計算

$\dfrac{1}{10} = \square \times \dfrac{9}{8}$←$\times \dfrac{9}{8}$を左辺へ（$\div \dfrac{9}{8}$）

$\dfrac{1}{10} \div \dfrac{9}{8} = \dfrac{1}{{}_5 10} \times \dfrac{8^4}{9} = \dfrac{4}{45} = \square$

㊹【－80】
$\square + 266 = 186$←＋266を右辺へ（－266）
$\square = 186 - 266 = -80$

㊺【5】
$3 + 77 = \square \times 16$←左辺を計算
$80 = \square \times 16$←×16を左辺へ（÷16）
$80 \div 16 = 5 = \square$

㊻【16】
$0.04 \times \square = 0.8 \times 0.8$←右辺を計算
$0.04 \times \square = 0.64$←$0.04 \times$を右辺へ（÷**0.04**）
$\square = 0.64 \div 0.04 = 16$
【即解】0.8を10倍すると右辺は$8 \times 8 = 64$。右辺は10倍×10倍したので100倍になっている。左辺も100倍すると$0.04 \times 100 = 4$。
$4 \times \square = 64$
$\square = 64 \div 4 = 16$

㊼【4】
$(13 + \square) \times 7 = 119$←×7を右辺へ（÷**7**）
$13 + \square = 119 \div 7$←右辺を計算
$13 + \square = 17$←$13 +$を右辺へ（－**13**）
$\square = 17 - 13 = 4$

㊽【87】
$17 + 43 + \square = 147$←左辺を計算
$60 + \square = 147$←$60 +$を右辺へ（－**60**）
$\square = 147 - 60 = 87$

㊾【216】
$9/11 \times 33 = \square \div 8$←左辺を計算

$\dfrac{9}{{}_1 11} \times 33^3 = \square \div 8$

$27 = \square \div 8$←÷8を左辺へ（×**8**）
$27 \times 8 = 216 = \square$

㊿【6】
$14/5 \div 7/15 = \square$←分数は逆数にしてかける（÷7/15は×15/7になる）

$$\frac{\overset{2}{14}}{\underset{1}{5}} \times \frac{\overset{3}{15}}{\underset{1}{7}} = 6 = \square$$

⑤１ 【5】

$0.125 \times \square = 0.25 \div 0.4$ ←右辺を計算

$0.125 \times \square = 0.625$

←$0.125 \times$ を右辺へ（÷**0.125**）

$\square = 0.625 \div 0.125 = 5$

【別解】分数に直してから計算する。

$1/8 \times \square = 1/4 \div 2/5$

←$1/8 \times$ を右辺へ（÷**1/8**）

$\square = 1/4 \div 2/5 \div 1/8$

←分数の割り算は逆数にしてかける

$\square = 1/4 \times 5/2 \times 8$

$\square = \dfrac{1 \times 5}{4 \times 2} \times 8 = \dfrac{5}{\underset{1}{8}} \times \overset{1}{8} = 5$

⑤２ 【48】

$\square \div 4 + 10 = 22$ ← 10を右辺へ（− 10）

$\square \div 4 = 22 − 10$ ←÷4を右辺へ（×**4**）

$\square = (22 − 10) \times 4 = 48$

⑤３ 【75】

$0.08 + 0.4 = 36 \div \square$ ←左辺を計算

$0.48 = 36 \div \square$ ← 36 ÷のまま左辺へ

$36 \div 0.48 = 75 = \square$

⑤４ 【0.3】

$30 \times \square = 100 \times 0.09$ ←右辺を計算

$30 \times \square = 9$ ← 30×を右辺へ（÷30）

$\square = 9 \div 30 = 0.3$

⑤５ 【1/12】

$1/4 + \square = 1/3$ ← 1/4＋を右辺へ（− 1/4）

$\square = \dfrac{1}{3} − \dfrac{1}{4} = \dfrac{4}{12} − \dfrac{3}{12} = \dfrac{1}{12}$

⑤６ 【40】

$27 − 62 = 5 − \square$ ←左辺を計算

$− 35 = 5 − \square$ ← 5 −のまま左辺の− 35 の

前へ（−と−で＋になる）

$5 + 35 = 40 = \square$

⑤７ 【8】

$49 \div 56 = 7 \div \square$ ←左辺を計算

$0.875 = 7 \div \square$ ← **7** ÷のまま左辺へ

$7 \div 0.875 = 8 = \square$

【即解】左辺の49が右辺では49の1/7の7

になっているので、左辺の56を1/7倍（÷ 7）

すると□になる。

$\square = 56 \div 7 = 8$

両辺を分数にしても解ける。（左辺を約分）

$\dfrac{49}{56} = \dfrac{7}{8} = \dfrac{7}{\square}$なので、□は**8**。

⑤８ 【4.4】

$7 \times \square + 3 \times \square = 44$ ← 2つの□をまとめる

$(7 + 3) \times \square = 44$

$10 \times \square = 44$ ← 10×を右辺へ（÷10）

$\square = 44 \div 10 = 4.4$

⑤９ 【0.06】

$0.42 \div \square = 7$ ← **0.42** ÷のまま右辺へ

$\square = 0.42 \div 7 = 0.06$

⑥０ 【500】

$2 \div 0.2 = 0.02 \times \square$

← $0.02 \times$ を左辺へ（÷ **0.02**）

$2 \div 0.2 \div 0.02 = 500 = \square$

【即解】左辺を暗算して $2 \div 0.2 = 10$。

$0.02 \times \square$ が 10 なので、□は 500。

⑥１ 【3/4】

$\square \times \square = 0.5625$

5625を素因数分解して「5 × 5 × 5 × 5 × 3 ×

3」＝「5 × 5 × 3」×「5 × 5 × 3」＝「75 ×

75」。**0.5625 = 0.75 × 0.75**。0.75 = 3/4

【即解】電卓で0.5625√と入力して0.75。

62 【28】

240の□％ ＝ 67.2

←「の□％」は「×□％」と読みかえる

240 × □％ ＝ 67.2 ←240×を右辺へ（÷240）

□％ ＝ 67.2 ÷ 240 ＝ 0.28 → 100倍して28

【即解】選択肢が離れた数なので概算する。

70 ÷ 240 ＝ 0.29… → 近い選択肢は28

63 【0.5】

25 ÷ □ － 12 ＝ 38 ← － 12を右辺へ（＋ 12）

25 ÷ □ ＝ 38 ＋ 12 ← 右辺を計算

25 ÷ □ ＝ 50 ← **25 ÷** をそのまま右辺へ

□ ＝ 25 ÷ 50 ＝ 0.5

64 【0.725】

3/5 ＋ 1/8 ＝ □

選択肢が小数なので小数にして計算する。

3/5 ＝ 0.6、1/8 ＝ 0.125。

0.6 ＋ 0.125 ＝ 0.725

【別解】通分して計算してから小数にする。

24/40 ＋ 5/40 ＝ 29/40

29 ÷ 40 ＝ 0.725

65 【8411.65】

8460 － □ ＝ 48.35

← **8460 －** をそのまま右辺へ

□ ＝ 8460 － 48.35 ＝ 8411.65

【即解】選択肢の桁が異なるので概算できる。

8500 － 50 ＝ 8450 → 近い選択肢は8411.65

66 【160】

900 － (□ ＋ 520) ＝ 85 ＋ 135 ← 右辺を計算

900 － (□ ＋ 520) ＝ 220

← **900 －** をそのまま右辺へ

□ ＋ 520 ＝ 900 － 220 ← ＋ 520を右辺へ

□ ＝ 900 － 220 － 520 ＝ 160

67 【1】

3 × 4/7 ＝ □ ÷ 7/12 ← 左辺を計算

12/7 ＝ □ ÷ 7/12

← ÷ 7/12を左辺へ（× 7/12）

12/7 × 7/12 ＝ 1 ＝ □

【即解】12/7 ＝ □ ÷ 7/12。**12/7 が 7/12 の逆**

数なので、□ は 1 。

68 【2.25】

□ × 8/3 ＝ 6 ← × 8/3を右辺へ（÷ 8/3）

$$\square = 6 \div \frac{8}{3} = \overset{3}{6} \times \frac{3}{\underset{4}{8}} = \frac{9}{4} = 9 \div 4 = 2.25$$

69 【0.5】

□ × 0.5 ＝ 18 ÷ 72 ← 右辺を計算

□ × 0.5 ＝ 0.25 ← × 0.5を右辺へ（÷ 0.5）

□ ＝ 0.25 ÷ 0.5 ＝ 0.5

【別解】分数で計算する。18/72 ＝ 1/4。

□ ＝ 1/4 ÷ 1/2 ＝ 1/2 ＝ 0.5

70 【120】

3900 － □ × 15 ＝ 2100

← **3900 －** をそのまま右辺へ

□ × 15 ＝ 3900 － 2100 ← 右辺を計算

□ × 15 ＝ 1800 ← × 15を右辺へ（÷ 15）

□ ＝ 1800 ÷ 15 ＝ 120

71 【16】

9/40 ＝ 3.6 ÷ □ ← 3.6 ÷ をそのまま左辺へ

$$3.6 \div \frac{9}{40} = \overset{4}{\underset{1}{3.6}} \times \frac{\overset{4}{40}}{\underset{1}{9}} = 16 = \square$$

【別解】9/40 ＝ 3.6/□

3.6 ÷ 9 ＝ 0.4 ← 9の0.4倍が3.6

40 × 0.4 ＝ 16 ← 40を0.4倍する

72 【15】

11 － 30 ÷ □ ＝ 9 ← 11 － をそのまま右辺へ

30 ÷ □ ＝ 11 － 9 ← 右辺を計算

$30 \div \square = 2$ ←30÷をそのまま右辺へ

$\square = 30 \div 2 = 15$

【即解】11から30÷□を引くと9になるので、

30÷□は2。よって□は15。

73【0.575】

$1/4 + 1/5 + 1/8 = \square$←小数にして計算

$1 \div 4 + 1 \div 5 + 1 \div 8$

$= 0.25 + 0.2 + 0.125 = 0.575 = \square$

【別解】通分して計算してから小数にする。

$10/40 + 8/40 + 5/40 = 23/40$

$23 \div 40 = 0.575$

74【600】

53の□％＝318←「の□％」は「×□％」

$53 \times \square \% = 318$←53×を右辺へ（÷53）

$\square \% = 318 \div 53 = 6$

→100倍して％で表すと**600％**。

【即解】概算して**300 ÷ 50 = 6**。

75【80/3】

$16 = 0.6 \times \square$←分数にして計算

$16 = \dfrac{6}{10} \times \square$←$\dfrac{6}{10} \times$を左辺へ（÷$\dfrac{6}{10}$）

$16 \div \dfrac{6}{10} = \overset{8}{16} \times \dfrac{10}{\underset{3}{6}} = \dfrac{80}{3} = \square$

76【24.75】

$11 = \square \div 9/4$ ←÷9/4を左辺へ（×9/4）

$11 \times \dfrac{9}{4} = \dfrac{99}{4} = 99 \div 4 = 24.75 = \square$

【別解】9/4を小数にして計算する。

$9 \div 4 = 2.25$

$11 = \square \div 2.25$←÷2.25を左辺へ（×2.25）

$11 \times 2.25 = 24.75 = \square$

77【1/20】

$\square \div 1/2 = 5 \div 50$←右辺を計算

$\square \div 1/2 = 1/10$←÷1/2を右辺へ（×1/2）

$\square = \dfrac{1}{10} \times \dfrac{1}{2} = \dfrac{1}{20}$

【即解】右辺の50が左辺では1/100の1/2になっているので、右辺の5を1/100倍すると□になる。

$\square = 5 \times 1/100 = 1/20$

両辺を分数にしても解ける。□/0.5 = 5/50なので、□は5の1/100で**1/20**。

78【1/1000】

$0.023 \div \square = 23$←0.023÷をそのまま右辺へ

$\square = 0.023 \div 23 = 0.001 \to 1/1000$

【即解】0.023を23にするには×1000すればよい。割り算では÷**1/1000**。

79【2/5】

$1/10 \div \square = 1/8 + 1/8$←右辺を計算

$1/10 \div \square = 1/4$←1/10÷をそのまま右辺へ

$\square = \dfrac{1}{10} \div \dfrac{1}{4} = \dfrac{1}{\underset{5}{10}} \times \overset{2}{4} = \dfrac{2}{5}$

80【4/25】

$\square \div 1/5 = 0.8$←小数を分数にして計算

$0.8 = 8/10 = 4/5$

$\square \div 1/5 = 4/5$←÷1/5を右辺へ（×1/5）

$\square = \dfrac{4}{5} \times \dfrac{1}{5} = \dfrac{4}{25}$

81【0.07】

$9/5 + 3/10 = 30 \times \square$←左辺を計算

$9/5 + 3/10 = 18/10 + 3/10 = 21/10$

$21/10 = 30 \times \square$←30×を左辺へ（÷30）

$21/10 \div 30 = \square$

$21/10 \times 1/30 = 7/100 = 0.07 = \square$

82【5/2】

$7/5 + 0.2 = 4 \div \square$←左辺を計算

$\dfrac{7}{5} + \dfrac{2}{\underset{5}{10}}^{1} = \dfrac{8}{5}$

$$\frac{8}{5} = 4 \div \square \leftarrow 4 \div \text{をそのまま左辺へ}$$

$$4 \div \frac{8}{5} \overset{1}{} = 4 \times \frac{5}{8_2} = \frac{5}{2} = \square$$

83 【0.06】

$4/5 + 1/25 = 0.9 - \square \leftarrow$ 分数に揃える

$4/5 + 1/25 = 9/10 - \square$

$\leftarrow$ **9/10** $-$ をそのまま左辺へ

9/10 $- (4/5 + 1/25) = \square \leftarrow$ 通分して計算

$45/50 - 40/50 - 2/50 = 3/50 = \square$

$\mathbf{3 \div 50 = 0.06 = \square}$

【別解】小数で計算してもよい。4/5 は 0.8 で、1/25 は 0.04。

$0.8 + 0.04 = 0.9 - \square$

$\mathbf{0.9 - 0.8 - 0.04 = 0.06 = \square}$

84 【62.5】

$5/8 = \square \% \leftarrow$ 分数を割り算にする

$\mathbf{5 \div 8 = 0.625 \rightarrow 0.625 \times 100 = 62.5\%}$

85 【4】

$\square + 124 = \square \times 32 \leftarrow \square +$ を右辺へ（$- \square$）

$124 = \square \times 32 - \square \leftarrow \square$ を $\square \times 1$ とする

$124 = \square \times 32 - \square \times 1$

$\leftarrow 32$ と 1 をかっこでくくる

$124 = \square \times (32 - 1)$

$124 = \square \times 31 \leftarrow \times 31$ を左辺へ（$\div 31$）

$\mathbf{124 \div 31 = 4 = \square}$

【即解1】同じ考え方だが、以下のように理解しておくと、スピードアップにつながる。

$\square + 124 = \square \times 32$

↑両方から□1つ分を引けば、

左辺：$\square + 124 - \square = 124$

右辺：$\square \times 32 - \square = \square \times 31$

$124 = \square \times 31$

$\mathbf{124 \div 31 = 4}$

【即解2】□に選択肢をあてはめて計算して4。

86 【8】

$6 \times \square \div 15 = 144 \div 9 \div 5 \leftarrow$ 右辺を計算

$6 \times \square \div 15 = 3.2 \leftarrow$ 両辺に 15 をかける

$6 \times \square = 3.2 \times 15 = 48 \leftarrow$ 両辺を 6 で割る

$\square = 48 \div 6 = 8$

【別解】$6 \times \square \div 15 = 144 \div 9 \div 5$

$\leftarrow$ 割り算を分数にする

$$\frac{6 \times \square}{15} = 144 \times \frac{1}{9} \times \frac{1}{5} = \frac{144}{\underset{5}{45}}^{16} = \frac{16}{5}$$

$\leftarrow$ 右辺と左辺を 15 で通分する（16/5 の分子と分母に 3 をかける）

$$\frac{6 \times \square}{15} = \frac{16 \times 3}{5 \times 3} = \frac{48}{15}$$

$6 \times \square = 48$

$\square = 48 \div 6 = 8$

87 【10】

$(37 - 4) \times 3 = (\square + 1)(\square - 1)$

$\leftarrow$ 公式を使って展開する

$(37 - 4) \times 3 = \square^2 - 1 \leftarrow -1$ を左辺へ（$+1$）

$(37 - 4) \times 3 + 1 = \square^2 \leftarrow$ 左辺を計算

$\mathbf{33 \times 3 + 1 = 99 + 1 = 100 = \square^2}$

$\square = \pm 10$　選択肢の中では **10**。

88 【8.5】

$6 \times (\square - 5.5) = 8 \div 4/9 \leftarrow 6 \times$ を右辺へ（$\div 6$）

$\square - 5.5 = 8 \div \dfrac{4}{9} \div 6 \leftarrow$ 右辺を計算

$\square - 5.5 = \overset{1}{}\,8\,{}^{2} \times \dfrac{9}{4_1}^{3} \times \dfrac{1}{6}_{2}\,{}_1 = 3$

$\leftarrow - 5.5$ を右辺へ（$+ 5.5$）

$\square = 3 + 5.5 = 8.5$

89 【48】

$1/4 + 1/6 = 8 \div \square + 12 \div \square \leftarrow$ 左辺を計算

右辺は 8 と 12 をかっこでくくる。

$5/12 = (8 + 12) \div \square \leftarrow$ 右辺を計算

$5/12 = 20 \div \square \leftarrow 20$ をそのまま左辺へ

$20 ÷ 5/12 = □$ ←左辺を計算

$20 ÷ \dfrac{5}{12}^{4} = 20 × \dfrac{12}{5}_{1} = 48 = □$

【別解】$5/12 = 20 ÷ □$

← $20 ÷ □$ を分数にする

$5/12 = 20/□$

←左辺 $5/12$ の分子と分母を 4 倍する

$20/48 = 20/□$

分子が同じなので分母も同じ。

$□ = 48$

90 【1/4】

$33 ÷ □ ÷ 8 = 3.3 × 5$ ←右辺を計算

$33 ÷ □ ÷ 8 = 16.5$ ← $÷ 8$ を右辺へ（$× 8$）

$33 ÷ □ = 16.5 × 8$ ← $33 ÷$ をそのまま右辺へ。$16.5 × 8$ はかっこでくくる。

$□ = 33 ÷ (16.5 × 8) = 33 ÷ 132 = 0.25$

$0.25 = 1/4$

※四則逆算①が終わりました。お疲れ様でした。慣れてきたら、問題と選択肢を見比べて、速く解けるように工夫して解いてみましょう。

---

2 四則逆算② ▶本冊62〜67ページ

● ここからは、$□ =$ の式をつくり、まとめて計算する方法を紹介します。この方法では電卓で一気に計算できますが、かっこでくくるなど、計算順序を間違えないように注意する必要があります。できるだけ概算や暗算で速く解けるようにしましょう。

91 【16】

$5 × 7 = □ + 19$ ← $+ 19$ を左辺へ（$- 19$）

$□ = 5 × 7 − 19 = 16$

※かけ算を先に、引き算を後に計算する。

92 【110】

$4 + 8 + 10 = □ ÷ 5$ ←左辺を計算

$22 = □ ÷ 5$ ← $÷ 5$ を左辺へ（$× 5$）

$□ = 22 × 5 = 110$

93 【2/3】

$1 = □ × 3/2$ ← $× 3/2$ を左辺へ（$÷ 3/2$）

$1 ÷ \dfrac{3}{2} = 1 × \dfrac{2}{3} = \dfrac{2}{3} = □$

94 【355】

$□ + 132 = 487$ ← $+ 132$ を右辺へ（$- 132$）

$□ = 487 − 132 = 355$

95 【7】

$3 + 25 = □ × 4$ ← $× 4$ を左辺へ（$÷ 4$）

$(3 + 25) ÷ 4 = 28 ÷ 4 = 7 = □$

96 【20】

$0.008 × □ = 0.4 × 0.4$

← $0.008 ×$ を右辺へ（$÷ 0.008$）

$□ = 0.4 × 0.4 ÷ 0.008 = 20$

97 【11】

$(5 + □) × 9 = 144$ ← $× 9$ を右辺へ（$÷ 9$）

$5 + □ = 144 ÷ 9$ ← $5 +$ を右辺へ（$- 5$）

$□ = 144 ÷ 9 − 5 = 11$

98 【21】

$9 + 12 + □ = 42$

← $9 + 12 = 21$。21 を右辺へ（$- 21$）

$□ = 42 − 21 = 21$

99 【70】

$5/3 × 21 = □ ÷ 2$ ← $÷ 2$ を左辺へ（$× 2$）

$\dfrac{5}{3}_{1} × 21^{7} × 2 = 35 × 2 = 70 = □$

100 【12】

27/6 ÷ 3/8 ＝□←分数を逆数にしてかける。÷ 3/8 は×8/3になる

$$□ = \frac{\overset{3}{\cancel{\underset{1}{\cancel{27}}}}\ \overset{9}{6}}{}×\frac{\overset{4}{8}}{\underset{1}{3}} = 12$$

101 【24】

0.25 ×□＝ 1.08 ÷ 0.18
←0.25 ×を右辺へ（÷ 0.25）
□ ＝ 1.08 ÷ 0.18 ÷ 0.25 ＝ 24

102 【90】

□ ÷ 6 ＋ 9 ＝ 24 ←＋ 9を右辺へ（− 9）
□ ÷ 6 ＝ 24 − 9 ←÷ 6を右辺へ（× 6）
□ ＝（24 − 9）× 6 ＝ 90

103 【100】

0.02 ＋ 0.3 ＝ 32 ÷□←32 ÷をそのまま左辺へ
32 ÷（0.02 ＋ 0.3）＝ 32 ÷ 0.32 ＝ 100

104 【0.3】

8 ×□＝ 60 × 0.04 ←8 ×を右辺へ（÷ 8）
□ ＝ 60 × 0.04 ÷ 8 ＝ 0.3

105 【1/20】

1/5 ＋□＝ 1/4 ←1/5 ＋を右辺へ（− 1/5）

$$□ = \frac{1}{4} - \frac{1}{5} = \frac{5}{20} - \frac{4}{20} = \frac{1}{20}$$

106 【39】

11 − 48 ＝ 2 −□←2 −をそのまま左辺へ。
11 − 48をかっこでくくる
2 −（11 − 48）＝ 2 ＋ 37 ＝ 39 ＝□

107 【10】

28 ÷ 35 ＝ 8 ÷□←8 ÷をそのまま左辺へ。
28 ÷ 35をかっこでくくる
8 ÷（28 ÷ 35）＝ 8 ÷ 0.8 ＝ 10 ＝□
【別解】両辺が割り算の式は、比や分数にして

も解ける。
比…28 ÷ 35 ＝ 8 ÷□ → 28：35 ＝ 8：□
内項の積＝外項の積より、
35 × 8 ＝ 28 ×□
□ ＝ 35 × 8 ÷ 28 ＝ 10
分数…28 ÷ 35 ＝ 8 ÷□ → 28/35 ＝ 8/□
28 ÷ 8 ＝ 3.5
35 ÷ 3.5 ＝ 10

108 【2.1】

3 ×□＋ 7 ×□＝ 21 ←3と7をかっこでくくる
（3 ＋ 7）×□＝ 21
10 ×□＝ 21 ←10 ×を右辺へ（÷ 10）
□ ＝ 21 ÷ 10 ＝ 2.1

109 【0.05】

0.25 ÷□＝ 5 ←0.25 ÷をそのまま右辺へ
□ ＝ 0.25 ÷ 5 ＝ 0.05

110 【250】

7 ÷ 0.7 ＝ 0.04 ×□
←0.04 ×を左辺へ（÷ 0.04）
7 ÷ 0.7 ÷ 0.04 ＝ 250 ＝□
【即解】左辺を暗算して、7 ÷ 0.7 ＝ 10。
10 ＝ 0.04 ×□←両辺を100倍する
1000 ＝ 4 ×□ → □ ＝ 250

111 【1/8】

□ ×□＝ 0.015625
15625を素因数分解すると「5 × 5 × 5 × 5 × 5 × 5」＝「125 × 125」。
0.015625 ＝ 0.125 × 0.125

$$0.125 = \frac{\overset{1}{\cancel{125}}}{\underset{8}{1000}} = \frac{1}{8}$$

【即解】電卓で0.015625√と入力して0.125。

112 【46】

160の□％＝ 73.6 ←「の□％」は「×□％」
160 ×□％＝ 73.6 ←160 ×を右辺へ（÷ 160）

□% = 73.6 ÷ 160 = 0.46 → 46%

【即解】70は160の約50%なので、近い選択肢の46を選ぶ。

⑪③【0.5】

15 ÷ □ − 9 = 21 ← − 9を右辺へ（＋9）

15 ÷ □ = 21 + 9 ← 15 ÷をそのまま右辺へ

□ = 15 ÷ (21 + 9) = 0.5

⑪④【0.85】

1/4 + 3/5 = □ ← 通分して計算

$$\frac{1}{4} + \frac{3}{5} = \frac{1 \times 5 + 4 \times 3}{20} = \frac{5 + 12}{20} = \frac{17}{20} = □$$

17 ÷ 20 = 0.85

【即解】1/4 = 0.25、3/5 = 0.6。

0.25 + 0.6 = 0.85

⑪⑤【5580.36】

5610 − □ = 29.64

← 5610 −をそのまま右辺へ

□ = 5610 − 29.64 = 5580.36

【即解】選択肢の桁が違うので、概算する。

6000 − 30 = 5970に近いのは5580.36。

⑪⑥【1】

3 × 3/4 = □ ÷ 4/9 ← 左辺を計算する

9/4 = □ ÷ 4/9 ← ÷ 4/9は× 9/4

9/4 = □ × 9/4

□に9/4をかけて9/4なので、□は1。

【別解】3 × 3/4 = □ ÷ 4/9

← ÷ 4/9を左辺へ（× 4/9）

$$3 \times \frac{3}{4} \times \frac{4}{9} = 1 = □$$

⑪⑦【7.2】

□ × 5/4 = 9 ← × 5/4を右辺へ（÷ 5/4）

$$□ = 9 ÷ \frac{5}{4} = 9 \times \frac{4}{5} = \frac{36}{5}$$

$$□ = \frac{36}{5} = 36 ÷ 5 = 7.2$$

【即解】5 × 7 = 35なので、**36/5を約7**と考えて、**7.2**を選ぶ。

⑪⑧【0.8】

□ × 0.2 = 8 ÷ 50 ← 両辺を0.2で割る

□ = 8 ÷ 50 ÷ 0.2 = 0.8

⑪⑨【40】

1900 − □ × 10 = 1500

← 1900 −をそのまま右辺へ

□ × 10 = 1900 − 1500

← × 10を右辺へ（÷ 10）

□ = (1900 − 1500) ÷ 10 = 40

【即解】1900から□ × 10を引くと1500。

□ × 10 = 400より □ = 40と暗算する。

⑫⓪【8】

3/10 = 2.4 ÷ □ ← 2.4 ÷をそのまま左辺へ

$$2.4 ÷ \frac{3}{10} = 2.4 ÷ 0.3 = 8 = □$$

⑫①【0.425】

1/5 + 1/8 + 1/10 = □ ← 小数にして計算

□ = 1 ÷ 5 + 1 ÷ 8 + 1 ÷ 10

= 0.2 + 0.125 + 0.1 = 0.425

⑫②【600】

38の□% = 228 ← 「の□%」は「× □%」

38 × □% = 228 ← 38 ×を右辺へ（÷ 38）

□% = 228 ÷ 38 = 6 → 600%

【即解】230 ÷ 40 ÷ 6倍で600%と概算。

⑫③【25】

10 = 0.4 × □ ← 0.4 ×を左辺へ（÷ 0.4）

10 ÷ 0.4 = 25 = □

【即解】0.4に□をかけると10になるので、□は25と暗算する。

4に□をかけると100なので25と考えても
よい。

124 【7】

$72 \div (25 - □) = 4$ ←**72÷**をそのまま右辺へ

$(25 - □) = 72 \div 4$ ←右辺を計算

$25 - □ = 18$ ←**25** をそのまま右辺へ

$□ = 25 - 18 = 7$

【即解】72をいくつで割ると4になるかを考える。$72 \div 4 = 18$なので、$25 - 18 = 7$。

125 【9】

$5 - 18 \div □ = 3$ ←**5 -** をそのまま右辺へ

$18 \div □ = 5 - 3$

←右辺を計算。**18÷**をそのまま右辺へ

$□ = 18 \div 2 = 9$

【即解1】$5 - 18 \div □ = 3$ の $18 \div □$ は**2**に置き換えられるので、$□ = 9$。

【即解2】選択肢が整数なので、**18÷□も整数**。選択肢であてはまる数は9だけ。

126 【4.8】

$8 = □ \div 3/5$ ←小数にして計算

$3/5 = 6/10 = 0.6$

$8 = □ \div 0.6$ ←÷0.6を左辺へ（×0.6）

$8 \times 0.6 = 4.8 = □$

127 【1/40】

$□ \div 1/4 = 3 \div 30$ ←分数にして計算

$□ \div \dfrac{1}{4} = \dfrac{3}{30}$ ← $\div \dfrac{1}{4}$ を右辺へ（$\times \dfrac{1}{4}$）

$□ = \dfrac{\overset{1}{3}}{\underset{10}{30}} \times \dfrac{1}{4} = \dfrac{1}{40}$

【即解】右辺の**3**は**30**の**1/10**なので、左辺の**□も1/4の1/10で1/40**。

128 【6】

$(89 - 19) \div 2 = (□ + 1)(□ - 1)$

←公式を使って展開する

$(89 - 19) \div 2 = □^2 - 1$ ←左辺を計算

$35 = □^2 - 1$ ← **- 1** を左辺へ（**+ 1**）

$35 + 1 = □^2$

$□ = \pm 6$

選択肢の中では**6**。

129 【1/4】

$1/8 \div □ = 1/4 + 1/4$

←**1/8÷**をそのまま右辺へ

$□ = 1/8 \div (1/4 + 1/4)$

$□ = \dfrac{1}{8} \div \dfrac{1}{2} = \dfrac{1}{8} \times 2 = \dfrac{\overset{1}{2}}{\underset{4}{8}} = \dfrac{1}{4}$

130 【1/12】

$□ \div 1/3 = 0.25$ ← **÷ 1/3** を右辺へ（**× 1/3**）

$□ = 0.25 \times 1/3$ ←分数にして計算

$□ = \dfrac{1}{4} \times \dfrac{1}{3} = \dfrac{1}{12}$

【即解】**÷1/3は×3**。**□を3倍すると0.25 = 1/4になるので、□は1/4の1/3で1/12。**

131 【0.062】

$5/4 + 3/10 = 25 \times □$ ←**25×**を左辺へ（÷**25**）

$(5/4 + 3/10) \div 25 = □$ ←小数にして計算

$(5 \div 4 + 3 \div 10) \div 25 = □$

$1.25 + 0.3 = 1.55 \div 25 = 0.062 = □$

132 【5/3】

$2/5 + 0.2 = 1 \div □$ ←**1÷**をそのまま左辺へ

$1 \div (2/5 + 0.2) = □$ ←分数にして計算

$1 \div (\dfrac{2}{5} + \dfrac{\overset{1}{2}}{\underset{5}{10}}) = 1 \div \dfrac{3}{5} = 1 \times \dfrac{5}{3} = □$

133 【0.05】

$3/4 + 1/10 = 0.9 - □$ ←小数にして計算

$0.75 + 0.1 = 0.9 - □$ ←**0.9 -** をそのまま左辺へ。$0.75 + 0.1$ をかっこでくくる

$0.9 - (0.75 + 0.1) = 0.05 = □$

➊➌➍【0.2】

$1/2 ÷ (0.45 − □) = 1 ÷ 1/2$

←左辺の1/2は0.5にする。右辺の1÷1/2
は暗算。1×2＝2より右辺は2。

$0.5 ÷ (0.45 − □) = 2$

←**0.5÷**をそのまま右辺へ

$0.45 − □ = 0.5 ÷ 2$←右辺を計算して0.25。
$0.45 −$はそのまま右辺へ

$□ = 0.45 − 0.25 = 0.2$

➊➌➎【2】

$□ + 88 = □ × 45$←**□**を右辺へ（−□）

$88 = □ × 45 − □$←**□は□×1**

$88 = □ × 45 − □ × 1$

←45と1をかっこでくくる

$88 = □ × (45 − 1) = □ × 44$

←**×44**を左辺へ（÷**44**）

$88 ÷ 44 = 2 = □$

【即解1】$□ + 88 = □ × 45$
↑両方から□1つ分を引けば、
右辺：$□ + 88 − □ = 88$
左辺：$□ × 45 − □ = □ × 44$

$88 = □ × 44$

暗算して、$□＝2$。

【即解2】□に選択肢をあてはめて計算して2。

➊➌➏【180】

$650 − (□ + 320) = 65 + 85$←**650 −**をそ
のまま右辺へ。65＋85をかっこでくくる

$□ + 320 = 650 − (65 + 85)$

←**+320**を右辺へ（−**320**）

$□ = 650 − (65 + 85) − 320 = 180$

【即解】$65 + 85 = 150$。650から（$□ + 320$）
を引くと150になるので、（$□ + 320$）は500
だと暗算する。あてはまる選択肢は180。

➊➌➐【9】

$5 × □ ÷ 6 = 105 ÷ 7 ÷ 2$←右辺を計算して
7.5

$5 × □ ÷ 6 = 7.5$

←5×を右辺へ（÷**5**）、÷6を右辺へ（×**6**）

$□ = 7.5 ÷ 5 × 6 = 9$

➊➌➑【6.5】

$2 × (□ − 1.5) = 8 ÷ 4/5$←右辺を計算して
10。2×を右辺へ（÷**2**）

$□ − 1.5 = 10 ÷ 2$←右辺を計算して5。−1.5
を右辺へ（+**1.5**）

$□ = 5 + 1.5 = 6.5$

➊➌➒【70】

$1/5 + 1/7 = 11 ÷ □ + 13 ÷ □$

←11と13をかっこでくくる

$1/5 + 1/7 = (11 + 13) ÷ □$

左辺：$\dfrac{1}{5} + \dfrac{1}{7} = \dfrac{7}{35} + \dfrac{5}{35} = \dfrac{12}{35}$

右辺：$(11 + 13) ÷ □ = 24 ÷ □ = \dfrac{24}{□}$

左辺の分子（12）と分母（35）をそれぞれ2倍
して分子を右辺の24に合わせると、

$$\dfrac{12}{35} = \dfrac{24}{70} = \dfrac{24}{□}$$

$□ = 70$

➊➍➊【1/2】

$17 ÷ □ ÷ 4 = 1.7 × 5$←÷4を右辺へ（×**4**）

$17 ÷ □ = 1.7 × 5 × 4$←右辺を計算

$17 ÷ □ = 34$←**17÷**をそのまま右辺へ

$□ = 17 ÷ 34 = 0.5 = 1/2$

【別解】右から逆算していく。1.7×5＝8.5。
8.5×4＝34。17÷□＝34なので、□は
1/2。

※これで四則逆算の試験を2回分受検（学習）し
たことになります。1周目は時間内に解けなくて
も大丈夫です。繰り返すことで格段に速く解け
るようになっていきます。

⓮⓵ 【1,950円】

【在庫一掃セール価格表】

品名		通常価格（円）	セール価格（円）
P社	電動自転車	200,000	140,000
Q社	電動自転車	150,000	90,000
P社	ロードバイク	300,000	210,000
Q社	ロードバイク	250,000	150,000
R社	シティサイクル	30,000	16,500
S社	シティサイクル	25,000	12,500
R社	折りたたみ自転車	35,000	19,250
S社	折りたたみ自転車	22,000	11,000
R社	ヘルメット	6,000	3,300
S社	ヘルメット	3,900	？

S社の項目だけを見る。

シティサイクル…25000と12500←**1/2**

折りたたみ自転車…22000と11000←**1/2**

S社のセール価格は通常価格の**1/2**になっているので、ヘルメットのセール価格も通常価格（3900円）の1/2だと推測できる。

ヘルメット…3900 × 1/2 ＝ 1950円

なお、どの社の割引率も、品名にかかわらず会社ごとに一定の割引率となっている。

⓮⓶ 【11.1万t】

【L県畜産物生産量】

		1995年	1996年	1997年	1998年	1999年
肉用牛	（万t）	7.2	8.4	4.8	？	12.6
生乳	（万t）	2.4	2.8	1.6	3.7	4.2
ブロイラー	（万t）	1.8	1.7	1.5	1.9	2.1
豚	（万t）	1.5	1.4	1.5	1.6	1.6

肉用牛と他項目を比較していくと、肉用牛が最多の1999年は生乳も最多で、肉用牛が最少の1997年は生乳も最少なので、肉用牛が多いほど生乳も多いことがわかる。

肉用牛÷生乳を算出すると、

1995年…7.2 ÷ 2.4 ＝ **3.0倍**

1996年…8.4 ÷ 2.8 ＝ **3.0倍**

肉用牛は、生乳を3倍した値だと推測できる。

1998年…**3.7 × 3 ＝ 11.1万t**

※1995年と1996年がきれいに3倍なので、ここだけで判断して正解できる。

⓮⓷ 【3,594ケース】

【卸売店販売量】

	2005年	2006年	2007年	2008年	2009年	2010年
トマト缶（ケース）	4,215	4,103	4,013	3,812	3,715	？
デミグラス缶（ケース）	723	745	768	912	946	1,012

トマト缶の販売量は2005年から毎年減っている。よって、2010年のトマト缶も、**2009年の3715ケースより減っている**と推測される。3715ケースより少ない選択肢は、**3594ケースのみ**なので、これが答えになる。

⓮⓸ 【37千台】

【石油ストーブ販売数】

	2011年	2012年	2013年	2014年	2015年
平均気温 （℃）	4.1	5.0	5.8	5.6	5.2
販売数 （千台）	48	41	33	35	？

平均気温が最高の2013年は販売数が最少で、平均気温が最低の2011年は販売数が最多なので、**平均気温が低いほど販売数が多い**ことがわかる。2015年の平均気温5.2℃は、2012年5.0℃（**販売数41**）と2014年5.6℃（**販売数35**）の間にある。よって、【？】は35以上41以下と推測できる。あてはまる選択肢は**37千台**だけ。

⓮⓹ 【304億円】

【テレビの出荷台数】

	P工場	Q工場	R工場	S工場	T工場
出荷台数 （万台）	12	82	64	53	38
出荷額 （億円）	96	656	512	424	？
従業者数 （人）	25	58	39	30	25
付加価値額（億円）	35.5	249.2	168.9	158.5	96.0

出荷額と他項目を比較していくと、出荷額が最多のQは出荷台数も最多で、出荷額が最少のPは出荷台数も最少なので、**出荷台数が多いほど出荷額も多い**ことがわかる。

出荷額÷出荷台数を算出すると、

P…96 ÷ 12 = **8億円**

Q…656 ÷ 82 = **8億円**

出荷台数1万台あたりの出荷額は8億円と推測できる。Tの出荷台数は38万台なので、

38 × 8 = 304億円

146【450千人】

【市民プールの来場者数の推移】

	2010年	2011年	2012年	2013年	2014年
市民プールA（千人）	150	300	100	400	80
市民プールB（千人）	240	120	360	90	?

Aが減るとBが増えていて、逆にAが増えるとBが減っていることに着目する。AとBの前年比を計算すると、

2010→2011年…Aが 300 ÷ 150 = **2倍**
　　　　　　　Bが 120 ÷ 240 = **1/2倍**

2011→2012年…Aが 100 ÷ 300 = **1/3倍**
　　　　　　　Bが 360 ÷ 120 = **3倍**

2012→2013年…A = 400 ÷ 100 = **4倍**
　　　　　　　B = 90 ÷ 360 = **1/4倍**

AとBの前年比が、逆数になっていることがわかる。2014年のA 80は2013年400の**1/5倍**なので、2014年の市民プールBの来場者数は2013年90人の**5倍**と推測できる。

90 × 5 = 450千人

【別解】AとBの合計で見ると、**390 → 420 → 460 → 490**と、**1年で30か40増えている**。仮に、2013年の合計490から30増えた場合、2014年の合計は520。Bは 520 − 80 = 440。490から40増えた場合は合計は530で、Bは 530 − 80 = 450。どちらの場合でも推測できる最も近い選択肢は**450千人**。

147【141個】

【弁当売上個数】

		月曜日	火曜日	水曜日	木曜日
から揚げ弁当	（個）	123	136	128	?
のり弁当	（個）	82	69	72	91
幕の内弁当	（個）	66	67	98	74
総売上個数	（個）	410	452	428	469

総売上個数が多いほど、から揚げ弁当の個数も多いことがわかる。木曜日の総売上個数が469で最多なので、**から揚げ弁当の個数も最多と推測できる**。よって選択肢の中では**火曜日の136個よりも多い141個**。

【別解】総売上個数に対するから揚げ弁当の割合を計算すると、

月…123 ÷ 410 = **0.3**

火…136 ÷ 452 = 0.3008… 約**0.3**

水…128 ÷ 428 = 0.2990… 約**0.3**

から揚げ弁当は売上個数の**3割**を占めている。

469 × 0.3 = 140.7

最も近い選択肢は**141個**。

148【13人】

【メーカー別購入者の動機】

	P社製品	Q社製品	R社製品	S社製品	T社製品
口コミの評判（人）	28	21	17	36	24
メディアの紹介（人）	18	14	26	12	10
試供品の使用感（人）	6	0	0	18	10
価格と予算（人）	12	14	15	5	8
ブランド信頼性（人）	9	7	?	6	5

R以外でブランド信頼性が**最多9**のPはメディアの紹介も**最多18**で、ブランド信頼性が**最少5**のTはメディアの紹介も**最少10**。ブランド信頼性は、メディアの紹介の**1/2**であることがわかる。よってRのブランド信頼性は、

26 × 1/2 = 13人

※ブランド信頼性がメディアの紹介の1/2だと見て取れたら、すぐ解ける。

149【51件】

【電力プラン契約件数】

		Nさん	Oさん	Pさん	Qさん	Rさん
訪問件数	（件）	380	304	280	358	340
契約件数	（件）	57	46	42	54	?
契約日標件数	（件）	50	45	45	50	45
先月契約件数	（件）	48	42	41	42	43

契約件数と他項目を比較していくと、訪問件数が最多のNさんは契約件数も最多で、訪問件数が最少のPさんは契約件数も最少なので、**訪問件数が多いほど契約件数も多い**ことがわかる。

訪問件数÷契約件数を算出すると、

Nさん…380÷57＝**6.66…倍**

Oさん…304÷46＝**6.60…倍**

Pさん…280÷42＝**6.66…倍**

Qさん…358÷54＝**6.62…倍**

よって契約件数は、訪問件数を約**6.6**で割った値だと推測できる。

Rさん…340÷6.6＝51.5…件

※各列をすべて計算する必要はない。割合や比率はたいてい2つの項目の計算結果で判断できる。本番ではNとOだけ計算すればよい。

【別解】Nさん…57÷380＝0.15

Oさん…46÷304＝0.15…

なので、Rさんは340×0.15＝51。

【即解】Rさんの訪問件数340（契約件数【？】）は、Oさんの304（46）とQさんの358（54）の間にある。RさんはOさんよりQさんの方に近いので、選択肢の中では51件。

⑮⓪【85.5万円】

【TVCM放送前後各1カ月実績】

		店舗P	店舗Q	店舗R	店舗S	店舗T	店舗U
CM前	来客数（人）	480	350	280	540	430	380
	売上額（万円）	52.8	38.5	30.8	59.4	47.3	41.8
CM後	来客数（人）	720	525	420	810	645	570
	売上額（万円）	108	78.75	63	121.5	96.75	？

CM後の売上額÷来客数を計算すると、

P…108÷720＝**0.15倍**

Q…78.75÷525＝**0.15倍**

売上額は来客数の**0.15倍**になっている。よってUの売上額は、

570×0.15＝85.5万円

【別解】CM後とCM前の売上額を比較すると、

P…108÷52.8＝2.045…→**約2.045倍**

Q…78.75÷38.5＝2.045…→**約2.045倍**

約**2.045倍**であることがわかる。

よって、Uの売上額は、

41.8×2.045＝85.481万円→85.5万円

※桁数が少なくて選択肢の値が近いので、約2倍で概算すると間違えることもある。

⑮①【7,050個】

【リンゴの収穫量】

		果樹園A	果樹園B	果樹園C	果樹園D
植樹から5年未満	（本）	12	16	13	12
5～10年	（本）	10	8	8	6
10年以上	（本）	14	12	11	9
収穫個数	（個）	9,800	9,400	8,450	？

Dと他の果樹園を比べると、**DとBの各本数は同じ倍率で増減していて、すべての項目でDはBの3/4倍**となっていることがわかる。

D…12→1/2倍→6→3/2倍→9

B…16→1/2倍→8→3/2倍→12　3/4倍

よってDの収穫個数は、Bの9400個の**3/4倍**だと推測できる。

9400×3/4＝7050個

⑮②【3,410万円】

【中古マンション販売価格】

		物件A	物件B	物件C	物件D	物件E
延床面積	（m²）	110	95	150	135	120
ベランダ面積	（m²）	8	8	12	7	8
階数	（階）	12	12	5	5	7
販売価格	（万円）	3,270	3,000	3,850	3,610	？

延床面積が一番広いCは販売価格も一番高く、延床面積が一番狭いBは販売価格も一番低いことに着目する。**Eの延床面積120は、A110とD135の間**にあるので、販売価格は、

A 3270 ＜ E【？】 ＜ D 3610

選択肢では**3410万円**。

⑮③【3個】

【饅頭詰め合わせの価格】

		A箱	B箱	C箱	D箱
栗あん	（個）	2	2	3	3
小倉あん	（個）	2	0	1	？
抹茶あん	（個）	2	2	2	4
価格	（円）	900	700	1,000	1,500

各項目の個数の差と値段の差から各饅頭の値段を算出できる。

・AとBの価格の差900－700＝200円は小倉2個分なので、

小倉1個…200÷2＝100円

・Bは栗2個＋抹茶2個で700円。C1000円

から小倉1個100円を引くと、栗3個＋抹茶2個で1000－100＝900円となる。Bとは栗1個の差なので、

栗1個…900－700＝200円

・Bで抹茶2個を算出する。700－栗200×2＝300円となり、

抹茶1個…300÷2＝150円

Dの小倉の価格分は、

1500－（200×3＋150×4）＝300円

Dの小倉の個数は、

300÷100＝3個

⓸【301.2万箱】

【商品別売上】

		商品A	商品B	商品C	商品D	商品E
売上シェア	（%）	2.4	2.3	2.2	1.9	1.6
出荷量	（万箱／年）	451.8	433.0	414.1	357.7	?
価格	（円／1箱あたり）	260	289	310	278	269
カロリー	（kcal）	647	644	647	640	654

A→B→C→Dで売上シェア（%）が下がるほど出荷量も減っていることに着目する。

A…451.8÷2.4＝**188.25**

B…433.0÷2.3＝**188.26**…

売上シェア（%）の約188.25倍が出荷量になっていることがわかる。よってEの出荷量は、

1.6×188.25＝301.2万箱

⓹【6,000万円】

【陶磁器の売上高】

		1月	3月	5月	7月	9月	11月
会場総面積	（m²）	2,000	2,400	2,800	1,700	2,200	2,600
総来場者数	（人）	3,400	2,900	3,000	3,700	3,800	3,100
総売上	（万円）	6,300	5,900	5,600	6,800	7,000	?
宣伝費	（万円）	550	300	200	700	800	450

総売上が最多の9月は宣伝費も最多で、総売上が最少の5月は宣伝費も最少である。よって、**総売上は宣伝費と相関している（他の項目は関係がない）**と推測できる。11月の宣伝費450は、1月550と3月300の間なので、総売上も1月6300と3月5900の間にあることが推測できる。選択肢では**6000万円**。

⓺【45,800円】

【オフィスデスク価格表】

幅（cm）	90	100	110	120	130	140	150
デスクの高さ	700	700	700	720	720	720	720
価格（円）	31,600	32,800	34,200	36,000	38,400	41,600	?

+1200 +1400 +1800 +2400 +3200 ?

価格の変動を見ると、幅が広がるごとに増加分が以下のように増えている。

1200→＋200→1400→＋400→
1800→＋600→2400→＋800→3200

200円ずつ増えているので、この次は、

3200→＋1000（＝800＋200）→**4200**

だと推測できる。幅150cmの価格は、

41600＋4200＝45800円

⓻【33,600円】

【ベッドカバー加工見積金額】

	カバーA	カバーB	カバーC	カバーD	カバーE	カバーF
生地単価（円／m）	850	850	1,000	1,000	1,200	1,200
生地長さ（m）	10	8	10	12	10	12
加工賃（円／m）	1,200	1,200	1,400	1,400	1,600	1,600
加工時間（時間）	10	8	10	10	14	14
見積金額（円）	20,500	16,400	24,000	28,800	28,000	?

CとDは生地単価、加工賃、加工時間が同じで、生地長さと見積金額だけが異なるので、CとDの差から、生地単価が1000円の場合の生地1mあたりの見積金額を算出できる。

CとDの生地長さの差…12－10＝2m

CとDの見積金額の差…28800－24000＝4800円

生地1mあたり…4800÷2＝2400円

Cを見ると、【生地単価1000円／m＋加工賃1400円／m＝2400／m】となっており、さらに生地の長さが10m、見積金額が24000円であることから、

見積金額＝（生地単価＋加工賃）×生地長さ

だと推測できる。よってFの見積金額は、

（1200＋1600）×12＝33600円

【別解】生地長さが10mのA、C、Eの生地単価＋加工賃を算出すると、

A…850 + 1200 = 2050 → 20500
C…1000 + 1400 = 2400 → 24000
E…1200 + 1600 = 2800 → 28000
いずれも10倍すると見積金額になっていることから、
見積金額＝（生地単価＋加工賃）×生地長さ
だと推測できる。Fの見積金額は、
（1200 + 1600）× 12 = 33600円

⑮⑧【87.4%】

【F区持ち家・配偶者の有無と女性の就業割合】

		20-24歳	25-29歳	30-34歳	35-39歳	40-44歳	45-49歳	50-54歳	55-59歳
持ち家有	配偶者有（%）	25.1	29.6	37.5	51.6	65.1	64.4	61.4	45.6
	配偶者無（%）	55.2	68.4	86.0	?	90.4	87.0	70.4	42.9
持ち家無	配偶者有（%）	55.4	59.5	59.7	60.5	65.6	64.5	61.6	50.3
	配偶者無（%）	67.9	71.3	74.7	76.3	77.8	76.1	75.9	70.5

すべての項目で20-24歳から40-44歳まで増加傾向にある。**持ち家有、配偶者無の条件でも35-39歳は上昇傾向の中にある**と推測できる。**30-34歳の86.0と40-44歳の90.4の間にあてはまる選択肢は87.4%**。

⑮⑨【21万円】

【法要プラン】

		第1案	第2案	第3案	第4案	第5案	第6案
価格 （万円）		42	48	36	42	18	?
参列者 （人）		30	30	30	30	15	15
1人分の料理 （円）		8,000	10,000	8,000	10,000	8,000	10,000
1人分の引き出物（円）		5,000	5,000	3,000	3,000	3,000	3,000

1人分の料理と引き出物の値段が同じ第3案と第5案では、参列者30人が1/2の15人になると、価格36も1/2の18になっている。第4案と第6案を比べると、参列者の数以外は同じで、参列者の数が30と15で1/2。よって、【？】は**第4案の価格42万円の1/2の21万円**だと推測できる。
※なお、本問の価格の算出式は以下の通り。
価格＝（料理の値段＋引き出物の値段＋1000）
　　　×参列者数

ただし、算出式を計算するのは非常に時間がかかり他の問題を解く時間がなくなるので、解法のように同じ条件で比較をして解く。

⑯⓪【6,180百万円】

【年間売上】

	P店	Q店	R店	S店	T店
スニーカー （万足）	20	16	20	16	18
革靴 （万足）	11	11	9	13	11
サンダル （万足）	40	38	36	36	36
売上 （百万円）	6,500	6,040	5,780	6,580	?

R、S、Tのサンダルが同じ36万足なので、この3店の数値を比較して法則を見つける。
スニーカー…（R + S）÷ 2 =（20 + 16）÷ 2 = 18←Tのスニーカーは R と S の平均
（R + S）÷ 2 =（9 + 13）÷ 2 = 11←Tの革靴は R と S の平均
どの項目も、R と S の平均が T になっている。
よって、T の売上は、R と S の平均なので
（5780 + 6580）÷ 2 = 6180百万円
【別解】スニーカーをx、革靴をy、サンダルをzとして、方程式を立てる。
P…20x + 11y + 40z = 6500
Q…16x + 11y + 38z = 6040
R…20x + 9y + 36z = 5780
S…16x + 13y + 36z = 6580
20xが共通の【P − R】を計算する。
2y + 4z = 720…①
16xが共通の【Q − S】を計算する。
− 2y + 2z = − 540…②
①＋②より、
6z = 180 → z = 30
①…2y + 4 × 30 = 720 → y = 300
P…20x + 11 × 300 + 40 × 30 = 6500 →
x = 100
Tの売上は、
18 × 100 + 11 × 300 + 36 × 30 = 6180

161 【530,000円】

【支店別購入品見積】

		P支店	Q支店	R支店	S支店
デスク	（台）	5	6	5	10
サイドワゴン	（台）	15	18	15	30
モニター	（台）	5	5	10	7
金額	（千円）	275	320	325	?

PとRの違いがモニターの台数だけであることに着目する。PとRのモニターの台数の差は 10 − 5 ＝ 5台。モニター5台分の金額は、

325 − 275 ＝ 50千円

モニター1台…50 ÷ 5 ＝ 10千円

次に、Pのデスクとサイドワゴンの台数の2倍がSの同項目と同じ台数なので、Pの価格を2倍して、そこからモニター分の価格を引いてSの【？】を計算する。

Pの金額の2倍は、

275 × 2 ＝ 550千円

Sの購入品はPの2倍より、10千円のモニターが2台少ないだけなので、

550 −（10 × 2）＝ 530千円 → 530000円

162 【400円】

【中古漫画の値段】

漫画タイトル		A	B	C	D	E	F
抜け巻	（冊）	0	0	1	2	0	1
汚れのある本	（冊）	0	1	0	1	0	1
販売巻数	（冊）	20	8	8	16	8	16
値段	（円）	2,000	750	?	350	800	750

まず、抜け巻と汚れがないAとEに着目する。20冊で2000円、8冊で800円より、抜けや汚れがない場合、基本料金は1冊100円。

次に、汚れが1冊のBは、8 × 100 − 50 ＝ 750円（本来は800円）なので、汚れ1冊につき**50円**の割引とわかる。

次に、抜け巻があるDとFを見る。

Fは 16 × 100 − 50 ＝ 1550円のはずだが、1冊の抜け巻で750円（**800円の値引き**）。

Dは 16 × 100 − 50 ＝ 1550円のはずだが、2冊の抜け巻で350円（**1200円の値引き**）となっている。抜け巻が1冊増えるごとに基本

料金が半分になっていると推測できる。

抜け巻が1冊…（販売巻数 × 100円）÷ 2

抜け巻が2冊…（販売巻数 × 100円）÷ 4

Cは抜け巻が1冊で汚れがないので、

8 × 100 ÷ 2 ＝ 400円

【即解】値段が**販売巻数 × 100円**、**抜け巻1冊でおよそ半額**と推測できたら、Cは同じ8冊のE：800円の半額と考え、400円を選ぶ。他にも、F（Cの倍の販売巻数で汚れ1冊）の半額375円より少し高い400円を選ぶ方法もある。

163 【6.8万円】

【Y市賃貸マンション物件一覧】

マンション名	P	Q	R	S	T	U
家賃（万円/1カ月）	7.1	6.2	7.7	6.5	8.0	?
部屋の広さ（㎡）	23	18	23	18	28	18
築年数（年）	5	10	1	10	1	5
階数（階）	4	10	6	8	1	3
Y駅からの距離（m）	400	800	240	400	240	400

一般的に、最も家賃に反映される要素は「広さ」、「築年数」、「駅からの距離」。Uと「築年数」と「駅からの距離」が同じPに着目する。UはPより狭いのでPの**7.1万円より安い**と推測できる。次にUと「広さ」と「駅からの距離」が同じSに着目する。UはSより築年数が短いので、**Sの6.5万円より高い**と推測できる。**6.5万円より高く7.1万円より安い選択肢は、6.8万円のみ。**

164 【47人】

【運動器具ごとの利用率と客数】

集計時刻	9:00	12:00	15:00	18:00	21:00
ランニングマシン（%）	60	80	40	40	80
エアロバイク（%）	60	60	0	50	50
バーベル・ダンベル（%）	25	25	12.5	75	75
利用客数（人）	35	44	19	29	?

ランニングマシンの利用率だけが異なる9：00と12：00を比較する。利用客数の差は 44 − 35 ＝ 9人（＝9台）。この差がランニングマシンの利用率の差20％に相当する。ランニングマシンの台数は**9 ÷ 0.2 ＝ 45台**と推測できる。21：00は、18：00に比べてラン

ニングマシン利用率（＝利用台数）が**40%（45
台×40％＝18台＝18人**）多いという違いが
あるだけなので、21：00の利用者数は、
29＋18＝47人

165【23,000円】
【G地区デイサービス利用料（週4回利用）一覧表】

	施設A	施設B	施設C	施設D	施設E	施設F
利用者数（人）	18	20	16	24	15	18
職員数 （人）	5	5	4	6	5	5
施設部屋数 （部屋）	6	8	6	12	7	8
給食の回数 （回／日）	2	2	1	1	1	1
月額利用料 （円）	25,000	22,000	20,000	20,000	24,000	？

施設BとCを比べると、職員1人あたりの利
用者数が同じ（4人）で給食の回数が1回異
なっていて、月額利用料は**2000円の差**。施
設AとFも職員1人あたりの利用者数が同じ
（3.6人）で、給食の回数が1回分異なってい
るだけなので、Fの月額利用料は、
25000－2000＝23000円
【別解】給食の回数が1回のC、D、E、Fの職
員1人あたりの利用者数を算出すると、
C…16÷4＝**4人/1職員**→利用料20000円
D…24÷6＝**4人/1職員**→利用料20000円
E…15÷5＝**3人/1職員**→利用料24000円
F…18÷5＝**3.6人/1職員**
C、D**4人**＞F**3.6人**＞E**3人**なので、利用料は
**C、Dの20000円より高く、Eの24000円
より安い**と推測できる。あてはまる選択肢は
23000円のみ。

166【81,750円】
【平日のアルコール飲料注文数と売上】

	月曜日	火曜日	水曜日	木曜日	金曜日
生ビール（杯）	90	60	90	80	100
酎ハイ （杯）	40	35	40	35	45
日本酒 （杯）	30	15	45	40	35
売上合計（円）	72,500	49,750	80,750	71,500	？

月曜日と金曜日を比べると、差は以下の通り
で、すべて金曜日が多い。
生ビール…100－90＝10杯

酎ハイ…45－40＝5杯
日本酒…35－30＝5杯
**この差はちょうど水曜日と木曜日の差に等し
くなっている。**
生ビール…90－80＝10杯
酎ハイ…40－35＝5杯
日本酒…45－40＝5杯
水曜日と木曜日の売上金額の差は、80750－
71500＝**9250円**。よって、月曜日の売上金
額72500円に**9250円**を足した**81750円**が
金曜日の売上になると推測できる。
【別解】各アルコール飲料の注文数の差と売上
合計の差から各飲料の値段を算出する。
・月曜日と水曜日は日本酒と売上合計だけが
異なる。差は45－30＝15杯で80750－
72500＝8250円なので、
日本酒1杯…8250÷15＝550円
・酎ハイが同じ火曜日と木曜日を比べる。
火曜日の生ビールと酎ハイの売上は、
49750－550×15＝41500円
木曜日の生ビールと酎ハイの売上は、
71500－550×40＝49500円
49500－41500＝8000円
8000円の差は生ビールの80－60＝20杯
分にあたるので、
生ビール1杯…8000÷20＝400円
・月曜日の酎ハイ40杯は、72500－90×
400－30×550＝20000円なので、
酎ハイ1杯…20000÷40＝500円
よって金曜日の売上は、
**100×400＋45×500＋35×550＝
40000＋22500＋19250＝81750円**

167【土地S】
【？】の項目がなく、割安な土地を選ぶとい
う特殊な問題。「割安＝相対的に安いこと」
は、同じ条件の中で安いという意味でとらえ
る。同じ条件内で比べて割安なものを探す。

【A地区一戸建て用候補地情報】

土地名	P	Q	R	S	T	U
土地面積（m²）	100	150	200	100	150	200
駅からの所要時間（徒歩・分）	5	5	5	10	10	10
価格（万円）	2,500	3,750	5,000	2,000	3,150	4,200

・駅からの所要時間が5分のP、Q、Rの1m²あたりの価格は、

P…2500÷100＝**25万円**

Q…3750÷150＝**25万円**

R…5000÷200＝**25万円**

駅からの所要時間が5分のP、Q、Rの中では割安といえる候補地はない。

・駅からの所要時間が10分のS、T、Uの1m²あたりの価格は、

S…2000÷100＝**20万円**

T…3150÷150＝**21万円**

U…4200÷200＝**21万円**

駅からの所要時間が10分のS、T、Uの中ではSが割安といえる。よって、Sが相対的に割安だと判断できる。

⑯⑧【25,500円】

【実験用品見積金額】

納入先		A	B	C	D	E	F
手袋（10枚）	（組）	3	2	1	2	1	1
手袋（50枚）	（組）	0	0	0	0	0	0
手袋（100枚）	（組）	1	2	3	1	3	1
ワイプ（500枚）	（組）	2	0	1	2	0	1
ワイプ（2,500枚）	（組）	0	0	0	0	0	1
ワイプ（5,000枚）	（組）	1	0	2	4	0	3
見積金額	（円）	10,200	4,400	19,000	28,000	6,200	？

Bは手袋220枚で4400円なので、**手袋1枚は4400÷220＝20円**と推測する。次にAを見る。手袋130枚の金額は20×130＝2600円。ワイプの金額は10200－2600＝7600円。Aはワイプ6000枚で7600円なので、**ワイプ1枚は7600÷6000≒1.26円**と推測する。Fは手袋が160枚、ワイプが18000枚なので、Fの金額は、

20×160＋1.26×18000＝3200＋22680＝25880円。最も近い選択肢は**25500円**。

【即解】Fは、手袋が160枚、ワイプが18000枚。これに最も近いのはDで、手袋が120枚、ワイプが21000枚。選択肢ではDの28000円に近い**25500円**か**26280円**が正解だと推測できる。表内の見積金額も他の選択肢も下二桁が00なので、**25500円**を選ぶ。

【別解】BとEから、手袋10枚1組（x）と手袋100枚1組（y）の単価を求める。

B…**2x＋2y＝4400**…①

E…x＋3y＝6200

　　2x＋6y＝12400…②

②－①より、4y＝8000　→**y＝2000円**

Eのx＋3y＝6200円より　→**x＝200円**

手袋10枚1組が200円で、100枚1組が2000円なので、手袋50枚1組は1000円（割引なし）。

次に、AとCから、ワイプ500枚1組（a）とワイプ5000枚1組（b）の単価を求める。

A…200×3＋2000×1＋2a＋b＝10200

→**2a＋b＝7600**…③

C…200×1＋2000×3＋a＋2b＝19000

→a＋2b＝12800→**2a＋4b＝25600**…④

④－③より、3b＝18000　→**b＝6000円**

2a＋6000＝7600　→**a＝800円**

ワイプは、500枚1組が800円で、5000枚1組が6000円なので、枚数が増えると割引があると推測できる。ここから2500枚1組の値段の範囲を推測する。割引率が高いワイプ5000枚1組の値段を2500枚1組に適用すると、最も安くて**6000÷2＝3000円**。ワイプ500枚1組の値段を2500枚1組に適用すると、最も高くて**800×5＝4000円**。

3000＜**ワイプ2500枚1組**＜4000

Fの見積金額は、表の項目で上から順に

（200＋1000＋2000＋800＋ワイプ2500枚1組）×1＋6000×3

＝22000＋ワイプ2500枚1組

ワイプ2500枚1組は、3000〜4000円なので、Fの見積金額は、

$22000 + 3000〜4000 → $**25000〜26000**
円の範囲に収まる。選択肢では**25500円**。

169【5.0万人】

【A駅時刻別乗客者数とX駅方面電車本数一覧】

時刻	6:00〜	7:00〜	8:00〜	9:00〜	10:00〜	11:00〜
A駅乗客者数（万人）	2.8	7.0	7.4	?	5.3	4.9
普通5両編成　（本）	7	0	0	0	0	0
普通7両編成　（本）	0	11	13	9	12	10
準急行8両編成（本）	6	8	8	1	0	0
快速12両編成（本）	0	5	5	6	6	6

12両編成が6本の10：00〜と11：00〜の
A駅乗客者数の差は、5.3－4.9＝0.4万人。
10：00〜と11：00〜の7両編成の差は12－
10＝2本。よって**7両編成1本あたり乗客数
は0.4÷2＝0.2万人**と推測できる。
次に10：00〜の7両編成は0.2×12＝2.4
万人で、残りの5.3－2.4＝2.9万が12両編
成の乗客者となる。**12両編成1本あたり乗客
数は2.9万÷6＝0.483…万人**と推測できる。
次に8両編成を7：00〜で算出する。
7両編成…0.2万×11＝2.2万人
12両編成…0.48万×5＝2.4万人
8両編成…7.0万－2.2万－2.4万＝2.4万人
8両編成1本あたり…2.4万÷8＝0.3万人
よって、9：00〜のA駅乗客者数は、7両編
成が0.2万×9＝1.8万人、12両編成が0.48
万×6≒2.9万人、8両編成が0.3万人で、
1.8万＋2.9万＋0.3万＝5.0万人

170【136件】

【1年間の契約件数】

		Pさん	Qさん	Rさん	Sさん	Tさん	Uさん
出勤数	（日）	220	228	224	225	215	226
担当顧客数	（人）	390	320	390	347	364	320
新規顧客数	（人）	53	82	41	73	56	72
契約件数	（件）	131	146	119	142	128	?

同じ担当顧客数のPとRに注目する。新規顧客
数の差は53－41＝12人。同様に契約件数も
131－119＝12件となっている。よって、新
規顧客は1人1件ずつ契約すると推測できる。
次に、担当顧客の1人あたりの契約率は、

P…（131件－53件）÷390人＝0.2
R…（119件－41件）÷390人＝0.2
→担当顧客1人について契約率は0.2。
契約件数＝担当顧客数×0.2＋新規顧客数
よってUの契約件数は、
320×0.2＋72＝136件
【即解】新規顧客について1件ずつ契約すると
推測すれば、担当顧客数が同じ320人のQと
Uは新規顧客数の差（82－72＝10）だけ契
約件数が違うと考えられる。Uの契約件数は、
146－10＝136件

171【155秒】

【躯体分解の所要時間】

		機種A	機種B	機種C	機種D	機種E
洗濯容量	（kg）	10	9	8	7	8
接着箇所数	（カ所）	2	1	3	0	1
ビス止め箇所数（カ所）		35	28	40	18	12
所要時間	（秒）	420	315	505	180	?

接着箇所数が0のDは、ビス止め箇所数が18
個で180秒かかっているので、ビス止め1カ所
あたり**180÷18＝10秒**。Bはビス止め28箇
所で280秒になるので、残りは**315－280＝
35秒**。接着箇所が1カ所なので、接着箇所1
カ所あたり**35秒**と推測できる。よって、Eは
ビス止め12カ所で120秒、**接着箇所が1カ所
で35秒**、合計で**155秒**。

172【60,000円】

【東北ツアープラン表】

	ツアーA	ツアーB	ツアーC	ツアーD	ツアーE	ツアーF
Gホテル宿泊数（泊）	1	2	1	3	2	3
食事回数（回）	1	2	2	3	1	5
最少催行人数（人）	20	20	10	10	20	10
最大募集人数（人）	30	25	30	20	25	20
旅行代金（円）	38,000	48,000	39,000	58,000	47,000	?

Bの48000円とEの47000円は、食事回数が
1回異なるだけで他項目は同じ。よって食事1
回は48000－47000＝1000円と推測でき
る。DとFは、食事回数が異なるだけで他項目

は同じ。Dの58000円よりもFは食事回数が
2回多いだけなので、Fの旅行代金は、

58000 + 1000 × 2 = **60000円**

※最少催行人数や最大募集人数は関係がない。

173【2,680円】

【製品ごとの価格】

	製品P	製品Q	製品R	製品S	製品T	製品U
放電容量 (mAh)	1,000	2,500	5,000	10,000	12,000	30,000
厚さ (mm)	0.4	0.5	0.7	1	2.4	2.8
価格 (円)	2,230	2,480	?	2,880	3,000	3,250

放電容量と価格の増加分に着目する。

P→Q…放電容量　2500 ÷ 1000 = **2.5倍**
　　　　価格2480 − 2230 = **250円**
S→T…放電容量12000 ÷ 10000 = **1.2倍**
　　　　価格3000 − 2880 = **120円**
T→U…放電容量30000 ÷ 12000 = **2.5倍**
　　　　価格3250 − 3000 = **250円**
価格の増加分は、放電容量の倍率×100円。
Q→Rの放電容量の変化は、**5000 ÷ 2500 =
2倍**なので**200円**増える。

2480 + 200 = **2680円**

※放電容量の倍率×100円は隣り合う製品同
士の関係。S10000はP1000の10倍だが、
価格は10×100 = 1000円増えてはいない。

174【15個】

【各条件でのコロニー数】

	実験①	実験②	実験③	実験④	実験⑤	実験⑥
時間 (時間)	3	3	6	6	9	9
室温 (℃)	25	25	25	25	25	25
湿度 (%)	40	80	40	80	40	80
肥料量 (g)	2.0	4.0	3.0	2.5	3.5	3.0
コロニー数(個)	9	6	18	?	33	24

コロニー数と他項目を比べると、**時間が長い
ほどコロニー数が増える**と推測できる。次に
時間が同じ①と②、⑤と⑥を比べると、**湿度
が高いほどコロニー数は減る**と推測できる。
また、**肥料量はコロニー数とは関係がない**こ
とも推測できる。よって次の推測ができる。

・④は同じ湿度の②より時間が長いので②の6
個より多い（時間が長い→コロニーが増える）。
　・④は同じ時間の③より湿度が高いので③の18
個より少ない（湿度が高い→コロニーが減る）。
選択肢であてはまるのは**15個**。

175【6,080円】

【商品別落札価格】

	商品P	商品Q	商品R	商品S	商品T
開始価格 (円)	100	2,980	100	1,980	3,980
入札件数 (件)	3		10	4	6
落札価格 (円)	700	5,780	5,600	2,980	?

開始価格と落札価格の差を計算すると、
P…700 − 100 = 600←入札3件
S…2980 − 1980 = 1000←入札4件
PとSの差は1000 − 600 = 400円で、これ
は4回目の入札によるものと推測できる。
4回目が400円増加なので、**1回目で100円、
2回目で200円、3回目で300円**…と推測で
きる。確認すると、
P 3回…100 + **100 + 200 + 300** = 700
S 4回…1980 + **100 + 200 + 300 + 400**
　　　 = 2980
←推測の通りなので、6回入札のTは、
**3980 + 100 + 200 + 300 + 400 + 500 +
600 = 6080円**

※開始・落札価格の差（P：600　S:1000
R：5500）から以下のように気がつけば法則
性に早くたどりつけるが、難易度は高い。
P：1 + 2 + 3 = 6→600円
S：1 + 2 + 3 + 4 = 10→1000円
R：1~10を足すと55→5500円

※表の空欄推測は、難しいと感じる受検者が多い
検査です。合格のためには速く解く勘を養うこ
とが大切です。本番では、わからない問題・時
間がかかる問題は、当て推量でかまわないので、
制限時間が終わる前に必ず回答していくように
しましょう。5択なので平均20%は正答できま
す。検査の前半の方が難易度が低いので、解け
る問題は確実に正答していくことも大切です。

計数・解説
▼
3 表の空欄推測①

176【40%】

【社内旅行の参加率と降水確率】

年度	2015	2016	2017	2018	2019	2020
降水確率（%）	30	80	75	10	50	20
平均気温（℃）	20	22	15	18	20	19
参加率（%）	35	15	20	45	25	?

降水確率が高いほど参加率が低いことがわかる。2020年の降水確率20%は、2018年10%と2015年30%の間なので、2020年の参加率は、**2018年の45%と2015年の35%の間**にあると推測できる。

よってあてはまる選択肢は**40%**。

177【1,060万円】

【バーゲン期間売上予測】

高級カバン名	P	Q	R	S	T
通常時売上高（万円/月）	1,200	700	500	800	800
バーゲン値引率（%）	80	75	60	50	75
バーゲン期間予測売上高（万円）	1,500	930	830	1,600	?

通常時売上高、バーゲン値引率、バーゲン期間予測売上高の関係性を見つける。通常時売上高をバーゲン値引率で割ると、

P…1200 ÷ 0.8 = 1500

→バーゲン期間予測売上高と同じ。

よってTのバーゲン期間予測売上高は、

800 ÷ 0.75 = 1066.66円…

よってあてはまる選択肢は**1060万円**。

※Q、R、Sで計算してもよい。

178【835,000円】

【ボーナスの支給額】

		Pさん	Qさん	Rさん	Sさん
年齢（歳）		25	31	38	42
基本給（円/月）		256,000	286,000	302,000	334,000
職務手当（円/月）		10,000	15,000	20,000	20,000
欠勤数（日）		0	1	0	0
ボーナス支給額（円）		640,000	715,000	755,000	?

ボーナスが基本給の何カ月分かを算出すると、

P…640 ÷ 256 = 2.5

※割られる数640000と割る数256000で、同じ数の000はカットして計算してよい。QやRで計算してもよい。

基本給 × 2.5と推測できる。よって

S…334000 × 2.5 = 835000円

179【8,000円】

【レンタルプラン料金表】

	Pプラン	Qプラン	Rプラン	Sプラン	Tプラン	Uプラン
子ども用ウエア（着）	1	0	2	0	1	1
大人用ウエア（着）	0	1	1	1	0	1
スキーセット（組）	0	0	0	1	1	1
スノーボードセット（組）	0	0	0	0	0	1
料金（円）	3,000	5,000	11,000	?	11,000	16,000

Sと他の項目を比べると、**Tと子ども用ウエア1着の差**であることがわかる。Pは子ども用ウエア1着で3000円なので、Sの料金は、

11000 − 3000 = 8000円

180【6,000円】

【フルーツギフト価格表】

	ギフトA	ギフトB	ギフトC	ギフトD	ギフトE	ギフトF
リンゴ（個）	10	0	0	0	0	5
ミカン（個）	0	10	0	0	0	5
モモ（個）	0	0	10	0	0	0
カキ（個）	0	0	0	10	0	0
ナシ（個）	0	0	0	0	10	0
贈答用箱（個）	1	1	1	1	1	1
価格（円）	7,000	5,000	9,500	7,500	9,000	?

Fはリンゴ5個（Aの1/2）、ミカン5個（Bの1/2）で、**(A + B) ÷ 2 = F**になっていることがわかる。よってFの価格は、

(7000 + 5000) ÷ 2 = 6000円

181【0.5%】

【採用者数データ】

		前々年度	前年度	今年度	来年度
内定枠人数（人）		20	30	15	25
応募者数（人）		12,500	16,000	12,000	10,000
一次筆記試験合格者数（人）		100	150	75	-
二次口述面接合格者数（人）		40	60	30	?

【?】を求めてから合格率を求める。二次口述面接合格者数は、内定枠人数の2倍になっている。

【?】＝ 25 × 2 ＝ 50人

来年度の応募人数は10000人なので、

50 ÷ 10000 = 0.005 → 0.5%

⑫【240万円／年】

【クライアント別利用料金一覧】

従業員数　　（人）	P社	Q社	R社	S社	T社	U社
	380	636	1,233	918	1,412	833
利用料金（万円／年）	120	240	480	240	480	?

Uは833人でQとSの間の人数であることに着目する。Q社が636人で240万円。S社が918人で240万円。**どちらも240万円なので、U社の利用料金も240万円と推測できる。**

※例えば、500人以下が120万円、501〜1000人が240万円、1001〜1500人が480万円といった料金設定が考えられる。

⑱【10,400枚】

【DVDレンタル数の推移】

	2000年	2001年	2002年	2003年
洋画　（枚）	36,900	35,600	39,900	39,500
邦画　（枚）	26,000	26,100	25,400	24,700
アニメ（枚）	3,800	5,300	7,400	?

洋画、邦画、アニメの間に相関関係は見られない。アニメの年ごとの増加倍率を計算する。

5300 ÷ 3800 ≒ 1.395 → 約1.4倍

7400 ÷ 5300 ≒ 1.396 → 約1.4倍

→毎年約1.4倍増加している。

2003年…7400×1.4＝10360→約10400枚

⑱【1,700万円】

【社内表彰報奨金】

	2005年	2006年	2007年	2008年	2009年	2010年
目標達成賞　（人）	120	115	130	100	125	120
永年勤続表彰（人）	130	126	120	110	94	110
報奨金総額（万円）	1,900	1,835	1,850	1,600	1,565	?

目標達成賞の報奨金を x 万円、永年勤続表彰の報奨金を y 万円とすると、

2005年…120x + 130y = 1900

2008年…100x + 110y = 1600

この連立方程式を解いて、x = 5、y = 10。

2010年…120 × 5 + 110 × 10 = 1700万円

⑱【5,880円】

【シリーズ書籍の定価】

版型	タイトル		定価総額（円）
全頁カラー大型版	魚たちの美と生態の大図鑑	（上・下）	11,600
	世界遺産大全	（全6巻）	34,800
単行本	お仕事の舞台裏	（全8巻）	19,360
	アジアの食と文化	（全6巻）	14,520
	交通の歴史	（全12巻）	29,040
文庫版	時代の語り部シリーズ	（全8巻）	?
	植物の秘密	（上・下）	1,470

同じ版型の1巻あたりの価格を求める。上・下は**2巻**として計算する。

全頁カラー大型版は、1巻あたり

「魚たちの美と〜」…11600 ÷ 2 ＝ 5800円

「世界遺産大全」…34800 ÷ 6 ＝ 5800円

単行本も同様で、1巻あたり2420円。

文庫版の「時代の語り部シリーズ」**8巻**は、「植物の秘密」**2巻**の4倍なので、

1470 × 4 ＝ 5880円

⑱【4,500円】

【売り尽くしセール価格表】

閉店までの日数	30日前	24日前	12日前	7日前	3日前	最終日
ソファ　　（円）	18,000	17,000	15,000	13,000	10,000	6,000
テーブル　（円）	13,000	12,000	10,000	8,000	7,000	4,000
テレビ台　（円）	16,000	15,000	13,000	11,000	9,000	5,000
椅子　　　（円）	12,000	10,000	8,000	7,500	6,500	3,500
食器棚　　（円）	15,000	14,000	12,000	10,000	7,500	?

「30日前」の価格を高い順に並べ替えると、**ソファ→テレビ台→食器棚→テーブル→椅子**となる。この順番は何日たっても変わっていないので、食器棚の価格は、**テレビ台5000円とテーブル4000円の間**にあると推測できる。選択肢では**4500円**。

⑱【840万円】

セミナー数×平均参加者数が予算額の近似値（およその値）になっていることに注目する。

計数・解説 ▼ **3** 表の空欄推測②

【セミナー予算データ】

年	2005	2006	2007	2008	2009	2010
予算額（万円）	904.5	822.15	1,056.3	600.6	900.9	?
セミナー数（コマ）	30	32	35	20	30	28
平均参加者数（人/セミナー）	30.5	25	28	29	30	30
担当職員数（人）	15	14	15	16	15	13
平均セミナー日数（日/コマ）	8	7	7.5	6	8	8.5

セミナー数×平均参加者数＝予算額

2005年…30×30.5＝915→904.5万円

2006年…32×25＝800→822.15万円

2007年…35×28＝980→1056.3万円

2008年…20×29＝580→600.6万円

2009年…30×30＝900→900.9万円

2010年…28×30＝840

選択肢では**840万円**。

【即解】すべての年を計算する必要はない。表の数値を見て計算しやすい年だけを暗算や概算で求める。2008年が20×30＝600、2009年が30×30＝900で、予算額と近いことが推測できれば解ける。

188【90万円】

【都心マンション賃貸料金表】

マンション名	O	P	Q	R	S	T
賃貸料金（万円/月）	40	60	80	42	100	?
共益費（万円/月）	5	11	11	6	18	13
専有面積（m²）	86.0	86.0	100.0	86.0	100.0	100.0
共用部分面積（m²）	20	24	24	10	18	18
階数（階）	2	8	8	8	15	10

専有面積が86m²のO、P、Rを比較すると、**階数が上がるほど料金も上がっている**ことがわかる。専有面積が100m²のTは10階で、同じ専有面積100m²のQ8階とS15階の間にある。**Tの賃貸料金もQ80万円とS100万円の間**と推測できる。選択肢では**90万円**。

189【41km/L】

【エンジン出力データ】

エンジン番号	A	B	C	D	E	F	G	H	I	J	K	L
排気量(cc)	50	50	80	50	80	80	90	125	125	240	125	250
燃費(km/L)	70	75	39	82	41	42	?	40	44	37	55	41
出力（馬力:PS）	3	4	6	7	4	10	10	10	15	15	22	22

出力が同じFとH、IとJ、KとLに注目する。すべて**排気量が大きいほど燃費が悪く（値が低く）**なっていることがわかる。出力10のGの排気量は90ccで、同じ出力10の**FとH**の排気量の間にある。**燃費もF42とH40の間**と推測できる。選択肢では**41km/L**。

190【791本】

【Xドリンク月別データ】

		5月	6月	7月	8月	9月	10月
工場	受注数(本)	857	728	881	864	753	732
工場	生産数(本)	838	738	900	890	769	730
倉庫	入荷数(本)	823	769	881	890	758	734
倉庫	出荷数(本)	615	738	947	891	726	821
倉庫	在庫数(本)	882	913	847	846	878	?
店舗	売上数(本)	632	720	959	900	686	796

一般的に、**在庫数は、先月の在庫数＋今月の入荷数－今月の出荷数**と考えられる。5月（先月）と6月（今月）で確認すると、

882＋769－738＝913←成立する

9月の在庫数＋10月の入荷数－10月の出荷数＝10月の在庫数となるので、

878＋734－821＝791本

191【（100、2、90）】

【新品種Aの発芽率】

	1回目	2回目	3回目	4回目	5回目	6回目
播種（はしゅ）～発芽平均気温（℃）	21.3	15.4	13.9	18.7	23.4	19.8
播種前かん水時間（分）	50	180	220	150	30	?
土壌のpHレベル（pH）	6.5	7.0	7.0	7.0	6.5	?
発芽率（%）	92	86	83	88	94	?

発芽率の最高は5回目の94%で平均気温も23.4℃で最高、最低は3回目の83%で平均気温も13.9℃で最低。**平均気温が高いほど発芽率が高い**と推測できる。6回目の気温は**19.8℃**で、1回目21.3℃と4回目18.7℃の間にある。発芽率も1回目92%と4回目88%の間と推測できるので、発芽率は90%。選択肢の**(100、2、90)**があてはまる。

192【13万人】

【野球場別データ】

	野球場 A	野球場 B	野球場 C	野球場 D	野球場 E	野球場 F
応募者数 （万人）	10	8	10	12	11	？
チケット販売数（万枚）	2	2	4	3.5	3.5	4
売上の数 （店）	20	40	40	15	35	20
チケット代金 （円）	2,800	4,700	5,800	3,300	4,700	3,300

チケット代金が4700円のBとEを比べると、**チケット販売数が多いほど応募者数も多い**と推測できる。Fの販売数4万枚はチケット代金が同じDの3.5万枚より多い。よってFの応募者数はDの12万人より多いと推測できる。選択肢では**13万人**。

193【900人】

【主要バス停3カ所の利用者数】

	停留所P	停留所Q	停留所R
6時～10時 （人）	780	870	960
10時～14時 （人）	460	390	320
14時～18時 （人）	550	600	650
18時～22時 （人）	680	790	？

同じ時間帯の利用者数の推移に着目する。どの時間帯でも、**P→Q→Rの順に同じ人数分ずつ増減**していることがわかる。

6時～10時…90人ずつ増えている
10時～14時…70人ずつ減っている
14時～18時…50人ずつ増えている
18時～22時では、**Q－P＝790－680＝110人ずつ増える**と推測できる。
よってRの18時～22時の利用者数は、
790＋110＝900人

194【1,461店】

【契約状況】

	2005年	2006年	2007年	2008年	2009年	2010年
問合せ件数 （件）	1,250	2,582	3,832	6,414	10,246	16,660
総契約店舗数 （店）	112	225	337	562	899	？
店頭販売店 （％）	10	20	30	40	50	60
オンライン専門店（％）	90	80	70	60	50	40

2005年と2006年の総契約店舗数の合計が2007年の総契約店舗数になっている。

112 ＋ 225 ＝ 337
同様に、2008年、2009年の総契約店舗数も前2年の合計になっている。
225 ＋ 337 ＝ 562
337 ＋ 562 ＝ 899
2010年の総契約店舗数も、**前2年（2008年と2009）年の合計**と推測できる。
562 ＋ 899 ＝ 1461店
※問合せ件数も同じ法則で推移している。

195【710万円】

【チラシ効果分析表】

	4月	5月	6月	7月	8月	9月
チラシ配布枚数（千枚）	40	50	60	40	50	60
季節限定メニュー数 （種類）	10	8	12	12	10	8
Mサイズ平均価格（円）	2,000	2,000	2,000	2,200	2,200	2,200
従業員数 （人）	10	13	11	12	14	13
総売上高 （万円）	643	692	738	669	？	750

4月→5月→6月は、チラシ配布枚数が40→50→60と推移しており、総売上高も月ごとに増えていることがわかる。7月→8月→9月もチラシ配布枚数が40→50→60と推移しているので、8月の総売上高は**7月の669万円と9月の750万円の間にある**と推測できる。選択肢では**710万円**。
【即解】8月はチラシ配布枚数が5月と同数で、Mサイズ平均価格が200円高いので、総売上高は**5月の692万円より高い710万円**。

196【7,000本】

【冷却グッズ売上数】

	2015年	2016年	2017年	2018年	2019年	2020年	2021年
冷感タオル （枚）	5,127	5,203	5,176	4,896	4,328	3,503	4,274
ハンディファン（個）	6,239	6,007	5,891	5,402	5,122	4,867	4,830
冷却スプレー（本）	8,634	8,794	8,921	9,107	9,174	8,618	？
ネックファン （個）	–	–	–	598	1,376	3,013	3,895

個別項目の推移に法則は見つけられないので、合計を考える。全グッズの合計売上数を概算してみると、**どの年も約20000**であることがわかる。よって2021年の冷却スプレーは、

計数・解説
▼
3
表の空欄推測
②

$20000 - (4274 + 4830 + 3895) = 7001$

選択肢では**7000本**。

【即解】時間の足りない本番では、多少は荒い推測でも、「考えられる最も近い値」を即座に選ぶテクニックも重要になる。冷却スプレーは、**どの年も8000本以上は売れている**。選択肢で8000本以上はないので、最も多い**7000本**を選ぶ。

※ネックファンの売上個数が増えた分、冷却スプレーが減るという大体の傾向から推測してもよい。

197【678個】

[下半期売上表]

		7月	8月	9月	10月	11月	12月
シュークリーム	(個)	339	248	286	349	512	624
パイ	(個)	70	78	82	64	52	60
プリン	(個)	132	156	164	143	167	181
タルト	(個)	35	23	35	24	30	40
ケーキ	(個)	?	496	572	698	1,024	1,248
その他	(個)	9	13	8	21	15	16

ケーキの個数が、どの項目と連動しているのかを見る。**ケーキはシュークリームの2倍売れている**ことがわかる

8月…$496 \div 248 = 2$

9月…$572 \div 286 = 2$

10月〜12月も同様。

よって7月のケーキの個数は、

$339 \times 2 = $**678個**

198【53,500件】

[上半期ダウンロード数の推移]

	4月	5月	6月	7月	8月	9月
アプリA(件)	60,500	45,000	47,500	34,500	27,000	21,500
アプリB(件)	43,500	49,500	56,000	36,500	31,000	27,500
アプリC(件)	22,500	23,500	25,500	29,500	37,500	?

$+1000 \quad +2000 \quad +4000 \quad +8000 \quad ?$

アプリCの増加数に着目する。

4月→5月→6月→7月→8月の順に、**増加数が1000→2000→4000→8000と倍増**していることがわかる。

8月→9月は$8000 \times 2 = 16000$の増加と推

測できるので、

$37500 + 16000 = $**53500件**

199【243千円】

[はちみつ売上と販売数]

		3月	4月	5月	6月	7月
売上	(千円)	225	198	?	207	207
百花はちみつ	(本)	80	90	85	80	75
アカシアはちみつ	(本)	86	60	94	74	78
平均気温	(℃)	14.0	17.4	22.7	24.4	28.8

売上は一般的に考えると、

売上＝百花はちみつ1本の値段×本数
**　　　＋アカシアはちみつ1本の値段×本数**

と推測できる。百花またはアカシアの値段を出すため、表中の同じ数字を探す。3月の百花と6月の百花の本数が同じ80本なので、3月と6月のアカシアの差からアカシア1本の値段を求めることができる。

アカシアの本数の差…$86 - 74 = $**12本**

売上の差…$225 - 207 = $**18千円**

アカシア1本の値段…$18 \div 12 = $**1.5千円**

次に、3月の売上からアカシアの売上を引いて百花の売上を求める。

$225 - 1.5 \times 86 = $**96千円**

百花1本…$96 \div 80 = $**1.2千円**

よって5月の売上高は、

$1.2 \times 85 + 1.5 \times 94 = $**243千円**

【別解】百花1本をx千円、アカシア1本をy千円とする連立方程式でも同様に解ける。

200【565.6万円】

[各店舗の売上状況：1カ月平均]

店舗名		P	Q	R	S	T
売上金額	(万円)	700	896	784	644	742
買取枚数	(枚)	35,000	42,000	50,400	28,000	39,200
買取平均価格	(円)	50	30	25	55	45
店員数	(人)	3	5	2	4	3
売上利益	(万円)	525	770	658	490	?

一般的に考えると、

売上利益＝売上金額－買取枚数×買取平均価格

と推測できる。Pで確認すると、

$7000000 - 35000 \times 50 = 525000$円

Q、R、Sも同様に成立している。

よってTの売上利益は、

7420000 − 39200 × 45 = 5656000円

⑳①【160百万円】

【収支報告】

	4月	5月	6月	7月	8月
収入（百万円）	118	107	140	158	?
支出（百万円）	98	77	100	108	100
	↑差20	↑差30	↑差40	↑差50	↑差?

収入−支出が毎月10ずつ増えている。

4月…118 − 98 = **20**

5月…107 − 77 = **30**

6月…140 − 100 = **40**

7月…158 − 108 = **50**

8月…【 ? 】− 100 = 60 と推測できるので、

100 + 60 = 160百万円

※同月の収入と支出の下1桁が同じ値である
こともヒントになっている。

⑳②【8,100万円】

【年間出荷額と出荷数】

	2000年	2001年	2002年	2003年	2004年	2005年
出荷額（万円）	2,000	3,850	4,800	5,460	6,720	?
出荷本数（万本）	20	35	40	42	48	54
従業員数（人）	70	82	69	75	80	81

出荷本数の伸びに比べて出荷額の伸びが大き
いので、年ごとに単価が高くなっていること
が推測できる。単価を調べると、

2000年…2000 ÷ 20 = 100円/本

2001年…3850 ÷ 35 = 110円/本

2002年…4800 ÷ 40 = 120円/本

2003年130円、2004年140円で、**年々10
円ずつ上がっている**ことがわかる。

2005年の単価は、150円/本と推測できる。

150 × 54万 = 8100万円

⑳③【58%】

ソーラー発電装置設置台数（以下台数）は少
ない順に D ＜ A ＜ B ＝ C。節電目標達成率

【節電目標達成率】

	Aモール	Bモール	Cモール	Dモール	Eモール
正社員数　　　　（人）	230	120	360	400	100
ソーラー発電装置 設置台数（台）	18	20	20	15	17
年間日照率（%）	60	70	75	50	50
節電目標達成率（%）	61	69	85	56	?

（以下達成率）は低い順にD ＜ A ＜ B ＜ C。
台数が多いほど達成率が高い傾向にある。さ
らに台数が同じBとCを比べると、**日照率
が高いほど達成率が高い**と推測できる。Eの
**台数 17 と日照率 50 は A より低いので、E
の達成率はAの61％より低い**と推測できる。
あてはまる選択肢は **58%** のみ。

㉔【2,032百本】

【地区別歯ブラシ販売本数】

	J地区	K地区	L地区	M地区
コンビニ店舗数　　　（店）	423	310	504	425
ドラッグストア店舗数（店）	66	45	20	58
スーパー店舗数（店）	158	170	76	175
歯ブラシ販売本数（百本/月）	2,007	1,620	1,820	?

店舗の合計数と歯ブラシ販売本数を比べると、

J…2007 ÷ (423 + 66 + 158) = 3.10…

K…1620 ÷ (310 + 45 + 170) = 3.08…

L…1820 ÷ (504 + 20 + 76) = 3.03…

店舗数合計の3倍強が歯ブラシ販売本数にな
っていることがわかる。

Mの店舗数合計…425 + 58 + 175 = 658

658 を 3 倍すると1974なので1974以上と
推測できる。**3.1 倍**すると2039.8。**選択肢の
中で最も近いのは 2032百本。**

※ちなみに、どの地区も歯ブラシ販売本数＝コ
ンビニ店舗数×3＋ドラッグストア店舗数×
4＋スーパー店舗数×3になっている。

425 × 3 + 58 × 4 + 175 × 3 = 2032百本

【即解】以下のように推測して、選択肢の中か
ら最も近い値を選んでもよい。

店舗数合計はMが658でJが647。Mの販売
本数は J の 2007 より少し多いと推測して、
選択肢の2032百本を選ぶ。

205【6本】

【通信機器の接続に必要となるケーブル数】

接続する通信機器の数	1	2	3	4	5
ケーブル	0	1	3	?	10

機器とケーブルをつないでみると、

○ …機器数1だと接続しないのでケーブル0

○—○ …機器数2でケーブル1本

 …機器数3でケーブル3本

 …**機器数4でケーブル6本**

【別解】「異なる4点を結ぶ線分は何本か」と同じ意味。線分は4点のうちの2点を選ぶ組み合わせの数になるので、

$$_4C_2 = \frac{4 \times 3}{2 \times 1} = 6本$$

 206【44.0万円】

【新築賃貸物件の賃貸料】

	物件P	物件Q	物件R	物件S	物件T	物件U
賃貸料(万円)	31.8	18.6	29.5	58.8	28.1	?
床面積 (m²)	100	70	120	200	100	140
駅徒歩 (分)	2	10	5	12	9	8
公園徒歩(分)	10	15	7	5	3	2
m²単価 (円)	3200	2800	2500	3000	2900	3200

選択肢の値が離れているので、概算で見当をつける。**賃貸料に最も影響するのは、「床面積×m²単価」だと推測**できる。Uとm²単価が同じ3200円であるPの床面積は100m²。UはPの1.4倍の広さなので、賃貸料も1.4倍だと推測する。

31.8 × 1.4 = 44.52万円

選択肢では**44.0万円**。

【別解】一般的に考えて、賃貸料に影響するのは、「床面積」「m²単価」「駅徒歩」ではないかと推測する。まず床面積×m²単価を計算する。

P …100×3200 = 320000円

　Pの賃貸料 → 318000円(駅徒歩2分)

Q… 70×2800 = 196000円

　Qの賃貸料 → 186000円(駅徒歩10分)

R …120×2500 = 300000円

　Rの賃貸料 → 295000円(駅徒歩5分)

賃貸料は、「床面積×m²単価」から「駅徒歩×1000」を引いた額となっている。よって物件Uの販売価格は、

140 × 3200 − 8 × 1000 = 44.0万円

 207【2,145台】

【在庫一掃セール割引率と売上台数】

	10%	20%	30%	40%	50%
割引率					
売上台数 (台)	1,465	1,612	1,773	1,950	?
来客数 (人)	2,624	2,328	2,542	2,499	2,635

割引率が高くなるほど売上台数が増えている。1612 ÷ 1465 = **1.100**…、1773 ÷ 1612 = **1.099**…、1950 ÷ 1773 = **1.099**…と、**約1.1倍**で推移しているので、【?】は、

1950 × 1.1 = 2145台

【別解】何台増えているかを見ると、

1612 − 1465 = 147台増 ⎤

1773 − 1612 = 161台増 ⎦ 14台増

1950 − 1773 = 177台増 ⎦ 16台増

約15台ずつ増えていて、40%→50%の場合も**約15台増**になると推測できる。

1950 + 177 + 15 = 2142台

選択肢では**2145台**。

※14台→16台と2台増えているので、次は18台増えると考えて、1950 + 177 + 18 = 2145台としても正答できる。

表の空欄推測は**「推測できる最も近い選択肢」**を選ぶテストなので、ほとんどの問題は正確な数値まで求める必要はない。

 208【226 百円】

【ユニフォーム見積書】

	店舗A	店舗B	店舗C	店舗D	店舗E	店舗F
エプロン (枚)	3	6	0	1	25	2
シャツ (枚)	3	2	10	1	25	2
帽子 (枚)	5	1	10	1	0	10
小計 (百円)	288	150	540	84	400	452
値引き機 (百円)	86.4	30	270	8.4	200	?
見積金額(百円)	201.6	120	270	75.6	200	

値引き額が大きいＣとＥは小計も大きく、値引き額が小さいＢとＤは小計も小さい。
値引き率（値引き額÷小計）を求める。
値引き率は、値引き額が少ない順に
D…8.4 ÷ 84 = 0.1 → **10%引き**
B…30 ÷ 150 = 0.2 → **20%引き**
A…86.4 ÷ 288 = 0.3 → **30%引き**
E…200 ÷ 400 = 0.5 → **50%引き**
C…270 ÷ 540 = 0.5 → **50%引き**
小計が**400円以上の場合は値引き額が50%**だと推測できる。よってＦの値引き額は、
452 × 0.5 = 226百円

209【27,200万円】

【LED照明の出荷個数と出荷額】

	2000年	2003年	2006年	2009年	2012年
出荷個数（万個）	80	85	90	70	85
出荷額（万円）	48,000	42,500	37,800	25,200	？
従業員数（人）	128	120	119	105	93

出荷個数が増えるにつれて出荷額も増えるという関係になっていない。また、年ごとに規則的に増減しているわけでもないので、他の要因があると推測する。従業員数と出荷額も相関関係がないので、**出荷個数と出荷額の関係だけ**を考える。
そこで、出荷額を出荷個数で割って、1万個あたりの価格を算出してみる。
出荷額÷出荷個数(万個)＝**1万個あたりの価格**
2000年…48000 ÷ 80 = **600万円** ⎫−100
2003年：42500 ÷ 85 = **500万円** ⎬−80
2006年：37800 ÷ 90 = **420万円** ⎬−60
2009年：25200 ÷ 70 = **360万円** ⎭
1万個あたりの価格は**100 → 80 → 60**と20**万円**ずつ下がっている。よって2012年の価格は、2009年の**360万円**から60 − 20 = **40万円下がった320万円**になると推測される。
出荷額は、
320 × 85 = 27200万円
※難易度が高く、解くのに時間がかかる問題。1分くらい考え、解けそうにないと感じた場

合、当て推量で回答して次へ進むこともテクニックの1つ。1つの問題に時間をかけすぎないことを意識するとよい。

210【15.7万円】

【テニス用品見積書】

	Pチーム	Qチーム	Rチーム	Sチーム	Tチーム	Uチーム
ラケット①（本）	8	4	0	8	8	4
ラケット②（本）	0	4	8	0	0	4
ボール30個入り①（袋）	1	1	1	0	0	0
ボール30個入り②（袋）	0	0	0	1	1	1
ラケットケース6本用①（個）	2	2	0	2	0	0
ラケットケース6本用②（個）	0	0	0	0	2	2
ラケットケース6本用③（個）	0	0	2	0	0	0
見積金額（万円）	11.4	13.4	18.4	12.5	13.7	？

ＰとＱ、ＴとＵは、それぞれラケット①と②の本数が違うだけであることに着目する。
Ｐ…ラケット①が8本
Ｑ…ラケット①が4本＋ラケット②が4本
見積金額は、13.4 − 11.4 = 2で、**Ｑが2万円高い**。ＱはＰよりラケット①が4本少ないが、ラケット②が4本多いことで、見積金額が**2万円**高くなっている。ＴとＵの関係でも、ＵはＴよりラケット①が4本少ないが、ラケット②が4本多い。よって、Ｕの見積金額はＴの**13.7万円**より**2万円高く**なることが推測できる。Ｕの見積金額は、
13.7 + 2 = 15.7万円

※「表の空欄推測」の練習問題と模擬テストは、実際のテストと同じく、先に進むほど難しくなっています。
一般企業で6割（21問）程度、人気企業で7割以上（25問）が合格点の目安です（企業ごとに合格点は異なります）。制限時間内で合格点に届くようになるまで、繰り返し挑戦してみましょう。

❶

１【A】

「挫折」「失敗」で長文を検索すると、11行目「**勝負事において常に勝ち続けるのは不可能である。勝つ日もあれば、負ける日もある。勝ったり負けたりの繰り返しだと思えば落ち込むこともない。もちろん、強い相手と対戦して挫折を味わったり、失敗続きでスランプに陥ったり、どうしようもなく辛い経験もたくさんある**」とある。

→文脈の論理から明らかに正しい。または正しい内容を含んでいる。

２【B】

「大人」と「子ども」の関係が出ている箇所を検索する。

17行目に「**自分の欲求を抑えて大人が喜ぶことを優先する子どものことで、ほめられ続けて挫折も失敗もなく成長した結果、自分の意思が育たず、他人の指示がなければトラブル対処の方法もわからなくなる**」とある。

文意からも競争社会に適応できる能力があるとはいえない。

→文脈の論理から明らかに間違っている。または間違った内容を含んでいる。

３【C】

「冷静さ」で検索すると長文のどこにも冷静さに該当する語句は見当たらない。

→問題文の内容だけからでは、設問文は論理的に導けない。

４【C】

「順位付け」については第1段落に書かれている。

「**ずいぶん前に、小学校の運動会で徒競走の順位付けをしないという教育方針について世論が沸いたことがあった。昨今では棒倒しなど勝負のつく種目がなくなって、順位のつか**

ない種目が増えてきているらしい。保護者からの要望も多いというが、すべての子どもたちに（見た目）平等で、公平にすべしという考えからなのだろう。しかし、価値観が多様化し、個性を伸ばすことが求められるこの時代に、それは逆行することになるのではないか」とある。

「順位付けを行うことは間違っている」とは本文には書かれていない。

→問題文の内容だけからでは、設問文は論理的に導けない。

❷

１【A】

「長安」で検索する。

18行目「**建築物をアイキャッチとする大規模な景観づくりは、中国の長安を模倣した平城京や平安京**」とあり、長安では都市計画に人工物をアイキャッチとして用いられていたことがわかる。

→文脈の論理から明らかに正しい。または正しい内容を含んでいる。

２【B】

「バロック都市計画」で検索する。

8行目「**17世紀バロック時代に入ると、〜放射状に道路を張り巡らせ、アイキャッチとなる建築物や広場、噴水や彫刻などがランドマークとして印象的に配置された。この概念を『バロック都市計画』と呼び、ローマで確立し各都市で展開されていった**」とある。

19世紀後半からではない。

→文脈の論理から明らかに間違っている。または間違った内容を含んでいる。

３【C】

「透視図技法」については、7行目「**ルネサンス時代初期から透視図技法による遠近感のある**

均整のとれた構造が盛んに取り入れられた」とあるが、現在についてはどこにも書かれていない。

→問題文の内容だけからでは、設問文は論理的に導けない。

4【C】

設問の考えは本文には書かれてない。

→問題文の内容だけからでは、設問文は論理的に導けない。

1【A】

「考えることや苦労」で検索すると、4行目「自分で何も考えず、苦労しないで成功するためにマニュアルに従い、自発的に何かをやろうという活力が感じられない」とある。

→文脈の論理から明らかに正しい。または正しい内容を含んでいる。

2【B】

「軽視」で検索すると、8行目「マニュアル自体を軽視するような風潮もあるらしい。『型通り、ばか正直にやらなくても大丈夫だろう』『少しぐらい手抜きしても構わないだろう』という意識から、確認不足やいいかげんな作業が増えている」とある。

「マニュアル依存をよしとしない姿勢から」の軽視ではないことがわかる。

→文脈の論理から明らかに間違っている。または間違った内容を含んでいる。

3【C】

12行目「マニュアルとは、個人の技量に依存せず、誰でも同様に良質な業務ができるように手順やルールなどをまとめたものである」とあるが、「基礎だけでなく、応用までを網羅したマニュアルがあれば、ミスは起こらない」とは、どこにも書かれていない。

→問題文の内容だけからでは、設問文は論理的に導けない。

4【C】

「マニュアルは不要になる」とは、本文には書かれてない。

→問題文の内容だけからでは、設問文は論理的に導けない。

1【B】

「理解することはできない」で検索すると、4行目「『キリスト教徒でない人には、それらの文化や美術作品を本当に理解することはできないのでは？』と、疑問を抱く人がいるかもしれません。でも私は、そうは思いません」とある。

→文脈の論理から明らかに間違っている。または間違った内容を含んでいる。

2【A】

「思い違い」で検索すると、11行目「キリスト教美術をより深く理解するためには、『受胎告知』や『東方の三博士』など、基礎的な知識は必要でしょう。知らなければ勝手な思い違いをしてしまうこともあります」とある。

→文脈の論理から明らかに正しい。または正しい内容を含んでいる。

3【C】

本文のどこにも書かれていないので導けない。

→問題文の内容だけからでは、設問文は論理的に導けない。

4【C】

本文のどこにも書かれていないので導けない。

→問題文の内容だけからでは、設問文は論理的に導けない。

※「論理的読解」は、本文の記載を基準に選択肢を判断しましょう。

本文に記載があればA、誤っていればB、記載がなければCを選びます。

⑤

❶【B】「一人っ子は独立心、自立心が強いという研究結果がある。」

10行目に「**一人っ子の方が一人っ子ではない子に比べて、独立心、自立性が強いという研究結果もある**」とある。

本文に記載はされているが、趣旨ではないのでB。

❷【A】「一人っ子はわがままであるという固定観念のある面接官に出会ったら、入社を考え直したほうがよい。」

最後の14行目「**一人っ子はわがままだという固定観念を持つ面接官に出会ったら、入社することを再検討したほうがよい**」とある。

これが趣旨なのでA。

❸【B】「一人っ子はわがままだと思い込んでいる本人自身が一人っ子であるケースがある。」

5行目に「そう思い込んでいる本人が一人っ子だったりする」とある。

本文に記載はあるが、趣旨ではないのでB。

❹【C】

「一人っ子＝わがままという固定観念は危険なので持つべきでない。」

「危険なので持つべきではない」とは本文に書かれていないのでC。

3行目に「**思い込みは非常に厄介だ**」とあるので、Bと迷うかもしれないが、「危険なので持つべきでない」とまではいっていない。

※このように、長文に書かれていない内容を含む選択肢は、「C この文章とは関係ないことが書かれている」を選択する。

「趣旨判定」のC「この文章とは関係ないことが書かれている」は誤解しやすい選択肢。

「関係ないことが書かれている」というよりも、「長文に書かれていない内容を含む」または「長文と違う内容が書かれている」という意味だと

捉えて回答するとよい。

⑥

❶【C】「緊張感に襲われるのは、事前の準備が足りないためである。」

6行目「**緊張をほぐすには綿密な準備が必要である**」に続けて、9行目に「**それでも緊張感に襲われることがあるかもしれない**」とある。

つまり、「事前の準備をしていても緊張感に襲われることがある」ということを述べている。

「緊張感に襲われるのは、事前の準備が足りないためである」とは本文には書かれていない。

よって、C。

❷【A】「緊張感は言葉にして相手に伝えることで和らぐものだ。」

この文章の趣旨は、13行目の「『**緊張している**』と口にすることで緊張がほぐれる」ということなのでA。

❸【C】「面接官は寛容なので、応募者の緊張を理解して助けてくれる。」

15行目に「**寛容な面接官**」という言葉はあるが、「面接官は寛容なので、応募者の緊張を理解して助けてくれる」とまでは、本文には書かれていないのでC。

❹【B】「緊張のしすぎは目標達成の妨げになることがある。」

4行目にある「**過剰な緊張感は心身にマイナスの影響を及ぼし、思わしくない結果を生み出す**」の言い換えなので、長文に書かれている内容といえる。

しかし、筆者が一番訴えたいこととはいえないのでB。

⑦

❶【B】「最近の若者は対人経験の不足に伴って、視線耐性が低下している。」

「視線耐性の低下」については、12行目に書かれているが、筆者が一番訴えたいこととはいえないのでB。

❷【A】「面接では、面接官と目線を合わせることが大切だ。」

7行目「**最も重要視するのは『目を見て話せるかどうか』である**」。

15行目「**面接中には面接官と目線を合わせるようにしてほしい**」

以上より、趣旨だといえるのでA。

❸【C】「人と人とのコミュニケーションには視線が不可欠である。」

4行目「**中でも視線は大きな役割を果たしており、視線の向け方次第で会話を円滑に進めることもできれば、打ち切る方向にもっていくこともできる**」とあるが、「視線が不可欠」とは本文には書かれていないのでC。

❹【C】「面接官の目を凝視するのはやめたほうがよい。」

16行目「**にらみつけるように凝視し続ける必要はない**」とは書かれているが、「凝視するのはやめたほうがよい」とは本文には書かれていないのでC。

⑧

❶【B】「自己PRにはインパクトのあるエピソードはなくてもよい。」

11行目「**しかし、自己PRに派手なエピソードが必要だろうか～不要である**」とある。

本文に書かれているが趣旨ではないのでB。

❷【A】「学業についてのエピソードが自己PRに最適である。」

15行目「**学業についての話こそ自己PRに適している**」、21行目「**ぜひ安心して学業をPRしてほしい**」とある。

これが本文の趣旨なのでA。

❸【C】「新型コロナウイルス禍が、自己PRできない学生を輩出した。」

「自己PRできない学生」については、本文には書かれていないのでC。

❹【B】「自己PRに必要となるのは、人柄や能力、価値観がうかがえるエピソードである。」

企業が必要としているのは、13行目に「**人柄や能力、価値観がうかがえるエピソード**」だと書かれている。

しかし、筆者が一番訴えたいこととはいえないのでB。

※「趣旨判定」は、以下の手順で解くことをおすすめします。
①長文の趣旨を記憶するよう集中して速読する。
②内容が頭にあるうちに4つの設問文を読み、長文に書かれていない内容を含む設問文はCを選択する。
③残った設問文が趣旨か否かを判定する。
一方で、「4つの設問文を読んでから長文を読む方が素早く判断できる」という方もいます。
どちらの方法でも、自分の解きやすい解法を決めて本番に臨みましょう。

❶

1【C】"a hundred pounds" を検索する。

7行目：Working at a restaurant is a popular choice among British students. They can sometimes earn over **a hundred pounds** per night in tips from serving customers.（レストランでの仕事は、イギリスの学生の間で人気の選択肢です。時には、彼らは顧客にサービスを提供することで、一晩に100ポンド以上のチップを稼ぐこともあります）正解はCの「飲食店で働く」。

2【B】"international students" を検索すると、10行目に以下の記載がある。

job opportunities for **international students** are usually limited to on-campus positions, like working in the library（留学生のための仕事の機会は通常、図書館での勤務など、キャンパス内のポジションに制限されており）

よってB「キャンパス内の図書館で」が正解。

3【D】"enough money" で文章を探すと、言い換えている "**sufficient funds**" が見つかる。

2行目：Those without **sufficient funds** for their studies often look for summer jobs to save for the next academic year.（学業に十分な資金がない人は、来年度に備えて夏の仕事を探すことがよくあります。）とある。これにより正解はDの「夏は仕事をして過ごす」。

---

❶[和訳例] イギリスの大学生は夏の数カ月をさまざまな方法で過ごします。学業に十分な資金がない人は、来年度に備えて夏の仕事を探すことがよくあります。多くの学生は、親からの経済的な援助に頼らず、自立することを選択します。

　レストランでの仕事は、イギリスの学生の間で人気の選択肢です。時には、彼らは顧客にサービスを提供することで、一晩に100ポンド以上のチップを稼ぐこともあります。しかし、留学生のための仕事の機会は通常、図書館での勤務など、キャンパス内のポジションに制限されており、通常は最低賃金よりわずかに高い給与が支払われます。

　一部の学生にとって、海外の集中プログラムは夏を最大限に活用する魅力的な選択肢です。これらのプログラムには、イタリア美術史、カリブ海の海洋生物学、中国言語と文化、エジプト考古学など、さまざまなユニークでエキサイティングなプログラムが含まれています。これらのプログラムは通常の授業よりも実践的な経験を提供することがよくあります。

　学位を早期に取得したい意欲的な学生は、卒業に向けて追加の単位を取得するために夏のコースに登録することができます。通常の学士号プログラムは3年間を想定していますが、夏期講習を活用することで、2年半またはそれ以下で卒業することも可能です。

1 学生が一晩で100ポンド以上稼ぐ方法はなんですか？
A 図書館で働く
B キャンパス内の仕事
C 飲食店で働く
D 最低賃金より少し高い賃金で働く
E 魅力的な集中プログラムに参加する

2 留学生は通常、どこで働くことができますか？
A キャンパスの外で
B キャンパス内の図書館で
C レストランで
D 大学で海外集中プログラムの講師として
E レストランで郷土料理の料理人として

3 イギリスの大学生は、勉強を続けるのに十分なお金がない場合は…
A 親に経済的に依存している
B 奨学金試験に合格しようとする
C 2年半で卒業しようとする
D 夏は仕事をして過ごす
E 海外集中プログラムを受講する

2

1【E】文章の趣旨を問う問題。本文の最初の行から読むとよい。3行目にWe assume your preparations for your trip to Tibet are well underway.（チベットへの出発の準備は順調に進んでいると思います）とあるので、**チベットツアー参加者宛に数日前に送付されている**と推測でき、Eが正しい。他の選択肢は以下の理由で明らかに間違い。

A　参加者宛なのでメルマガではない

B　政府からではなくチベット探検家によって送られている

C　参加者は準備を進めているので、申し込んだ当日ではない

D　参加者に事前にチベットの気候を伝えている。到着当日には送付していない。

2【B】"environment"で検索する。

7行目にTibet is known for its harsh and challenging **natural environment.**（チベットは過酷で挑戦的な自然環境で知られている）とあり、その後に詳細が記されている。Bのnatural environmentが正解。

なお、Aについては、文章にはチベットに未踏（unexplored）の地が多いとは書かれていないので、文章からは判断ができない。

3【C】アドバイスを文章から探す。

18行目：it is essential to come prepared, especially with appropriate clothing such as hats, thin long-sleeved shirts, sunglasses, and **sunscreen.**（特に帽子・薄手の長袖シャツ・サングラスなどの服装や日焼け止めなど、しっかりとご用意ください）

日焼け止めを持参するように言っているのでC。

---

❷【和訳例】

　チベットへの出発の準備は順調に進んでいると思います。

　チベットは過酷で挑戦的な自然環境で知られているため、健康と旅の準備が不可欠であることについてお知らせいたします。

　まず、空気は非常に乾燥しており、この時期の湿度レベルは通常約25%です。さらに、チベットでは夏と冬を同じ日に経験すると言われるほど、1日の気温差が大きいです。また、標高3600m以上では、日差しが非常に強く、酸素濃度は東京の3分の2しかありません。

　以上の点を考慮し、特に帽子・薄手の長袖シャツ・サングラスなどの服装や日焼け止めなど、しっかりとご用意ください。

　同時に、ほとんどの時間持ち歩く必要があるため、荷物は最小限に抑えるようにしてください。

　　　　敬具

　　　　　　　　　　　　　　　　　　　　　　　　　　　　　　　　　チベット探検家

1　この通知が送信されている可能性が高いのは…

A　メルマガによって

B　チベット政府によって

C　参加者が旅行に申し込んだ日に

D　チベット到着後、ツアーガイドより

E　出発の数日前に

2　チベットの環境はなぜこれほどまでに厳しいのか。

A　未踏の土地が多いから

B　自然環境ゆえに

C　住んでいる人が少ないから

D　地方自治体の努力が足りないから

E　過度の開発のため

3　次のうち、チベット探検家からの正しいアドバイスはどれか？

A　心臓疾患のある参加者は、ツアーバスにとどまる必要がある。

B　参加者全員が健康診断を受ける必要がある。

C　参加者は、日焼けから身を守るために役立つものを持参するべきだ。

D　参加者はできるだけ多くの服を持っていく必要がある。

E　参加者は、酸素ボンベを装備する必要がある。

英語・解説

▼

1 長文読解

1 【C】ホテルで提供しているサービスを探す。

16行目に If you would like to **exercise** at the hotel, we have a swimming pool, a fitness gym, and ten tennis courts, all available for free. （ホテルで運動したい場合、当ホテルには無料でご利用いただけるプール、フィットネスジム、テニスコート10面があります）とあり、**exercise** を **do some physical activities** で、言い換えているＣが正解。

2 【B】"**tour**" と "**included**" で検索する。

1行目に Our three-day **tour** package **includes** transportation from Sydney Central Station to the hotel, hotel accommodation, breakfast every day except the first, and dinner every day except the last.

（当社の３日間ツアーパッケージには、シドニー中央駅からホテルまでの交通費、ホテル宿泊費、初日以外の毎朝の朝食費、最終日以外の毎晩の夕食費が含まれています）とある。含まれないのはＢの「ホテルから観光地までの交通費」。

3 【C】"**tennis**" で文章を検索する。

19行目に以下の記載がある。

There is no need to reserve anything in advance except for the **tennis** courts. （テニスコート以外は事前予約が不要です。）つまりテニスコートは予約が必要となる。よって答えはＣ「事前にテニスコートを予約する」。

---

❸【和訳例】

　当社の３日間ツアーパッケージには、シドニー中央駅からホテルまでの交通費、ホテル宿泊費、初日以外の毎日の朝食費、最終日以外の毎日の夕食費が含まれています。朝食後、夕食までは自由時間となります。

　また、オプショナルツアーもご用意していますので、ご興味のある方は詳細をお問い合わせください。ツアーに参加を希望される場合は、前日までに予約していただければと思います。

　自分で観光するのも素晴らしいアイデアです。この地域には多くの観光名所があります。レンタカーをご利用いただくことも可能です。ホテル周辺の電車やバスの時刻表についての情報が必要な場合は、お気軽にお問い合わせいただければ幸いです。

　ホテルで運動したい場合、当ホテルには無料でご利用いただけるプール、フィットネスジム、テニスコート10面があります。テニスコート以外は事前予約が不要です。テニスをされる場合は、コートの利用可能状況についてフロントデスクのスタッフにお問い合わせください。

1　**ホテルで楽しめるサービスは次のうちどれか？**
A　無料の映画を見る
B　マッサージを受ける
C　運動をする
D　ゴルフをする
E　アーケードゲームで遊ぶ

2　**ツアーに含まれないのはどれか？**
A　シドニー中央駅からホテルまでの交通費
B　ホテルから観光地までの交通費
C　ホテルの料金
D　2日目の朝食の料金
E　2日目の夕食の料金

3　**もしホテルでテニスをしたい場合、どうすればよいか？**
A　前払いをする
B　ツアー会社に事前に尋ねる
C　事前にテニスコートを予約する
D　ツアー会社に利用可能なことを知らせる
E　テニスシューズを持ち込む

④

■1【D】 "bingo"を文章から探す。
23行目にWe have already distributed **bingo** sheets at the reception desk. If you did not receive one, please approach a staff member wearing a badge.（ビンゴシートはすでに受付で配布しました。**お持ちでない方はバッジをつけたスタッフにお声がけください**）とあるので、答えはD「スタッフに話しかける」。

■2【E】 19行目に記載されている文がヒントになる。
these prizes include our latest products: a handy cleaner, a DVD player, a digital camera, and more（景品は**ハンディクリーナーやDVDプレイヤー、デジタルカメラなど我が社の最新商品です**）がヒントとなる。

この会社はEの家電メーカーと想定できる。難しい単語があっても、DVDやcameraなど簡単な単語から答えを導ける。

■3【D】 10行目のthere are some seats available at the back of the room（部屋の奥にはいくつかの座席がございます）、12行目のyou can find alcoholic beverages at the bar counter, conveniently located near the seating area.（バーカウンターではアルコール飲料をご用意しております。カウンターは座席エリアの近くにあります）以上の情報により、**アルコール飲料はバーカウンターにあり、そのバーカウンターは部屋の奥の座席エリアで手に入る**ことがわかる。正解はD「部屋の奥で」。

④【和訳例】 ご列席の皆様、10周年記念パーティーへようこそ！本日は司会を務めさせていただきます。
まず、社長からのメッセージをお伝えします。
「皆様のご協力のおかげで、当社はここまで成長することができました。感謝の気持ちを込めて、このパーティーを開催いたします。皆様に楽しんでいただければ幸いです。」
次に、このパーティー会場について説明させてください。立食形式の食事会ですが、部屋の奥にはいくつかの座席がございます。お座りになりたい方はご自由にお使いください。食事は両側の壁に面したテーブルで提供されます。バーカウンターではアルコール飲料をご用意しております。カウンターは座席エリアの近くにあり、ご希望に応じてバーテンダーが飲み物をご用意します。
パーティーの途中で、ビンゴゲームを行います。先着20名様にビンゴ大会の景品をご用意しております。景品はハンディクリーナーやDVDプレイヤー、デジタルカメラなど我が社の最新商品です。お見逃しなく！
ビンゴシートはすでに受付で配布しました。お持ちでない方はバッジをつけたスタッフにお声がけください。
皆様、パーティーをお楽しみください。ご来場いただきありがとうございました。

■1 ビンゴシートを持っていない場合はどうすればよいか？
A 受付で参加費を支払う
B 他の参加者に尋ねる
C 部屋の中を探す
D スタッフに話しかける
E バーでバーテンダーに聞く
■2 彼らはどのようなビジネスをしていると考えられるか？
A 食品メーカー
B 飲料メーカー
C 家庭用家具の販売業者
D ゲーム会社
E 家電メーカー
■3 お酒はどこで手に入るか？
A 壁際のテーブルの上
B 部屋の真ん中で
C 受付近くのカウンターにて
D 部屋の奥で
E 出口の近くで

英語・解説 ▼ ■1 長文読解

❶

1 【B】 "common food"（日常の食べ物）で検索をする。

8行目に cheese was not always a **common** everyday **food** until the modern era.（チーズは近代まで日常の食べ物ではなかった）とある。つまり、チーズが日常の食べ物になったのは近代からで、古代からではないので B。

2 【C】 チーズがどの動物から作られてきたかに関する記述はどこにもない。文章からは判断できないので C。設問文の goat（ヤギ）と cow（牛）がわからない場合でも、動物の名前だという推測をして回答をする。

3 【A】 9行目に in ancient Greece, cheese was offered as a sacrifice to the gods（古代ギリシャでは、チーズは神々への供物として使用され）とある。文章と一致するので A。本文の **sacrifice**（供物）が、設問文では **sacred offering**（神聖なお供物）に言い換えられている。

---

❶【和訳例】
　次の文を読み、それに続く各設問文に最も適した説明を選びなさい。

　チーズは、栄養価は高いが長期保存や持ち運びには向かない動物の乳を摂取するための代替手段として発明されたと考えられている。多くの証拠が示しているように、人々が紀元前からチーズを食べていたことがわかっている。

　しかし、チーズは近代まで日常の食べ物ではなかった。例えば、古代ギリシャでは、チーズは神々への供物として使用され、古代ローマでは、チーズは上流階級の味覚を喜ばせる贅沢な珍味であった。古代ローマ人は、特に今日のフランスを含む植民地にチーズを広める上で大きな役割を果たした。

　日本では、明治維新後に近代的なヨーロッパスタイルのチーズが導入されたが、その人気が高まったのは、第二次世界大戦後、人々の生活様式が西洋化され、生活水準が向上したときであった。

Ａ：本文に含まれる情報または主張により、設問に書かれている内容は明らかに正しい、または論理的に導くことができる。
Ｂ：本文に含まれる情報または主張により、設問に書かれている内容は明らかに誤っている、または逆のことを述べている。
Ｃ：追加の情報がなければ、設問に書かれている内容が正しいか間違っているか、または論理的に導けるかどうかを判断できない。

1　チーズは古代から日常の食べ物であった

2　古代では牛ではなくヤギのミルクでチーズを作るのが一般的だった。

3　古代ギリシャでは、神聖なお供え物としてチーズを神々に捧げた。

②

■【A】設問の"spending time with family"で検索をする。11行目に people typically **spend** it with their **families**.（人々は通常、これらの休暇を家族と過ごす）が見つかる。設問文は正しいので**A**。

■【C】高速道路に関する記載はどこにもない。**本文からは判断できない**ので**C**。本文に書かれているかいないかが判断の基準になる。
※実際に韓国の旧正月で高速道路が混雑するという事実を知っていたとしても、Aを選ぶと誤答になるので注意しよう。自分の知識や常識で推測して回答せず、**文章に記載があるかどうかだけで判断する**ことが重要になる。

■【B】"solar calendar"がキーワード。1行目に In Korea, they celebrate the 'New Year' twice because they follow

both the **solar calendar** and the traditional **lunar calendar**（韓国では、韓国人が太陽暦と伝統的な太陰暦を参照するため、「新年」は2回祝われる）と記載がある。
設問文は「韓国人は**太陽暦だけ**を参照するため、新年を2回祝う」だが、「韓国人は**太陽暦と太陰暦**を参照するため、新年を2回祝う」が正しい。
設問文は正しくないので**B**。

❷【和訳例】
　次の文を読み、それに続く各設問文に最も適した説明を選びなさい。

　韓国では、韓国人が太陽暦と伝統的な太陰暦(他の多くのアジア諸国で一般的に使われる)を参照するため、「新年」は2回祝われる。
　旧正月の日付は、太陽ではなく月の周期に基づく旧暦に基づいているため、毎年異なる。通常は1月の終わりか2月の初め頃である。韓国では、お祝いのために3日間の旧正月の休暇がある。人々は通常、これらの休暇を家族と過ごす。また、愛する人たちと一緒に特別な食事や挨拶を交わすという習慣もある。
　一方、太陽正月の祝日は1日のみ。この日も営業しているお店があり、興味深いことに、多くの日本人観光客が熱心に買い物を楽しんでいる様子が見られる。

A：本文に含まれる情報または主張により、設問に書かれている内容は明らかに正しい、または論理的に導くことができる。
B：本文に含まれる情報または主張により、設問に書かれている内容は明らかに誤っている、または逆のことを述べている。
C：追加の情報がなければ、設問に書かれている内容が正しいか間違っているか、または論理的に導けるかどうかを判断できない。

■ 家族と過ごすことは、韓国では旧正月を祝う典型的な方法である。

■ 韓国では旧正月休暇では、高速道路が大混雑する。

■ 韓国人は太陽暦だけを参照するため、新年を2回祝う。

3

1 【B】"fresh water" で検索して該当箇所を探す。

5行目にある以下の文章と設問文を照らし合わせる。

Many books suggest that a portion of the water should be replaced with **fresh water** every week. However, if you have a good filtration system that keeps the water circulating well, it does not tend to become overly dirty.

（多くの本では、毎週ある一定の水を捨てて、新しい水と交換する必要があると説明している。しかし、優れたろ過装置で水がうまく循環していれば、水はそれほど汚れない）

筆者は、毎週水の入れ替えをする必要はないと述べている。明らかに誤っているので**B**。

※「さらに、**頻繁な水の交換は…**」以降の文もヒントになる。

2 【A】"food" に関する記載を探す。

18行目にFurthermore, be mindful not to overfeed the fish, as leftover **food** is a significant source of water pollution. （**さらに、食べ残しは水質汚染の主な原因となるため、魚に餌を与えすぎないこと**）とある。設問文と一致するので**A**。

3 【C】"yellowish" と "two weeks" を検索する。16行目にTherefore, in reality, it is better to consider changing the water only when it starts to look **yellowish**. （従って、実際には、水が黄色くなり始めたときにのみ水を交換することを検討する必要がある）と書いてあるが、それが**2週間とはどこにも述べていない。文章からはわからないので正解はC。**

Cを選ぶ判断基準をしっかりと理解しよう。

---

❸【和訳例】

　次の文を読み、それに続く各設問文に最も適した説明を選びなさい。

　私の経験に基づくと、熱帯魚（淡水魚）を飼うことについては、ある種の誤解があるようだ。

　多くの本では、毎週ある一定の水を捨てて、新しい水と交換する必要があると説明している。しかし、優れたろ過装置で水がうまく循環していれば、水はそれほど汚れない。

　さらに、頻繁な水の交換は、アンモニアなどの有害物質を分解するのに役立つ細菌の成長を妨げる可能性がある。その結果、本来の意図とは反対に、透明な水でも魚たちにとっては汚染された環境になってしまうことがある。

　従って、実際には、水が黄色くなり始めたときにのみ水を交換することを検討する必要がある。さらに、食べ残しは水質汚染の主な原因となるため、魚に餌を与えすぎないこと。

A：本文に含まれる情報または主張により、設問に書かれている内容は明らかに正しい、または論理的に導くことができる。
B：本文に含まれる情報または主張により、設問に書かれている内容は明らかに誤っている、または逆のことを述べている。
C：追加の情報がなければ、設問に書かれている内容が正しいか間違っているか、または論理的に導けるかどうかを判断できない。

1 　毎週ある一定の水を捨てて、新しい水を水槽に注ぐ必要がある。

2 　魚に与えるエサの量に気をつけることが大切である。

3 　熱帯魚がいる水槽の水は、2週間経つと黄色くなる。

④

1 【C】"Catherine de Medicis" に関する記載を探す。

11行目にLater, in the 16th century, an Italian, **Catherine de Medicis**, married a French King and brought renowned Italian chefs to France. （のちに、16世紀にイタリア人のカトリーヌ・ド・メディシスがフランスの王と結婚し、著名なイタリアのシェフたちを連れてきた）とあるが、カトリーヌ・ド・メディシスが中国料理を愛用したかどうかの記載はない。さらに詳しい情報がないと判断ができないので、Cが答えになる。

2 【A】"Chinese"、"influence"、"cuisine"で検索すると、6行目にItaly, the dominant Mediterranean culture of that time, absorbed **Chinese influences** and blended them with Oriental cultures to create its unique **cuisine**. （当時、最も有力な地中海文化であったイタリアは、中国文化を主に受け入れ、東洋文化と融合させて独自の料理スタイルを発展させた）とある。
これにより、イタリア料理が中国料理に影響を受けたことがわかるのでA。

3 【C】"criteria"（基準）、"court cuisine"（宮廷料理）で文章を探してもどこにも書いていない。本文に「世界三大料理は、宮廷料理であったか否か〜で選ばれている」という記載はないので答えはC。
※ **「本文に記載があるかどうか」**で判断をする。歴史的な事実や、一般的に正しいことでも、本文に述べられていなければCを選ぶ。

---

❹【和訳例】
次の文を読み、それに続く各設問文に最も適した説明を選びなさい。

世界の三大料理と言われているのは中国料理、トルコ料理、フランス料理である。
歴史的に言えば、中国料理はシルクロードを経て地中海地方に伝わり、トルコはルートの要所として重要な役割を果たした。そして、当時、最も有力な地中海文化であったイタリアは、中国文化を主に受け入れ、東洋文化と融合させて独自の料理スタイルを発展させた。
のちに、16世紀にイタリア人のカトリーヌ・ド・メディシスがフランスの王と結婚し、著名なイタリアのシェフたちを連れてきた。これにより、優れたフランス料理が発展し、今日の人々に楽しまれているのである。

A：本文に含まれる情報または主張により、設問に書かれている内容は明らかに正しい、または論理的に導くことができる。
B：本文に含まれる情報または主張により、設問に書かれている内容は明らかに誤っている、または逆のことを述べている。
C：追加の情報がなければ、設問に書かれている内容が正しいか間違っているか、または論理的に導けるかどうかを判断できない。

1 中国料理はカトリーヌ・ド・メディシスが愛用した。

2 イタリア料理は、中国料理に影響を受けた。

3 世界三大料理は、宮廷料理（王室で提供された料理）であったか否かということが基準で選ばれている。

英語・解説 ▼ **2** 論理的読解

❶【40,546千個】

【小包郵便物、宅配便取扱個数の推移】 (単位：千個、%)

便名（事業者名）	年度	昭和63年	平成元年	平成2年	平成3年	平成4年
小包郵便物	取扱個数	235,002	287,588	351,434	408,118	425,995
	増減率	20.1	26.6	18.1	16.1	4.4
全宅配便	取扱個数	911,250	1,028,540	1,100,500	1,124,840	1,183,370
	増減率	19.5	12.9	7.0	2.2	5.2
合　計	取扱個数	1,146,252	1,326,138	1,451,934	1,532,958	1,609,365
	増減率	19.6	15.7	9.5	5.6	5.0
主要宅配便5便 A社	取扱個数	352,700	415,560	451,810	478,770	515,200
	増減率	19.1	17.8	8.7	6.0	7.6
B社	取扱個数	262,950	289,910	309,290	316,090	318,890
	増減率	29.9	10.3	6.7	2.2	0.9
C社	取扱個数	84,630	94,770	105,790	106,740	107,660
	増減率	15.7	12.0	11.8	0.7	0.9
D社	取扱個数	70,310	76,400	82,200	76,120	88,750
	増減率	12.4	8.7	7.6	-7.4	16.6
E社	取扱個数	45,290	49,020	52,570	58,670	67,360
	増減率	11.7	8.2	7.2	11.6	14.8

表にはない昭和62年度（以下、62年）のE社の取扱個数（千個）を求める。平成元年を63年と比べると、

$49020 ÷ 45290 = 1.0823\cdots 8.2\%$

これより、表の「増減率」は前年度からの増減分を％で表していることがわかる。

63年は45290で、62年に対する増減率は11.7%。62年を100%とすると63年は**111.7%**に相当するので、62年は、

$45290 ÷ 1.117 = 40546.1\cdots$

→ **40546千個**

❷【1.1倍】

【清涼飲料品目別生産量の推移】 (単位：百Kℓ)

年　度	総生産量	茶系飲料	その他
1989	7,381	5,263	2,118
1990	8,578	5,981	2,597
1991	9,689	6,798	2,891
1992	12,462	8,865	3,597
1993	10,887	7,638	3,249
1994	10,247	7,249	2,998
1995	13,304	9,987	3,317
1996	16,288	13,497	2,791
1997	22,237	18,115	4,122
1998	26,757	20,224	6,533

まず、1989年度、1997年度それぞれの、総生産量に占める茶系飲料の割合（%）を求める。

1989年度…$5263 ÷ 7381 = 0.713\cdots$ → 約71.3%

1997年度…$18115 ÷ 22237 = 0.814\cdots$ → 約81.4%

$81.4 ÷ 71.3 = 1.14\cdots$ → **1.1倍**

❸【5：3：1】

【世界の一次エネルギー消費（石油換算）】

	年	1960	1970	1980	1990	1992	1993
百万t	固体燃料	1,335	1,485	1,810	2,267	2,258	2,245
	液体燃料	898	1,950	2,598	2,808	2,820	2,852
	ガス体燃料	408	888	1,261	1,794	1,817	1,861
	電力	58	106	207	736	778	802
	計	2,699	4,429	5,876	7,605	7,673	7,759
%	固体燃料	49.5	33.5	30.8	29.8	29.4	28.9
	液体燃料	33.3	44.1	44.2	36.9	36.8	36.8
	ガス体燃料	15.1	20.0	21.5	23.6	23.7	24.0
	電力	2.1	2.4	3.5	9.7	10.1	10.3
	計	100.0	100.0	100.0	100.0	100.0	100.0

1960年から30年間の10年ごとの液体燃料消費量（百万ｔ）の差をおよその比で表す。

1960年→1970年…$1950 - 898 = $ **1052**

1970年→1980年…$2598 - 1950 = $ **648**

1980年→1990年…$2808 - 2598 = $ **210**

$1052：648：210 ≒ 1000：600：200 ≒$ **5：3：1**

【即解】各選択肢の3つの数字は最初と最後が
○5：1 ○5：3 ○7：1 ○1：11 ○1：13
ですべて異なっている。10年ごとの差を出してから、1960年→1970年の差：1052と1980年→1990年の差：210の約5倍と暗算し「5：3：1」を選ぶ。

❹【79,747】

【交通安全施設等整備状況の推移】
道路管理者分

年	歩道 km	自転車歩行者道 km	横断歩道橋 箇所	地下横断歩道 箇所	道路照明 基
昭和45年	21,794	-	5,104	335	387,000
昭和50年	41,738	10,558	7,913	1,161	833,287
昭和55年	55,822	29,612	9,147	1,587	1,137,910
昭和60年	72,824	44,957	9,781	2,050	1,590,125
平成2年	85,611	65,681	10,274	2,430	1,825,810
平成3年	87,518	70,761	10,295	2,477	1,941,212
平成4年	88,430	75,401	10,370	2,519	2,035,601
平成5年	89,319		10,377	2,590	2,134,809
平成6年	90,505	84,532	10,483	2,616	2,232,166
平成7年	91,501	89,231	11,763	2,870	2,341,032
平成8年	92,379	94,919	10,574	2,661	2,441,299

平成5年の自転車歩行者道（km）を求める。平成6年の自転車歩行者道は、平成5年と比較

して6%増加したので、平成5年を100%とすると平成6年の84532kmは106%に相当する。よって、平成5年の自転車歩行者道は、
84532÷1.06＝79747.1…→79747km

❺【0.7倍】

【飲食サービス業の従業員規模別構成比】

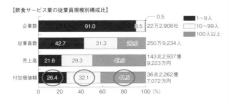

従業員100人以上の付加価値額は1〜99人の何倍かを求める。従業員100人以上の付加価値額は41.5%。従業員1〜99人の付加価値額は、グラフの「■1〜9人」と「□10〜99人」の合計で、
26.4＋32.1＝58.5%
41.5÷58.5＝0.70…→約0.7倍
【即解】従業員100人以上が約42%で、従業員1〜99人は残る58%なので、42÷58＝0.72…→約0.7倍

❻【6.3X】

【世界の太陽電池主要メーカーのシェア】

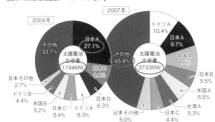

2004年の「日本A」の生産量をXとおくと、2007年の「その他」を除く生産量の合計はどのように表されるか。2004年の「日本A」の生産量は、
1194×0.271＝323.574KW
2007年の「その他」を除く生産量の合計は、
3733×（1－0.454）＝3733×0.546

＝2038.218KW
これをXで表すと、
2038.218÷323.574＝6.299…→**6.3X**
【即解】選択肢の数値が大きく離れているので、概算でよい。
2004年の「日本A」の生産量…
1200×0.3＝360
2007年の「その他」を除く生産量の合計…
3700×0.5＝1850
1850は360の約5倍→6.3X

❼【1,170万円】

【A社の財務報告書の推移】

時期	暦年	社員数（人）	売上高（万円）	固定費（万円）	利益（万円）	製造減価率（%）
↑高度成長期↓	1955年	311	28,691	24,852	2,605	41.1
	1960年	320	30,598	31,230	5,817	37.8
	1965年	323	65,141	49,335	10,951	36.2
	1970年	324	112,357	92,582	21,052	34.2
	1973年	326	165,860	116,992	33,942	30.1
↑その後↓	1975年	331	273,152	166,022	49,522	30.0
	1980年	354	349,686	238,126	67,891	26.8
	1985年	379	444,846	289,489	84,103	25.7
	1990年	412	521,757	331,595	108,944	24.1

1985年の社員1人あたりの売上高を求める。1985年の売上高は444846万円で、社員数は379人なので、
444846÷379＝1173…→約1170万円

❽【0.81倍】

【海外から帰国した子供たち】

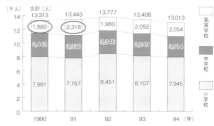

1990年の高等学校の帰国子女数は1880人、1991年は2318人なので、
1880÷2318＝0.811…→約0.81倍

❾【イギリス】
1989年〜1993年にかけて、失業率が最も増

模擬テスト・解説

加した国を求める。選択肢の5カ国の1989
年と1993年を見比べて、ほぼ横ばいの日本
や1ポイント前後しか増加していないアメリ
カ、ドイツは候補から外す。残ったカナダと
イギリスだけを計算する。

カナダ：11.2÷7.5＝1.49倍

イギリス：10.4÷6.3＝1.65倍

よって、最も増加した国はイギリス。

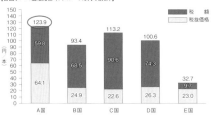

【失業率の国際比較】　　　　　　　　　　　（単位：％）

国　　名	1989年	1990年	1991年	1992年	1993年
日　本	2.3	2.1	2.1	2.2	2.5
アメリカ	5.3	5.5	6.7	7.4	6.8
カナダ	7.5	8.1	10.3	11.3	11.2
イギリス	6.3	5.8	8.1	9.8	10.4
ドイツ	7.9	7.2	6.3	6.6	8.2

❿【0.89ドル】

【各国タバコ価格比較（1ドル＝140円で換算）】

表の縦軸は1本あたりの円建て価格。A国の
タバコ1本の**ドル建ての価格（税込み）**を求め
る。A国は税込みで123.9円。

1ドル＝140円で換算すると

123.9÷140＝0.885…　→　0.89ドル

⓫【19.1X/1.7】

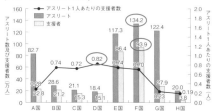

【鉄道会社の事業数の状況】

レジャー施設の事業数をXとすると、新幹線
の事業数はどのように表されるか。数でなく

割合で求めればよい。レジャー施設は1.7％、
新幹線は19.1％なので、新幹線はレジャー施
設の事業数の19.1/1.7に相当する。レジャ
ー施設をXとおくので、これをXにかける。

19.1/1.7×X＝19.1X/1.7

⓬【19.7万人】

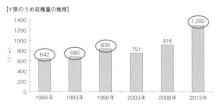

【アスリート1人あたりの支援者数】

D国のアスリート1人あたりの支援者数（以下
支援者率）は、折れ線グラフより0.82人。

F国の支援者は93.9万人なので、D国と同様の
支援者率（0.82）になるには、アスリート数が

93.9万÷0.82＝114.51万…

→　約114.5万人になればよい。

F国のアスリート人数は134.2万人なので、

134.2万－114.5万＝19.7万人

※間違いやすい問題。式で整理すると以下の
ようになる。

支援者数÷アスリート数＝**支援者率**

支援者率0.82になるためのF国のアスリート
数をXとすると、

93.9÷X＝0.82

求めたXと、F国のアスリート数の差が答え。

⓭【0】

【Y県のうめ収穫量の推移】

・2013年のY県のうめ収穫量は、1998年
と比べおよそ2.01倍である。→**2013年は**

1292で1998年は835。2倍ではない…×
・5年前と比べて150トン以上増加しているのは2008年と2013年のみである。
→1998年も、835－680＝155トン増加している…×
・Y県のうめ収穫量が650トンを下回った年はない。**→1988年は642トン**…×
・1993年と2013年のうめ収穫量の比は、およそ5：8である。**→1993年は680トン、2013年は1292トンで、680：1292。680 ÷ 5 = 136、1292 ÷ 136 = 9.5で、5：9.5になる**…×
※680×8/5＝1088で、1292と離れた数なので×と考えてもよい。また、およそ2倍なので×と判断してもよい。正しく説明しているものは0個。

14【E】

【運輸業業種別実態調査の対象事業所数】

（単位：所）

	企業規模／産業	規模計	3,000人以上	1,000人以上3,000人未満	500人以上1,000人未満	100人以上500人未満	50人以上100人未満
1	運輸業計	10,005	1,537	1,250	1,201	4,232	1,785
2	倉庫業	40	0	A 15	8	6	11
3	運輸サービス業	E 806	140	111	C 109	221	225
4	鉄道業	BD 4,702	526	548	588	D 2,085	955
5	道路旅客運送業	1,914	455	255	204	686	314
6	道路貨物運送業	D 1,084	132	132	148	D 590	162
7	水運業	B 534	183	99	47	176	29
8	航空運輸業	925	101	90	97	548	89

「規模計」は各業種の事業所数の合計を表す。
・A…倉庫業では1000人以上3000人未満が最も多い【15】なので×
・B…鉄道業の規模計【4702】が水運業の規模計【534】より多いので×（正しくは約1/8.8倍）
・C…運輸サービス業で数が一番少ないのは、500人以上1000人未満【109】なので×
・D…鉄道業規模計【4702】に占める、100人以上500人未満【2085】の割合は50%に満たないが、道路貨物運送業の規模計【1084】に占める100人以上500人未満【590】の割合は50%を超えている。
鉄道業の割合の方が低いので×
・E…運輸サービス業の3,000人以上規模の割合はE：**140 ÷ 806 = 0.173… → 約17%**（この時点で最も近いと判断しEを選択する）。
他項目は、以下の通り17%とはいえない。
鉄道526÷4702＝0.111…→約11%
道路旅客運送455÷1914＝0.237…→約24%
道路貨物運送132÷1084＝0.121…→約12%
水運183÷534＝0.342…→約34%
航空運輸101÷925＝0.109…→約11%
【即解】E：17%≒1/6なので、「3000人以上」を6倍して「規模計」と比較すると速い。
※「正しい選択肢を選ぶ」形式は、回答に時間がかかる問題が多い。回答目安の30秒を超えたら当て推量で選んで、次の問題へ進むほうが高得点につながる。

15【50%】

【地区別小学校教員の男女比】

（単位：人）

地区名	女性	男性
P地区	9,638	4,373
Q地区	7,894	5,014
R地区	4,007	1,987
S地区	3,996	1,698
T地区	1,902	983

T地区の男性教員数はR地区の男性教員数の何%かを求める。T地区の男性教員数は983人で、R地区の男性教員数は1987人なので、
983 ÷ 1987 = 0.494… → 約50%
【即解】選択肢が離れているので概算でもよい。1000人：2000人として約50%を選ぶ。

16【1つ】

5つの年齢階層合計の有効求職者数の平成22〜27年の6年間の平均を1とおくと、有効求職者数が0.85〜1.15までの間にあてはまる年はいくつあるか。最初に、有効求職者数の6年間の平均を求める。
(83183 + 85429 + 84148 + 74463 + 61021 + 43733) ÷ 6 = 71996.16…
→ 約71996人
これを1とおいたときの、0.85倍と1.15倍

模擬テスト・解説

の値を求めると、

71996 × 0.85 = 61196.6人

71996 × 1.15 = 82795.4人

この間に入る年は、平成25年の**74463人**だけ。

よって答えは**1つ**。

【年齢階層別の有効求職者数】

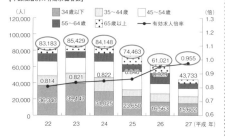

17【13.7%】

【電子計算器・同付属装置製造業の事業所数、従業者数、製造品出荷額】

年	事業所数（件）	従業者数（人）	製造品出荷額（百万円）
1986	1,852	145,024	5,149,880
1987	1,813	152,990	6,007,903
1988	1,921	154,258	6,596,755
1989	1,955	160,723	7,632,118
1990	2,030	166,637	8,354,873
1991	2,041	164,852	8,760,751
1992	1,901	162,658	8,301,355
1993	1,776	160,238	8,296,638
1994	1,600	150,464	8,222,902
1995	1,569	146,665	8,358,646

従業者1人あたりの製造品出荷額（百万円）において、1995年は1990年と比較しておよそ何％増加したか。

従業者1人あたりの製造品出荷額＝製造品出荷額÷従業者数

1990年：8354873 ÷ 166637 = 50.138…

→ 約50.14

1995年：8358646 ÷ 146665 = 56.991…

→ 約56.99

1995年÷1990年＝56.99÷50.14

＝1.1366… → 約113.7%

増加分は、113.7 − 100 = 13.7%。

18【E】

・A…比率が問われているので、ロス量ではなく割合のまま計算してよい。

果実類19.1％÷きのこ類2.4％＝7.95…

→ 約8.0倍なので×

・B…年ごとの内訳はわからないので×

・C…前年度食品ロス量 = 105797 ÷ 1.072 = 98691.23…

→ およそ98691tなので×

・D…調査対象は家庭の食品ロス量。日本全体ではないので×

・E…食品ロス量は多い順に野菜類31.7％、果実類19.1％、調理加工食品14.3％。

31.7 + 19.1 + 14.3 = 65.1％で、それ以外は100 − 65.1 = 34.9％。

65.1：34.9≒65：35 = 13：7で○

よって正しいのは**E**。

【家庭の食品ロス内訳】

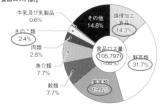

19【28%】

【各国の名目GDPの推移と将来推測】

（単位：百万USドル）

年次	L国	M国	N国	O国	P国	Q国
1955	253,163	331,251	1,377,262	398,044	12,616	174,459
1965	279,495	415,318	1,668,333	445,871	15,768	208,206
1975	337,898	509,722	2,101,851	466,805	19,753	221,191
1985	497,147	610,862	2,583,901	491,835	22,796	258,096
1995	642,580	717,803	3,117,842	509,041	26,690	281,344
2005	856,154	828,843	3,691,579	523,749	30,967	296,962
2025	1,564,150	1,062,068	4,671,252	541,784	41,342	344,825

2005年次から2025年次にかけての、M国の推測名目GDP増加率は何％か。

2005年は828843、2025年は1062068より

1062068÷828843＝1.281… → 約128%

増加分は128 − 100 = 28%。

【即解】概算する。1060000 ÷ 830000

＝106 ÷ 83 = 1.277

20【44.8%】

新築・中古住宅の購入用融資件数は**249**件で、2018年の合計融資件数は307 + 249 = **556**件なので、

249 ÷ 556 = 0.4478… → **約44.8%**

【個人向け住宅ローンの融資件数】

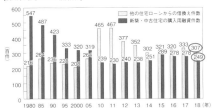

㉑【448千円】

【賃金－産業別常用労働者1人平均月間現金給与額（事業所規模30人以上）】 (単位：千円)

年　次	現金給与総額	建設業	製造業	電気・ガス業[注]	運輸・通信業	卸売・小売業、飲食業	金融・保険業	サービス業[注]
昭和60年	317	306	300	427	344		273	408	338
平成元年	370	402	352	517	413		309	490	380
平成2年	409	451	391	584	454		336	541	413
平成10年	416	458	408	606	430		345	535	422
前年比[注]	-1.4	-2.2	-1.1	0.8	-0.8		-3.3	-3.5	-0.1

平成10年の建設業の前年比は－2.2％で、458千円。平成11年に－2.2％が適用されると、平成10年458千円の100－2.2＝97.8％になるので、

458 × 0.978 ＝ 447.9… → **約448千円**

㉒【2012年度、2014年度、2017年度】

【スポーツジム業界の動向】

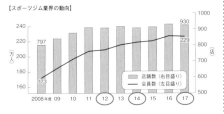

すべての選択肢に「**2012年度**」があるので、**2012年**は減少していると判断できる。
店舗数（棒グラフ）が前年度より減少している年は、他に、**2014年度**、**2017年度**。
※グラフから直接読み取る問題も出題される。

㉓【1,140円】

2012年において、来店者1人あたりの購入額（税抜）を求める。販売実績の**税抜収入**を来店者数で割る。どちらも単位が100万円なので、そのまま割り算をする。

172202 ÷ 151 ＝ 1140.4… → **約1140円**

【飲食料品小売業の店舗数と販売実績】

年	営業時間別店舗数（店）				販売実績	
	合計	12時間未満	12時間以上24時間未満	24時間	来店者数(100万人)	税抜収入(100万円)
1994	4,547	2,380	2,136	31	237	259,652
1997	4,188	2,294	1,823	71	224	243,351
2000	4,133	2,745	1,295	93	243	261,994
2003	3,894	2,369	1,400	125	229	252,985
2006	3,086	2,040	908	138	215	238,122
2009	2,139	1,415	582	142	181	189,426
2012	2,023	1,329	503	191	151	172,202

㉔【4.6倍】

【ケーブルテレビの契約者数シェア】

(単位：百世帯、％)

	ケーブルテレビ合計	O社	P社	Q社	R社	S社	T社
九州＋山口県	18090.3	9119.1	3109.6	1602.4	1787.8	1947.5	523.9
シェア	100.0	50.4	17.2	8.9	9.9	10.8	2.9
大分県	746.0	513.8	199.7	-	-	-	32.5
シェア	100.0	68.9	26.8	-	-	-	4.4
長崎県	764.3	404.0	296.0	-	-	-	64.3
シェア	100.0	52.9	38.7	-	-	-	8.4
福岡県	6416.1	3724.0	-	1013.4	760.9	917.8	-
シェア	100.0	58.0	-	15.8	11.9	14.3	-
佐賀県	347.2	188.0	159.2	-	-	-	-
シェア	100.0	54.1	45.9	-	-	-	-
熊本県	2618.8	1057.0	-	589.0	419.7	553.1	-
シェア	100.0	40.4	-	22.5	16.0	21.1	-
鹿児島県	4033.9	1682.0	1268.1	-	607.2	476.6	-
シェア	100.0	41.7	31.4	-	15.1	11.8	-
宮崎県	836.7	374.6	338.4	-	-	-	123.7
シェア	100.0	44.8	40.4	-	-	-	14.8
沖縄県	457.2	299.7	157.5	-	-	-	-
シェア	100.0	65.6	34.4	-	-	-	-
山口県	1870.1	876.0	690.7	-	-	-	303.4
シェア	100.0	46.8	36.9	-	-	-	16.2

長崎県のP社のシェア38.7％でT社は8.4％。

38.7 ÷ 8.4 ＝ 4.60… → **約4.6倍**

㉕【892人】

【洗濯の仕方の各過程の知識】

	総数(人)	(a)十分に知っている(%)	(b)ある程度知っている(%)	(a+b)知っている(小計)(%)	(c)あまり知らない(%)	(d)ほとんど知らない(%)	(c+d)知らない(小計)(%)
洗濯機の使い方	2,281	19.7	59.2	78.9	18.5	2.6	21.1
男性	1,195	18.1	55.6	73.7	21.8	4.5	26.3
女性	1,086	20.9	62.1	83.0	15.8	1.2	17.0
洗剤の選び方	2,014	20.1	53.9	74.0	20.1	6.0	26.0
男性	1025	16.7	46.7	63.4	25.8	10.8	36.6
女性	989	22.8	59.6	82.4	15.5	2.1	17.6
汚れチェックと予洗い	1,862	18.0	60.2	78.1	18.1	3.8	21.9
男性	825	14.2	51.2	65.3	27.0	7.6	34.7
女性	1,037	21.0	67.3	88.3	11.0	0.7	11.7
洗濯表示の見方	1,862	29.5	45.4	75.0	17.3	7.7	25.0
男性	825	16.1	39.4	52.4	31.3	16.4	47.6
女性	1,037	42.4	50.5	93.0	6.2	0.9	7.0
干し方	2,071	12.6	49.2	61.8	30.5	7.7	38.2
男性	973	8.0	39.4	47.4	38.8	13.8	52.6
女性	1,098	16.1	57.1	73.2	23.9	2.9	26.8

対象者（洗濯表示の見方：女性の総数）は1037人。「知っている」(a+b)は**93.0％**で「知らない」は**7.0％**で、差は93 － 7 ＝ 86％
1037 × 0.86 ＝ 891.82 → **約892人**
【即解】概算して、1000 × 0.86 ＝ 860

26 【2,139】

【Y 高等学校の支出決算】
（単位：千円）

年	合　計				
	教育研究費	人件費	設備費	管理費	その他
2005	2,857,115	337,336	2,141,078	358,156	(X)	18,406
2006	3,149,825	413,864	2,296,347	419,658	2,174	17,782
2007	3,242,020	406,902	2,303,722	507,413	6,092	17,892
2008	3,403,027	425,648	2,368,624	587,429	5,927	15,399
2009	3,528,399	416,871	2,435,019	657,093	5,766	13,650

表中のXに入る値を求める。X以外の横軸の
数値は出ているので、引き算をすればよい。
X ＝ 2857115 －（337336 ＋ 2141078
＋ 358156 ＋ 18406）＝ 2139
【即解】本問は整数の計算であること、選択肢
にある**一の位の値がすべて異なる**ことから、
一の位だけを推測すればよい。
6 ＋ 8 ＋ 6 ＋ 6 ＝ 26
「2857115」の15から6を引くと、15 － 6 ＝
9。選択肢では2139。

27 【100X/4.9】

【工場数、製造品出荷額等の産業中分類別構成比（従業員数4人以上工場）】

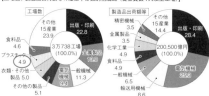

プラスチックの工場数をXとおくと、全工場
数はどのように表されるか。プラスチックの
工場数は4.9％、全工場数は100％なので、工
場数全体はプラスチックの工場数の100/4.9。
プラスチックの工場数をXとおくので、
100/4.9にXにかけて、**100X/4.9**。

28 【6.8％】

【イギリスにおける職業別パートタイム労働者数の推移】
（単位：千人）

年	職業計	管理職	専門職	専門・技術職	事務職	技能職	警備	販売	工場機械	その他
1991	5,777	261	341	456	1,104	199	973	970	226	1,108
1992	5,932	315	361	417	1,114	191	1,061	1,013	200	1,126
1993	6,004	344	354	436	1,125	207	1,103	1,018	193	1,091
1994	6,152	338	389	475	1,131	199	1,129	1,047	204	1,122
1995	6,183	391	427	463	1,112	185	1,125	1,057	229	1,116
1996	6,410	359	424	509	1,167	177	1,224	1,125	228	1,101
1997	6,554	351	438	569	1,179	188	1,269	1,177	232	1,091
男	1,302	97	123	102	96	103	164	216	103	258
女	5,252	254	315	467	1,083	85	1,105	961	129	833
増加率										
1991-97	13.4%	34.5%	28.4%	24.8%	(X)	-5.5%	30.4%	21.3%	2.7%	-1.5%

イギリスにおけるパートタイムの1991年～
97年にかけての事務職増加率（X）を求める。
1991年の事務職は1104千人で1997年は
1179千人なので、
1179 ÷ 1104 ＝ **1.0679…→約106.8％**
増加分は106.8 － 100 ＝ 6.8％。
【別解】（1179 － 1104）÷ 1104 ＝ 0.0679…
→ 約6.8％

29 【4.3％】

【世帯構造別にみた世帯の児童数別世帯数と平均児童数】
（平成9年）

世帯構造	総　数	児童数				平均児童数
		1人	2人	3人	4人以上	
	推計数（単位：千世帯）					（人）
世帯総数	23,683	5,573	11,358	5,679	1,073	1.77
単独世帯	135	135	-	-	-	1.00
核家族世帯	16,372	4,036	8,218	3,391	727	1.73
三世代世帯	6,580	1,212	2,930	2,136	301	1.90
その他の世帯	596	189	211	151	44	1.68
	構成割合（単位：%）					
世帯総数	100.0	23.5	48.0	24.0	4.5	-
単独世帯	100.0	100.0	-	-	-	-
核家族世帯	100.0	24.7	50.2	20.7	4.4	-
三世代世帯	100.0	18.4	44.5	32.5	4.6	-
その他の世帯	100.0	31.8	35.4	25.4	7.4	-

児童数が4人の三世代世帯が284千世帯のと
き、三世代世帯におけるその構成割合はおよ
そ何％か。三世代世帯総数6580千世帯のう
ちの284千世帯の割合は、
284 ÷ 6580 ＝ 0.0431… → **約4.3％**

※6割以上（18問以上）正答すれば合格圏内です。
時間配分を意識して取り組んでください。制限
時間内に全問回答ができないという場合は、以
下を意識して繰り返し練習してみましょう。

【時間内に合格点を取るコツ】

・図表内で回答に必要な情報（数値）を見つけて
　メモしたら他の数値は見なくてよい
・解ける問題でも復習する。簡単な問題をより
　速く解けるようにしておくことで、他の難し
　い問題に取り組む時間が増える
・文章選択型は後ろの選択肢から検討していく
・1問について約30秒が経過したら、正解の見
　込みがある選択肢の中から選んで回答する

4章 【模擬テスト】四則逆算 ▶本冊186〜191ページ

❶【219】

$11 \times 23 = \square + 34$

←左辺を計算して、＋34を左辺へ（−34）

$253 - 34 = 219 = \square$

【別解】選択肢の一の位がすべて異なるので、

$11 \times 23 - 34$の一の位だけを計算して、

$1 \times 3 - 4 = 3 - 4$

3は十の位を入れて**13**として計算する。

13 − 4 = 9で一の位は9なので219。

❷【567】

$12 + 17 + 34 = \square \div 9$

←左辺を計算して、÷9を左辺に（×9）

$63 \times 9 = 567 = \square$

【別解】一の位だけを計算して、

$2 + 7 + 4 = 13$

$3 \times 9 = 27$で**一の位は7**なので567。

❸【26/3】

$10 = \square \times 15/13$

←×15/13を左辺へ（÷**15/13**）

$10 \div \dfrac{15}{13}\overset{2}{} = 10 \times \dfrac{13}{15_3} = \dfrac{26}{3} = \square$

❹【1079】

$\square + 896 = 1975$ ←＋896を右辺へ（−**896**）

$\square = 1975 - 896 = 1079$

【即解】概算して、2000 − 900 = 1100。最も近い選択肢は1079。

❺【11】

$60 + 72 = \square \times 12$

←左辺を計算して、×12を左辺へ（÷**12**）

$132 \div 12 = 11 = \square$

❻【10】

$0.025 \times \square = 0.5 \times 0.5$ ←右辺を計算して、

$0.025 \times$を右辺へ（÷**0.025**）

$\square = 0.25 \div 0.025 = 10$

❼【30】

$(12 + \square) \times 13 = 546$ ←×13を右辺へ（÷**13**）

$12 + \square = 546 \div 13$

←右辺を計算して、12＋を右辺へ（−**12**）

$\square = 42 - 12 = 30$

❽【23】

$19 + 43 + \square = 85$

← 19 ＋ 43 ＋を右辺へ（−**19 − 43**）

$\square = 85 - 19 - 43 = 23$

※左辺の19 ＋ 43 ＝ 62を先に計算して、

$\square = 85 - 62 = 23$ としてもよい。

❾【224】

$16/15 \times 42 = \square \div 5$ ←÷5を左辺へ（×**5**）

$\dfrac{16}{_{13}15} \times 42^{14} \times 5^{1} = \square$ ←約分

$16 \times 14 = 224 = \square$

❿【2】

$21/16 \div 21/32 = \square$ ←分数を逆数にしてかける（÷21/32は×32/21になる）

$\dfrac{^{1}21}{_{1}16} \times \dfrac{32^{2}}{21_{1}} = 2 = \square$

⓫【25】

$0.32 \times \square = 2.08 \div 0.26$ ←右辺を計算して、

$0.32 \times$を右辺へ（÷**0.32**）

$\square = 8 \div 0.32 = 25$

⓬【324】

$\square \div 12 + 21 = 48$ ←＋21を右辺へ（−**21**）

※計算ミスに注意。×÷より先に＋－を移す。
$□ ÷ 12 = 48 - 21$
←右辺を計算して、÷12を右辺へ（×12）
$27 × 12 = 324 = □$
【別解】一の位だけを計算。$(8 - 1) × 2 = 14$
で一の位が4なので、324。

⓭【50】
$0.46 + 0.28 = 37 ÷ □$
←左辺を計算して、37÷をそのまま左辺へ
$37 ÷ 0.74 = 50 = □$

⓮【6】
$75 × □ = 3000 × 0.15$
←右辺を計算して、75×を右辺へ（÷75）
$□ = 450 ÷ 75 = 6$

⓯【1/36】
$1/18 + □ = 1/12$
←1/18＋を右辺へ（－1/18）
$□ = \dfrac{1}{12} - \dfrac{1}{18} = \dfrac{3}{36} - \dfrac{2}{36} = \dfrac{1}{36}$

⓰【70】
$56 - 101 = 25 - □$
←左辺を計算して、25－をそのまま左辺へ
$25 - (-45) = 25 + 45 = 70 = □$

⓱【18】
$72 ÷ 81 = 16 ÷ □$←72÷81が割り切れな
いので、16÷をそのまま左辺へ
$16 ÷ (72 ÷ 81) = 16 ÷ 72 × 81 = 18 = □$
←かっこをはずすと÷81は×81になる
【別解1】$72/81 = 16/□$
$72 ÷ 16 = 4.5$←72は16の4.5倍
$81 ÷ 4.5 = 18$←81は□の4.5倍
【別解2】$72 : 81 = 16 : □$
←内項（81、16）の積＝外項（72、□）の積
$81 × 16 = 1296 = 72 × □$

$□ = 1296 ÷ 72 = 18$

⓲【3.5】
$12 × □ + 28 × □ = 140$
←12と28をかっこでくくる
$(12 + 28) × □ = 140$←$12 + 28 = 40$
$40 × □ = 140$←左辺の40×を右辺へ（÷40）
$□ = 140 ÷ 40 = 3.5$

⓳【0.7】
$0.56 ÷ □ = 0.8$←0.56÷をそのまま右辺へ
$□ = 0.56 ÷ 0.8 = 0.7$

⓴【4000】
$25 ÷ 0.25 = 0.025 × □$←左辺を計算して、
$0.025 ×$を左辺へ（÷0.025）
$100 ÷ 0.025 = 4000 = □$

㉑【3/20】
$□ × □ = 0.0225$
225を素因数分解すると「$3 × 3 × 5 × 5$」＝
「$15 × 15$」。$0.0225 = 0.15 × 0.15$。
$0.15 = 15/100 = 3/20$
【即解】電卓で0.0225√と入力して0.15。

㉒【12】
$480の□\% = 57.6$←「の□%」は「×□%」
$480 × □\% = 57.6$←480×を右辺へ（÷480）
$□\% = 57.6 ÷ 480 = 0.12 → 12\%$

㉓【0.8】
$64 ÷ □ - 32 = 48$←－32を右辺へ（＋32）
$64 ÷ □ = 48 + 32$
←右辺を計算して、64÷をそのまま右辺へ
$□ = 64 ÷ 80 = 0.8$

㉔【0.78】
$3/10 + 12/25 = □$←小数にして計算する

$\dfrac{3}{10} = 3 \div 10 = 0.3$、$\dfrac{12}{25} = 12 \div 25 = 0.48$

←12/25は4倍して48/100なので0.48

0.3 + 0.48 = 0.78 =□

【別解】通分して計算する。

$\dfrac{3}{10} + \dfrac{12}{25} = \dfrac{3 \times 5 + 12 \times 2}{50} = \dfrac{15 + 24}{50} = \dfrac{39}{50}$

$39 \div 50 = 0.78$

㉕【4845.64】

4970 −□ = 124.36

←**4970 −**をそのまま右辺へ

□ = 4970 − 124.36 = 4845.64

【即解】概算で5000から□を引くと120なので、□は約4880→選択肢では4845.64

㉖【4】

12 × 11/13 =□ ÷ 13/33

←÷ 13/33を左辺へ（× 13/33）

$^4\!12 \times \dfrac{11}{13}_1^1 \times \dfrac{13}{33}_{3}^1 = 4 =□$

㉗【31.5】

□× 16/9 = 56 ←× 16/9を右辺へ（÷ 16/9）

$□ = 56 \div \dfrac{16}{9} = 56 \times \dfrac{9}{16}_{2}^{7} = \dfrac{63}{2} = 31.5$

㉘【3】

□× 0.15 = 27 ÷ 60

←右辺を計算して、× 0.15を右辺へ（÷ 0.15）

□ = 0.45 ÷ 0.15 = 3

【即解】□× 0.15 = 0.45の時点で、□を3と暗算する。

㉙【60】

5250 −□× 35 = 3150

←**5250 −**をそのまま右辺へ

□× 35 = 5250 − 3150

←右辺を計算して、× 35を右辺へ（÷ 35）

□ = 2100 ÷ 35 = 60

㉚【25】

11/50 = 5.5 ÷□←**5.5 ÷**をそのまま左辺へ

$5.5 \div \dfrac{11}{50}_1^5 \, \dfrac{55}{10}^5 \times \dfrac{50}{11}_1^5 = 25 =□$

【別解】11/50 = 5.5/□

11は5.5の2倍なので、50も□の2倍

□ = 50 × 0.5 = 25

㉛【0.2025】

1/10 + 1/16 + 1/25 =□←小数にして計算

1/10 = 0.1　　1/16 = 1 ÷ 16 = 0.0625

1/25 = 0.04

0.1 + 0.0625 + 0.04 = 0.2025 =□

㉜【500】

122の□% = 610 ←「の□%」は×□%

122 ×□% = 610 ←122 ×を右辺へ（÷ 122）

□% = 610 ÷ 122 = 5 → 500%

㉝【70/3】

21 = **0.9 ×□**←選択肢が分数なので、0.9を分数にして左辺へ（÷ 9/10）

$21 \div \dfrac{9}{10}^7 = 21 \times \dfrac{10}{9}_3 = 7 \times \dfrac{10}{3} = \dfrac{70}{3} =□$

㉞【14.88】

12 =□ ÷ 31/25

←÷ 31/25を左辺へ（× 31/25）

$12 \times \dfrac{31}{25} = 12 \times 31 \div 25 = 14.88 =□$

㉟【1/50】

□ ÷ 1/10 = 16 ÷ 80←分数にして計算

□ ÷ 1/10 = 16/80

←÷ 1/10を右辺へ（× 1/10）

$□ = \dfrac{16}{80}_5^1 \times \dfrac{1}{10} = \dfrac{1}{50}$

36【1/1000】
0.059 ÷ □ = 59 ←**0.059 ÷** をそのまま右辺へ
□ = 0.059 ÷ 59 = 0.001 = 1/1000

37【1/3】
1/24 ÷ □ = 1/16 + 1/16
←右辺を計算して、**1/24 ÷** をそのまま右辺へ

$$□ = \frac{1}{24} ÷ \frac{1}{8} = \frac{1}{{}_3\cancel{24}} × \cancel{8}^{\,1} = \frac{1}{3}$$

38【1/80】
□ ÷ 1/10 = 0.125
←**÷ 1/10** を右辺へ（**× 1/10**）
□ = 0.125 × 1/10 = 0.0125 = 1/80
【即解】**0.125 = 1/8** なので、**1/8 × 1/10**。
※分母が 8 の分数を小数にすると、
1/8 = 0.125
3/8 = 0.375
5/8 = 0.625
7/8 = 0.875

39【0.072】
12/5 + 12/25 = 40 × □ ←左辺を小数に
12 ÷ 5 = 2.4、**12 ÷ 25 = 0.48**
2.4 + 0.48 = 2.88 = 40 × □
←**40 ×** を左辺へ（**÷ 40**）
2.88 ÷ 40 = 0.072 = □
※左辺を分数のまま通分して計算してもよい。

40【8/3】
1/20 + 0.7 = 2 ÷ □ ←左辺を分数にして計算

$$\frac{1}{20} + \frac{7}{10} = \frac{1}{20} + \frac{14}{20} = \frac{\cancel{15}^{\,3}}{\cancel{20}_{\,4}} = \frac{3}{4}$$

$$\frac{3}{4} = 2 ÷ □$$ ←**2 ÷** をそのまま左辺へ

$$2 ÷ \frac{3}{4} = 2 × \frac{4}{3} = \frac{8}{3} = □$$

41【0.995】
2/25 + 7/40 = 1.25 − □

←左辺を小数にして計算

$$\frac{2}{25} = 2 ÷ 25 = 0.08、\quad \frac{7}{40} = 7 ÷ 40 = 0.175$$

0.08 + 0.175 = 1.25 − □
←左辺を計算して、**1.25 −** をそのまま左辺へ
□ = 1.25 − 0.255 = 0.995

42【87.5】
7/8 = □ % ←分数を割り算にして計算
7 ÷ 8 = 0.875 → 87.5%

43【4】
□ + 256 = □ × 65 ←**+** を右辺に（**− □**）
256 = □ × 65 − □ ←**□** は **□ × 1**
256 = □ × 65 − □ × 1
←**65** と **1** をかっこでくくる
256 = □ × (65 − 1) = □ × 64
←**× 64** を左辺へ（**÷ 64**）
256 ÷ 64 = 4 = □
【即解】両辺から **□** を引いて、**256 ÷ 64**。

44【4】
10 × □ ÷ 16 = 240 ÷ 12 ÷ 8 ←右辺を計算
10 × □ ÷ 16 = 2.5
←**10 ×** と **÷ 16** を右辺へ（**÷ 10**、**× 16**）
□ = 2.5 ÷ 10 × 16 = 4
【別解】両辺を分数にして、分母をそろえる。
先に右辺の **240 ÷ 12 = 20** を計算する。
(10 × □) ÷ 16 = 20 ÷ 8 ←割り算を分数に

$$\frac{10 × □}{16} = \frac{20}{8}$$ ←右辺を 2 倍して分子を 16 に

$$\frac{10 × □}{16} = \frac{40}{16}$$ ←分子は同じ。□ = 4

45【9】
(53 − 37) × 5 = (□ + 1)(□ − 1)
←公式を使って展開する
(53 − 37) × 5 = □² − 1 ←左辺を計算
80 = □² − 1 ←**− 1** を左辺へ（**+ 1**）

$80 + 1 = \square^2$

$81 = \square^2$

$\square = \pm 9$

選択肢では **9**。

㊻【11】

$21 - 110 \div \square = 11$ ←**21 −** をそのまま右辺へ

$110 \div \square = 21 - 11$ ←**110 ÷** をそのまま右辺へ

$\square = 110 \div (21 - 11) = 110 \div 10 = 11$

【即解】21 から $110 \div \square$ を引くと 11 になるので、$110 \div \square = 21 - 11 = 10$。

よって $\square = 110 \div 10 = 11$。

㊼【5.2】

$16 \times (\square - 3.25) = 13 \div 5/12$

← $16 \times$ を右辺へ（÷ 16）

$\square - 3.25 = 13 \div 5/12 \div 16$ ←右辺を計算

$13 \div 5/12 \div 16 = 13 \times 12 \div 5 \div 16 = 1.95$

$\square - 3.25 = 1.95$ ← **− 3.25** を右辺へ（**+ 3.25**）

$\square = 1.95 + 3.25 = 5.2$

㊽【120】

$1/8 + 1/10 = 13 \div \square + 14 \div \square$

←左辺を小数にして、右辺の 13 と 14 をかっこでくくる

$0.125 + 0.1 = (13 + 14) \div \square$ ←計算する

$0.225 = 27 \div \square$ ← **27** をそのまま左辺へ

$27 \div 0.225 = 120$

【別解1】左辺を通分して計算する。

$1/8 + 1/10 = (13 + 14) \div \square$

$5/40 + 4/40 = 27 \div \square$

$9/40 = 27 \div \square \rightarrow 9/40 = 27/\square$

←分子を 27 にそろえるために左辺を 3 倍

$$\frac{27}{120} = \frac{27}{\square}$$

$\square = 120$

【別解2】$9/40 = 27 \div \square \rightarrow 9 : 40 = 27 : \square$

内項（40、27）の積＝外項（9、$\square$）の積より、

$40 \times 27 = 9 \times \square$

$40 \times 27 \div 9 = 120 = \square$

㊾【1/6】

$41 \div \square \div 12 = 4.1 \times 5$ ←右辺を計算

$41 \div \square \div 12 = 20.5$

←後ろの ÷ 12 を先に右辺へ（× 12）。

$41 \div \square = 20.5 \times 12$ ←右辺を計算

$41 \div \square = 246$ ← **41 ÷** をそのまま右辺へ

$\square = 41 \div 246 = \dfrac{41^{1}}{246_{6}} = \dfrac{1}{6}$

【別解】式を分数にする。

$41 \div \square \div 12 = 4.1 \times 5$ ←右辺を計算

$41 \div \square \div 12 = 20.5$ ←両辺を分数にする

$$\frac{41}{\square \times 12} = \frac{41}{2}$$

←分子が同じなので、分母も同じと考える。

$\square \times 12 = 2$

$\square = 2 \div 12 = 2/12 = 1/6$

㊿【555】

$1165 - (\square + 440) = 78 + 92$

←右辺を計算して、**1165 −** をそのまま右辺へ

$\square + 440 = 1165 - 170$

←右辺を計算して、+ 440 を右辺へ（**− 440**）

$\square = 995 - 440 = 555$

【即解】選択肢が離れているので、概算できる。

$1200 - (\square + 450) = 200$

1200 から $(\square + 450)$ を引くと 200 になるので、$\square$ は 550。近い選択肢は 555。

または、次のように概算してもよい。

$1170 - (\square + 450) = 80 + 90$

$1170 - (\square + 450) = 170$

1170 から $(\square + 450)$ を引くと 170 になるので、$\square$ は 550。近い選択肢は 555。

※制限時間内に 6 割以上（30 問以上）を正答することが合格の目安です。本冊 49 ページに記載の【$\square = (=\square)$】の式にする方法をマスターしておくことで、格段にスピードアップが図れます。

模擬テスト・解説

1【1,499枚】

【ステッカー売上枚数】

	第1回	第2回	第3回	第4回
ステッカー売上枚数（枚）	781	957	1,029	?
チケット売上枚数（枚）	4,686	5,742	6,174	8,994

ステッカー売上枚数とチケット売上枚数との関係を割り出せばよい。

チケット÷ステッカーを計算すると、

第1回…4686 ÷ 781 = 6

第2回…5742 ÷ 957 = 6

第3回…6174 ÷ 1029 = 6

チケットはステッカーの6倍になっている。

第4回のチケットは、**8994 ÷ 6 = 1499枚**

※実際の検査では、第1回で6倍とわかったら、すぐ第4回の計算に移ってよい。

2【256着】

【夏商品販売数】

	1週目	2週目	3週目	4週目	5週目
水鉄砲（個）	324	410	586	390	580
家庭用プール（個）	246	366	195	225	198
水着（着）	625	500	400	320	?

水着の販売数の推移（前週との違い）を見る。

2週目…500 ÷ 625 = 0.8

3週目…400 ÷ 500 = 0.8

4週目、5週目も同様で、**前週の80%**になっている。よって5週目は、

320 × 0.8 = 256着

3【467,040万円】

【A町町税歳入内訳】

	2005年	2006年	2007年	2008年	2009年
人口（人）	124,324	123,485	124,521	123,542	124,584
町民税（万円）	361,520	372,040	402,160	448,520	?
固定資産税（万円）	90,380	93,010	100,540	112,130	116,760
町たばこ税（万円）	40,540	42,180	40,970	42,770	43,630
軽自動車税（万円）	11,100	12,200	8,820	4,590	4,060
入湯税（万円）	4,730	5,060	6,290	5,670	7,200

町民税と固定資産税が毎年増えている。町民税と固定資産税の関係を割り出せばよい。

2005年…361520 ÷ 90380 = 4

2006年…372040 ÷ 93010 = 4

2007年、2008年も同様で、**町民税は固定資産税の4倍**になっている。

よって2009年の固定資産税は

116760 × 4 = 467040万円

4【5,327千t】

【B県産業廃棄物排出量】

	2000年	2001年	2002年	2003年	2004年	2005年
汚泥（千t）	5,930	5,823	5,786	5,424	5,390	?
動物のふん尿（千t）	2,279	2,309	2,251	2,256	1,568	1,440
がれき類（千t）	469	497	501	899	924	989
木くず（千t）	210	223	301	296	336	359
その他（千t）	125	284	388	590	892	946

汚泥の量は年々少なくなっている。**2005年も2004年より少なくなる**と推測できる。2004年より少ない選択肢は、**5327千tのみ**。

5【90人】

【時間帯別の来館者数】

	P館	Q館	R館	S館	T館
10～12時（人）	40	50	80	60	30
12～14時（人）	50	50	60	60	60
14～16時（人）	60	70	40	60	70
16～18時（人）	100	80	70	70	?

時間帯による推移に法則性が見られないので、館ごとの来館者数を合計してみる。

P館…40 + 50 + 60 + 100 = 250人

Q館…50 + 50 + 70 + 80 = 250人

R館、S館も同様で、どの館も**来館者数の合計が250人**となっている。よってT館の16～18時の来館者数は、

250 − (30 + 60 + 70) = 90人

6【79,500円】

J、K、L 3社の各周辺機器の個数の**合計は15個**ずつになる。さらに、M社の周辺機器の個数はすべて**5個**ずつになっている。

【PC周辺機器見積書】

		J社	K社	L社	M社
マウス	（個）	5	10	0	5
キーボード	（個）	0	10	5	5
ヘッドセット	（個）	0	0	15	5
USBメモリ	（個）	10	5	0	5
モバイルバッテリー	（個）	10	0	5	5
見積金額	（円）	76,000	79,500	83,000	?

M社の個数は3社合計の**3分の1**なので、見積金額も3社合計の**3分の1**になる。
J、K、L3社の合計見積金額は
76000 ＋ 79500 ＋ 83000 ＝ 238500円
M社の見積金額は
238500 ÷ 3 ＝ 79500円
※行の平均から【?】を推測する問題。3社の横列を合計するとすべて15（3社の平均が5）に気がつくかどうかが問われている。【?】のある列が他の列の平均というのは玉手箱では頻出。

7【750億円】
【売上実績】

		店舗P	店舗Q	店舗R	店舗S	店舗T
防寒着売上	（億円）	890	700	850	820	?
総売上	（億円）	5,000	3,800	4,100	4,200	3,800
立地別平均気温	（℃）	6	11	6	8	9.5
従業員数	（人）	125	98	132	102	113

総売上の順番はPSRQだが、防寒着売上の順番はPRSQになっている。総売上が低いRの方がSより防寒着売上が高いのは、S（8℃）よりR（6℃）の平均気温が低いためだと考えられる。**平均気温が低いほど防寒着売上が高くなる（平均気温が高いほど防寒着売上が低くなる）**。Tの総売上はQと同じ3800で、**平均気温はQ：11℃より低い9.5℃なので、防寒着売上はQの700より高くなる。**またTの総売上はSより低く、**平均気温はS：8℃より高い9.5℃なので、防寒着売上はSの820より低くなる。**選択肢では**750億円**。

8【1,616個】
ドリンクの多い曜日はフライドチキンが少ないことに着目する。

【曜日別売上個数】

		月曜日	火曜日	水曜日	木曜日	金曜日
ドリンク	（杯）	1,721	1,196	1,687	1,301	1,384
フライドチキン	（個）	1,279	1,804	1,313	1,699	?
フライドポテト	（個）	2,489	2,306	2,121	2,532	2,297
ハンバーガー	（個）	2,983	3,021	2,854	2,965	2,843

ドリンク＋フライドチキンを計算すると、
月曜日…1721 ＋ 1279 ＝ **3000**
火曜日…1196 ＋ 1804 ＝ **3000**
水曜日、木曜日も同様で、ドリンクとフライドチキンの合計は**3000**とわかる。
よって金曜日のフライドチキンは
3000 － 1384 ＝ 1616個
※ドリンクとフライドチキンの**下1桁の合計が10**になっていることもヒントになっている。

9【76,800円】
【Kさんの月収データ】

		1年目	2年目	3年目	4年目	5年目
平均月収	（円）	40,000	100,800	79,200	27,600	?
平均月間勤務時間	（時間）	50	120	90	30	80

各年の時給を計算すると、
1年目…40000 ÷ 50 ＝ **800円**
2年目…100800 ÷ 120 ＝ **840円**
3年目…79200 ÷ 90 ＝ **880円**
4年目…27600 ÷ 30 ＝ **920円**
毎年**40円ずつ時給が上がっている**と推測できる。
5年目の時給は**920 ＋ 40 ＝ 960円**
80時間働くので、5年目の平均月収は、
960 × 80 ＝ 76800円

10【3,631個】
【マグカップ出荷数】

		P工場	Q工場	RT場	S工場	T工場
製作数	（個）	3,400	5,000	3,000	3,700	3,900
出荷数	（個）	3,332	4,900	2,940	3,626	-
販売可能数	（個）	3,165	4,655	2,793	3,445	?

製作数のうちどれだけが販売可能数となるのかを計算すると
P工場…3165 ÷ 3400 ＝ 0.930…
Q工場…4655 ÷ 5000 ＝ 0.931

模擬テスト・解説

R工場、S工場も同様で、製作数の約**93％**が販売可能数だとわかる。よってT工場の販売可能数は、

3900 × 0.93 = 3627個
選択肢では**3631**個。

⑪【135千円】

【価格改定案】

PCの モデル	改定前の 価格（千円）	改定後の 価格（千円）	(参考)競合X社同クラス の価格（千円）
モデルA	800	675	750
モデルB	600	495	550
モデルC	400	315	350
モデルD	300	225	250
モデルE	200	?	150

改定後の価格が、「改定前の価格（改定前）」と「競合X社同クラスの価格（競合価格）」のどちらと相関があるのかを見る。

A…改定後675 ÷ 改定前800 = 0.843…
A…改定後675 ÷ **競合価格750 = 0.9**
端数の出ない計算結果の**0.9**で確認する。
B…550 × 0.9 = 495 ←表の数値と一致
C…350 × 0.9 = 315 ←表の数値と一致
競合価格 × 0.9 ＝ 改定後の価格
と判明する。よってEの改定後の価格は、
150 × 0.9 = 135千円

※選択肢の数値も仮説の検証のヒントになる。改定前の価格の8割強が改定後の価格だとすると、【？】が200 × 0.8 = 160千円以上になってしまい、あてはまる選択肢がない。

⑫【134,790枚】

【チケット売上枚数】

コンサート	第1回	第2回	第3回	第4回
ファンクラブ会員数（人）	20,486	20,742	21,965	22,465
チケット売上枚数（枚）	122,916	124,452	131,790	?

ファンクラブ会員数が増えるほど、チケット売上枚数も増えている。
第1回…122916 ÷ 20486 = 6
第2回…124452 ÷ 20742 = 6
第3回…131790 ÷ 21965 = 6
ファンクラブ会員数とチケット売上枚数は、比例関係になっていることがわかる。**会員1人あたり6枚のチケットに相当している**ので、第4回の売上枚数は
22465 × 6 = 134790枚

⑬【1,380円】

【野菜箱別発送料金】

		野菜箱 L	野菜箱 M	野菜箱 N	野菜箱 O	野菜箱 P	野菜箱 Q
重さ	(kg)	15	11	14	13	9	12
距離	(km)	148	88	123	115	78	102
発送料金（円）		1,490	1,380	1,490	1,380	1,270	?

発送料金が最も安いP（1270）は、重さ（9）と距離（78）の値が最小。

最も高いL（1490）とN（1490）は、重さ（15、14）と距離（148、123）の値も大きい。

重さと距離によって発送料金が決まっていることがわかる。Qの重さ（**12**）と距離（**102**）はどちらもM（**11**、**88**）とO（**13**、**115**）の間にある。MとOが1380円なので、Qの発送料金も**1380円**と推測できる。

⑭【198万円】

【防火扉設置工事見積金額】

	Pビル	Qビル	Rビル	Sビル	Tビル	Uビル
防火扉設置箇所 （カ所）	10	3	2	20	15	8
小計（万円）	1,000	90	200	1,600	1,275	360
出精値引額 （万円）	550	49.5	110	880	701.25	?
見積金額（万円）	450	40.5	90	720	573.75	

小計と出精値引額の関係性を見つける。
P…550 ÷ 1000 = 0.55
Q…49.5 ÷ 90 = 0.55
出精値引額は、**小計 × 55％で算出**されていることがわかる。よってUの出精値引額は、
360 × 0.55 = 198万円

※出精値引とは見積もりの際の特別値引のこと。

⑮【15人】

2008年度は2009年度より初級クラスが1クラス多いが、指導コーチ数は2人多い。よって、初級には1クラスあたりに**2人のコー**

【水泳教室のクラス数・指導コーチ数】

		2005年度	2006年度	2007年度	2008年度	2009年度
初級	（クラス）	4	3	4	5	4
中級	（クラス）	6	4	5	6	6
上級	（クラス）	5	5	5	6	6
指導コーチ数（人）		19	?	18	22	20

チがつくと推測できる。

2008年度の初級に $5 \times 2 = 10$ 人のコーチがつくので、残りは $22 - 10 = 12$ 人

中級6クラス、上級6クラスより**中級と上級は1クラスあたりコーチが1人。**（4人と5人）

よって2006年度のコーチ数は、

$3 \times 2 + 4 + 5 = 15$ 人

【別解】クラス合計とコーチ数の関係を見る。

2005年度…$4 + 6 + 5 = 15$←コーチ数19

2007年度…$4 + 5 + 5 = 14$→コーチ数18

2008年度…$5 + 6 + 6 = 17$→コーチ数22

クラス合計とコーチ数の差が初級クラス数と同じなので、**初級だけ1クラスあたり2人のコーチがつくと推測できる。**

よって2006年度のコーチ数は

$3 \times 2 + 4 + 5 = 15$ 人

16 【1,650円】

【駐車料金一覧】

	1時間まで	3時間まで	5時間まで	6時間まで	8時間まで
利用料金（円）	300	870	1,400	?	2,120

1時間あたり300円とすると、3時間**900円**、5時間**1500円**になるが、表ではそれよりも安い3時間**870円**、5時間**1400円**になっているので、**駐車時間が長くなるほど時間あたりの料金が安くなる**と推測できる。

よって「6時間まで」は、「**5時間までの1400円」＋300円＝1700円より安くなる**はず。選択肢では1650円だけが該当する。

【別解】1時間300円で計算すると、3時間、5時間、8時間はそれぞれ30円、100円、280円が「300円×時間」から引かれている。

3時間：$30 = 10 + 20$

5時間：$100 = 10 + 20 + 30 + 40$

8時間：$280 = 10 + 20 + 30 + 40 + 50 + 60 + 70$

駐車時間が1時間増えるごとに引かれる額が10円ずつ増えていくと推測できる。よって6時間までの利用料金は、$300 \times 6 - (10 + 20 + 30 + 40 + 50) = 1650$円

※試験では速くおおまかな数値を求めることが大切。本問では、$1400 + 300 = 1700$円より高くなることはないと推測して1650円を選ぶのが好ましい。

17 【400万円】

【販売促進成果一覧】

	こどもの日	ハロウィン	クリスマス	年末年始	バレンタイン
ポップ枚数（枚）	25	20	32	18	20
広告配布数（千枚）	22	19	25	22	23
平均値引率（%）	11	9	15	13	13
販促人員数（人）	12	9	12	9	15
売上高 （万円）	390	360	420	390	?

広告配布数が22千枚のこどもの日と年末年始は、売上高も390万円で同じであることに着目する。広告配布数と売上高の関係を見る。

ハロウィン：広告配布数19→売上高360

こどもの日：広告配布数22→売上高390

クリスマス：広告配布数25→売上高420

広告配布数が1（千枚）増えるごとに、売上高が10（万円）増えると推測できる。

22千枚→390万円なので、バレンタインは、23千枚→$390 + 10 = 400$万円

【別解】バレンタインは、値引率が同じ年末年始（売上高390万円）よりポップ枚数も広告配布数も多いので売上高も390万円より多い。（どの条件が売上に影響したとしても、390万より多くなると推測する）

またクリスマス（420万円）より広告配布数が少なく値引率も低いので売上高も420万円より低いと推測できる。

選択肢で390万円と420万円の間にあるのは400万円のみ。

⓲【5,590円】

【グルメイベント屋外施設候補地】

		施設J	施設K	施設L	施設M	施設N
収容人数	（人）	7,800	2,423	2,400	2,316	1,990
最寄り駅からの距離（分）		5	1	7	15	15
駐車場	（台）	300	150	200	80	371
会場使用料	（千円）	4,360	1,260	1,860	1,165	800
入場券予定価格	（円）	?	5,200	7,750	5,030	4,020
建築面積	（㎡）	81,000	9,300	28,320	8,300	7,600

入場券予定価格に影響するのは、「1人あたりの会場使用料（＝会場使用料÷収容人数）」ではないかと推測できる。

K…126千円÷2423＝0.520千円…**520円**

Kの入場券予定価格　→　**5200円**

L…1860千円÷2400＝0.775千円…　**775円**

Lの入場券予定価格 →　　**7750円**

入場券予定価格は**会場使用料÷収容人数×10**だとわかる。よって J の入場券予定価格は、

4360000÷7800×10＝5589.7…

選択肢では**5590円**。

※問われている項目（入場券予定価格）に影響のありそうな項目に絞って考えることが大切。

⓳【150万円】

【販売促進費比較】

支店名	P	Q	R	S	T	U
新規契約件数（件）	75	450	1,040	840	1,170	700
支店従業員数（人）	38	86	102	56	153	94
営業部員数 （人）	5	15	13	8	18	10
販売促進費（万円）	80	125	160	185	145	?

営業部員1人あたりの新規契約件数を求める。

P…75÷5＝**15件**（販売促進費80）

Q…450÷15＝**30件**（販売促進費125）

R…1040÷13＝**80件**（販売促進費160）

S…840÷8＝**105件**（販売促進費185）

T…1170÷18＝**65件**（販売促進費145）

営業部員1人あたりの契約件数の順位は、少ないほうから順位PQTRSで販売促進費の順位と同じ。**営業部員1人あたりの契約件数が多い支店ほど販売促進費も多い**と推測できる。

Uの営業部員1人あたりの契約数は700÷10＝70で**T：65とR：80の間**なので、**販売**

⓴【3,840,000円】

【発注予定表】

	人数（人）	社章（個）	名刺A（組）	名刺B（組）	名札（枚）	社員証（枚）	支払い予定金額（円）
役員	15	15	15		15	15	87,000
商品部	200	200		400	200	200	1,360,000
管理部	400	400	400		400	400	2,320,000
開発部	800	800		800	800	800	?
研修部	500	500			500	500	1,400,000
契約社員	120			120	120		276,000
パート従業員	120				120		36,000
アルバイト	220				220		66,000
合計	2,375	1,915	415	1,320	2,375	1,915	‒

[開発部]の項目を見ると、名刺B以外は[商品部]の4倍になっている（名刺Bは2倍）。

[商品部]の支払い予定金額を4倍すると、

1360000×4＝5440000円

これには名刺B：400組を4倍した1600組が含まれているので、名刺Bを1600－800＝800組分だけ引く必要がある。

名刺Bに着目して表を見ると、[契約社員]と[パート従業員]の違いは名刺B[120組]があるかどうかだけで、支払い予定金額の差は、

276000－36000＝240000円

名刺Bは1組…**240000÷120＝2000円**

よって、開発部の支払い予定金額は、

5440000－800×2000＝3840000円

※模擬テスト「計数」が終了しました。

これで、玉手箱で最も難しい「表の空欄推測」を合計100問解いたことになります。

頑張ってきた自分を褒めてあげましょう！

本当にお疲れ様でした。

本書の問題を制限時間内に解けるようになっておけば、本番のテストでも合格できるはずです。志望企業の内定獲得を願っております。

4章 【模擬テスト】**論理的読解** ▶本冊202〜217ページ

A→文脈の論理から明らかに正しい。または正しい内容を含んでいる。

B→文脈の論理から明らかに間違っている。または間違った内容を含んでいる。

C→問題文の内容だけからでは、設問文は論理的に導けない。

問1

1【C】

第四の壁を破られることに対して、観客の側がどう思っているかということは本文には書かれていない。

2【A】

「フィクションへの同意」についての記述を検索する。

4行目「フィクションであることへの『同意』が舞台と客席を異なる空間に隔てて〜概念上存在するこの境界を『第四の壁』という」とあるので、「第四の壁」＝「フィクションへの同意」ということがわかる。

さらに9行目に「上演中に観客と俳優が第四の壁（フィクションへの同意）の存在を意識することはないに等しい」とある。

3【B】

5行目に「概念上存在するこの境界を『第四の壁』という。概念自体はシェイクスピアの時代以前に発生していたが、第四の壁という呼称は19世紀に発生した」とある。

シェイクスピアの時代の演劇人が「第四の壁」を破ろうとしていたとはいえない。

4【C】

「第四の壁という呼称が生まれたことで、第四の壁を破る手法も始まった」という意味内容は、問題文のどこにも書かれていない。

問2

1【A】

「教養」で検索すると、10行目に「歌を詠むことが第一の教養とされ、〜理想的な基礎教育科目と見なされたのだ」とある。

2【A】

「源氏物語」で検索すると、14行目に「『源氏物語』に由来する和歌を作れば、この大長編を読破した証拠として自慢げに示せる」とあるので、読破は名誉あることだったといえる。

3【C】

「日本文化の多様化に、和歌は大きな影響を及ぼした」とは、本文には書かれていない。

4【C】

4行目に「武士の時代（鎌倉・室町時代）である中世社会に移り、〜和歌を詠み親しむ階層が広がり」とはあるが、武士だけでなく一般庶民へも和歌の世界が拡大したとは、どこにも書かれていない。

問3

1【A】

「砂漠化が始まる」という内容で検索すると、10行目に「砂漠化が最初に起こるのは砂漠の中でも周辺でもない。砂漠からかなり離れた半乾燥地や半湿潤地の農地から始まるのである」とある。

2【C】

「砂漠化が進む周辺地域で流砂や砂嵐を見ることはあまりない」とは本文には書かれていない。

3【B】

4行目に「主に乾燥地域における」とあるので、世界中すべての地域で起こりうる現象ではない。

❹【B】

「現存量」で検索すると、16行目に「現存量は
ほとんど変化しなくても、より乾燥した環境
に適応した植物へと種組成が質的に変化する
こともある」とある。

問4

❶【A】

「自文化を見つめなおせる」で検索する。

17行目に「少し離れた立場から自文化を見つ
めなおせる『鏡』を手に入れることも、文化人
類学の重要な役割の1つ」とある。

❷【B】

「エミック」と「エティック」で検索する。

13行目に「異文化の理解には、『エミック』だ
けでなく『エティック』も併せた両方の視点を
バランスよく扱うことが大切」とある。

❸【A】

「違和感」で検索する。

15行目に「対象集団へのエミックな見方が身
についてしまい、自分が暮らしていた日本社
会の方が異文化に思えて違和感を抱くことが
あります」とある。

違和感を抱くのは、研究対象を外側から観察・
分析するエティックな視点から日本社会を見
るためだとわかる。

❹【C】

エミックによる分析が科学的かどうかという
ことは、どこにも書かれていない。

問5

❶【C】

13行目に「他とは違う生き方を選んだ人々は、
その価値観を容易には認められなかったのだ」
とはあるが、設問の「今も昔も、自分と異なる
生き方を選択した人の価値観」について認める
か否かは、本文には書かれていない。

❷【A】

「結婚」「非婚」で検索する。

18行目に「今日の日本社会においては〜社会
的コンセンサスが『結婚する、しないは個人の
自由である』と変容してきた」とある。

❸【C】

「多様な価値観は、社会的コンセンサスが変化
することによって生まれている」というような
ことは、どこにも書かれていない。

❹【B】

7行目に「昔から『結婚して子を作る』というライ
フスタイルにこだわらない人々は一定数存
在していた。まるで新しい価値観のように扱
われているが、自らの価値観のもとに他とは
違う生き方を選択した人々も確実にいた」

21行目に「今まで黙殺されがちであったライ
フスタイルや価値観が表面化してきたにすぎ
ない」とある。

これらにより、新しい価値観が生まれたわけ
ではないとわかる。

問6

❶【A】

「基礎化粧品」「短期」「長期」で検索する。

14行目に「基礎化粧品を数日使っただけでは
効果が実感できなくても、半年間ほど使用を
継続すれば肌質が驚くほど改善する〜短期的
な使用では違和感がなくても、長い間使用す
るうちに発疹などの皮膚疾患が生じることも
起こりうる」とある。

❷【B】

「テスターや試供品」で検索する。

7行目：「テスターや試供品で自分の『肌に合
う』かどうか試してからの購入であれば、〜し
かし、それはあくまでも一時的かつ短期的な
ものであることは否めない」、

12行目：「テスターや試供品による短期間の
『お試し使用』では、実際に購入することにな
る製品とは使用する期間的条件が違ってくる」
以上より、「基礎化粧品の実態(現実的効果)が
よくわかる」とはいえない。

3【B】

「肌の細胞」で検索する。

10行目に「基礎化粧品のような商品で効果を得るまでには、肌の角質層の細胞が入れ替わる一定の時間をふまえて、継続的な使用が必要とされる」とある。

細胞が入れ替わる時間は一定であり、基礎化粧品で変化するものではないことがわかる。

4【A】

16行目に「短期的な使用では違和感がなくても、長い間使用するうちに発疹などの皮膚疾患が生じることも起こりうる」とある。

問7

1【A】

「性淘汰」「雄間競争」「配偶者選択」で検索する。

11行目に「繁殖競争に有利であれば進化が起こりうるという、性淘汰（セクシャル・セレクション）のしくみを発見する。つまり、同じ自然環境にあっても、繁殖における社会的環境は雌雄で異なる。『オスとは小配偶子をたくさん作る性、メスとは大配偶子を少しだけ作る性』であるという繁殖戦略の違いが、数が少ない卵を作るメスの獲得にオス同士が争い（雄間競争）、大量の精子を作るオスたちの中から好みの個体をメスが選ぶ（配偶者選択）というふうに、雌雄で異なる社会的環境をもたらし、それが進化に結びつく」とあり、雄間競争と配偶者選択が性淘汰をもたらす環境として挙げられていることがわかる。

2【A】

「配偶子」で検索する。

14行目に「『オスとは小配偶子をたくさん作る性、メスとは大配偶子を少しだけ作る性』であるという繁殖戦略の違いが、〜雌雄で異なる社会的環境をもたらし、それが進化に結びつく」とあり、文脈からこれが性淘汰が起こる理由であることがわかる。

3【B】

「カブトムシ」で検索する。

4行目「カブトムシの角はオスにはあるのにメスにはない。長くて重たい角を持つオスは飛ぶときに不便…」とあるので、生存上有利な理由とはいえない。

4【C】

繁殖上で有利な形状や性質と、生存上の有利さとを比較する記述は本文にはない。

問8

1【C】

17行目に「もともと企業は自社名の宣伝やイメージアップの戦略として、スポーツや音楽、芸術などの文化行事やイベントを支援・後援していた」とあるが、自社ロゴを作成したことで支援や後援をしやすくなったとは、どこにも書かれていない。

2【C】

企業が文化行事やイベントの内容に興味を持ったから支援・後援を行うとは本文には書かれていない。

3【B】

6行目に「高級ブランドのロゴは、その商品の値札と同じような役割を果たす」、また12行目に「ロゴのイメージ定着によってブランド名そのものが商品に付加価値を与える」とある。ブランドロゴが商品に値札と同じような付加価値を与えるのであって、「商品の価格を示す」のではない。

4【A】

26行目に「ブランド化によって、前例と同様に、その企業に興味や関心のなかった人々へアピールする機会を創出できる」とある。

※同じ長文で4問（4画面）続くので、1問目で長文を読みながら内容を記憶するようにすると、2問目以降も回答しやすくなっていきます。

模擬テスト・解説

問1

❶【A】「状況に応じたパターンの使い分けと一つのパターンの掘り下げのうち、自分に合った方法を選ぶとよい。」

12行目：「**やってきたことの幅が広くて、弁が立つ人であれば、多くの自己PRのネタをもち、その場その場で臨機応変にアピールを変えるのは有効だし、可能だろう。逆に、どうしても自分が大学でやってきた研究に沿った仕事をやっていきたい、というような人は、自己PRのもち数は一つだけでよい**」。

これが趣旨なのでA。

❷【C】「やってきたことの幅が狭い人は同じパターンで自己PRするしかない。」

12行目「**やってきたことの幅が広くて、弁が立つ人であれば、多くの自己PRのネタをもち、その場その場で臨機応変にアピールを変えるのは有効だ**」とは書かれているが、逆に「幅が狭い人は同じパターンで自己PRするしかない」とは、どこにも書かれてないのでC。

❸【B】「演奏家がファンをもつ方法には、複数のパターンがある。」

第一段落に書いてある内容だが、趣旨ではないのでB。

❹【B】「一つのパターンを洗練させることは、自己PRにおいて強みとなる。」

7行目「**自己PRのレパートリーも、一つのパターンをどの企業でも使い回す場合と、逆に多くのパターンを企業や選考段階で使い分けていく場合がある。前者の強みは、場数を踏むほどに洗練されていき、インパクトが加わっていくことだ**」とある。

本文に書かれている内容だが、趣旨ではないのでB。

問2

❶【B】「本選考ではインターン選考とは違う長所を見せることが大切である。」

最後の文「**自己分析や志望動機をブラッシュアップして、本選考ではインターン選考より優れたアピールとなるようにしたい**」と言う内容の言い換え。

ただし趣旨とはいえないのでB。

❷【B】「本選考は入社後に活躍できる人材かどうかを判断するためのものだ。」

10行目に「**本選考は、入社後に活躍してくれる人材かどうか、社風に合うかどうかを判断するために行われる**」とある。

本文に書かれている内容といえるが、趣旨ではないのでB。

❸【A】「インターン選考の落選で本選考への応募を諦める必要はない。」

12行目の「**インターンの選考に落ちたからといって、本選考への応募を諦めるのはもったいない。〜インターンの結果にこだわらずに、受けたい企業を受けるのが正解である**」という趣旨に沿っている内容なのでA。

❹【C】「インターン選考に落ちるのは、入社への熱意が正しく伝わっていないからである。」

インターン選考に落ちる理由については、本文のどこにも書かれていないのでC。

問3

❶【C】「志望度を評価基準にする企業には入社すべきでない。」

12行目に「**志望度を評価基準としている企業は、わたしからすると現実が見えていないと言わざるを得ない**」はあるが、「入社すべきでない」とは書かれていないのでC。

❷【B】「入社選考で重視すべき要素は、志望

度のほかにもたくさんある。」

14行目に「**入社選考においては、能力、仕事への適性、企業風土との相性など重視すべき要素はいくらでもあるはず**」とあるように、本文に書かれている内容といえる。

しかし、趣旨とはいえないのでB。

3【C】「志望度は重視しない企業や採用担当者が増えている。」

「増えている」とは本文のどこにも書かれていないのでC。

4【A】「現在、志望度は適切な評価基準とはいえない。」

5行目「**志望度ははたして適切な評価方法といえるのだろうか。わたしにはそう思えない**」、14行目「**現代はもはや志望度の高低で採用を決められる時代ではないのだ**」が趣旨になっている。

同様の内容なのでA。

問4

1【B】「格差社会になった原因の一つに投票率の低さがある。」

8行目「**投票率が低いからこそ、～固定された格差社会が成立してしまう**」とあるが、趣旨ではないのでB。

2【C】「日本経済も政治が変われば持ち直すだろう。」

政治が変われば日本経済が持ち直すとは、本文には書かれていないのでC。

3【A】「よりよい社会にするために選挙に行くべきである。」

筆者は、全体を通じて何よりも選挙に行くべきだということを主張しているのでA。

4【C】「入社選考では、応募者が選挙に行ったかどうかを重視すべきだ。」

本文のどこにも書かれていないのでC。

問5

1【A】「面接官は入社後に育てられる資質で

はなく、育ちにくい資質を重視すべきだ」

17行目「**面接で重視すべきなのは、『やり抜く力』や『自己認識力』など、入社後の経験では育ちにくい資質の有無なのだ**」という趣旨と一致しているのでA。

2【C】「会社に入らなければ、コミュニケーション能力は育てることができない。」

11行目に「**そもそもコミュニケーション能力は入社後の経験によって高めることができる能力である**」と書かれている。

しかし、「会社に入らなければコミュニケーション能力は育てることができない」とは、本文には書かれていないのでC。

3【B】「面接で緊張しない人はいないだろう。」

8行目「**そんな特殊な状況下では誰でも緊張するものであり**」とあるので、本文に書かれている内容といえるが、趣旨ではないのでB。

4【B】「コミュニケーション能力の有無だけで採用を決めるのは間違っている。」

15行目「**コミュニケーション能力という今後育てられる資質を面接時に持っていないことを理由に不合格にするのは間違いだといえる**」とあるが、趣旨ではないのでB。

問6

1【C】「大企業のメリットだけに注目する就活は失敗する。」

8行目「**メリットばかりに注目してしているようなのだ**」とはあるが、その結果、就活に失敗するとまではどこにも書かれていないのでC。

2【B】「大企業と中小企業の優劣は一概には判断がつかない。」

9行目「**企業の規模を比較して優劣を決めるのは難しい**」を言い換えた表現。

しかし、筆者が一番訴えたいこととはいえないのでB。

3【A】「企業選択は、自らが重要視する条件が実現できるのはどこか、という視点で臨め

ばよい。」

16行目の**「自分の重きを置く条件が～選択すればよいのである」**を言い換えており、趣旨といえるのでA。

4【C】「自分にとって譲れない条件とは、自身の資質を捉えなければ見えてこない。」

本文に「譲れない条件」と「自身の資質」の直接の関係を示す部分はないのでC。

問7

1【A】「面接では笑顔にこだわらず自分の得意な表情で勝負すればよい。」

13行目～末尾までに**「笑顔が難しければ、～自分の得意な武器を磨いてほしい」**とある。趣旨にそった内容なのでA。

2【C】「笑顔の作り方をいくら練習しても、『笑顔の呪縛』からは逃れられない。」

笑顔の練習と「笑顔の呪縛」の関係は、本文には書かれていない。よってC。

3【B】「熱意あふれる眼差しは相手によい印象を与える。」

12行目**「入社への意欲を語るとき～相手によい印象を残すはずである」**とあるように、本文に書かれている。

しかし、筆者が一番訴えたいこととはいえないのでB。

4【C】「面接では、自分の人となりや魅力を表現する表情が最も大切なことである。」

面接で最も大切なことが自分の人となりや魅力を表現する表情であるとは、本文のどこにも書かれていない。よってC。

問8

1【B】「逆質問の目的の一つは、会社のことを知ってもらうためである。」

5行目**「理由の一つはもちろん応募者の疑問に答えることで、自分の会社についての理解を深めてほしいからである」**とあるが、趣旨ではないのでB。

2【C】「福利厚生についての逆質問をすると不合格になることもある。」

15行目**「ただし、給与や福利厚生など、待遇面の質問ばかりするのも控えたほうがよい」**とあるが、不合格になるとは本文には書かれていない。

よってC。

3【B】「面接官は逆質問で応募者の熱意をはかっている。」

6行目に**「もうひとつの理由は、応募者の入社意欲をはかるためである」**とあるように、本文に書かれている内容なのでB。

4【A】「逆質問は応募者が入社意欲を伝えるチャンスである。」

10行目に**「逆質問は応募者が自らの入社意欲の高さをアピールする、またとないチャンスともいえる」**とあり、ここが趣旨になってるのでA。

※同じ長文で4問（1画面）、1問目で長文を読みながら内容を記憶するようにすると、2問目以降も回答しやすくなっていきます。

また、設問文に「AとCが1つ以上」とあるので、3問目までにA（またはC）がない場合には、4問目は読まなくてもA（またはC）と判断することで、速く回答できます。

4章 【模擬テスト】英語／長文読解 ▶本冊226〜233ページ

問1

1 【D】"kitchen floor"で検索する。

13行目のThe **kitchen** is well-designed with **marble flooring**, a glass-topped island, and a high-quality oven.

（キッチンは、大理石の床、ガラス張りのアイランド、高品質のオーブンが機能的に配置されています）より、床は大理石でできているのでDが正解。

2 【C】1行目の以下の記載がヒントになる。

Are you interested in living in a luxurious home away from the city but still want the **convenience of city life**?（都市生活の利便性を損なうことなく、都市から離れた贅沢な家に住むことに興味がありますか?）

よって正しい選択肢はC。

3 【B】"(shopping) **mall**"で検索する。

5行目の以下の文から位置関係を判断する。

there is a medical center with advanced facilities right across the street from the **mall** in case you or your family need medical care.（あなたやあなたの家族が医療ケアが必要な場合、モールの通りの向かいには最新の設備を備えた医療センターがあります）

つまり、ショッピングモールは医療センターの通りの向かい側にある。正解はB。

難易度は高めの問題だが、本文の**across the street**（通りの向かい側）が選択肢で**On the opposite side of the street**（通りの反対側）に言い換えられていることがわかれば正解することができる。

問1 【和訳例】

都市生活の利便性を損なうことなく、都市から離れた贅沢な家に住むことに興味がありますか?

川沿いの美しい4ベッドルームの木造住宅は、あなたにぴったりのお家かもしれません。市内中心部まで車でわずか30分、大型ショッピングモールまで10分です。あなたやあなたの家族が医療ケアが必要な場合、モールの通りの向かいには最新の設備を備えた医療センターがあります。

この家には、各ベッドルームにバスルームとウォークインクローゼットを備えてあります。広々としたリビングルームには、石造りの暖炉、書斎、ゲームルームがあります。キッチンは、大理石の床、ガラス張りのアイランド、高品質のオーブンが機能的に配置されています。家は川の絶景と素晴らしい自然の景色に囲まれており、長い一日の後に安らぎの隠れ家を提供してくれます。川に面したウッドデッキからは、夕日を眺めることができます。

1 キッチンの床は何からできているか?
A 木
B 岩
C ガラス
D 大理石
E タイル

2 この家に惹かれるのは誰か?
A 都会暮らしを諦めたくない人
B 遠隔地に住みたい人
C 都市生活の便利さを保ちながら都市の外に住みたい人
D 通勤に30分以上運転したくない人
E 都会に住むのにあまりお金をかけたくない人

3 ショッピングモールはどこにあるか?
A 家と街の間
B 医療センターの通りの向かい側
C 家から街の反対側
D 医療センターの隣
E 家と医療センターの間

問2

1【E】文章の趣旨を問う問題は、初めの一文をまず読み、それでも分からなければ最後の一文を読むとよい。

文章の1行目に we are having a class reunion（同窓会を開催します）とあるので、答えはE「同窓会への招待」とわかる。

2【C】"this month" で文章を検索する。7行目に send back the enclosed reply card by the end of this month.（同封の返信用ハガキを今月末までにお送りください）とあるので、答えはC「参加の返事」。

3【B】"cancel" で検索をする。

12行目：If you need to **cancel**, please do so in advance to avoid a cancellation fee. **Up to one week before the event, the fee is 30% of the participa-** tion fee. **After that, you will need to pay the full fee.**

19行目：Participation Fee:**10,000 yen per person**

（キャンセルする必要がある場合は、キャンセル料を避けるために事前にお知らせください。イベントの1週間前までは参加費の30%がキャンセル料となります。それ以降は、全額をお支払いいただく必要があります。参加費：1人あたり10,000円）

これらの情報により、**5日前は参加費（10,000円）の全額がかかる**ことがわかる。答えはBの「10,000円」。

問2　【和訳例】
　来月、私たちは卒業10周年を祝うためにクラスの同窓会を開催します。さらに、私たちの担任の先生は今月で退職予定ですので、皆で感謝の気持ちを表すために再び集まりましょう。
　以下は同窓会の詳細です。日程とスケジュールをご確認いただき、同封の返信用ハガキを今月末までにお送りください。再びお会いできることを楽しみにしております。ご質問がある場合は、同窓会委員会にお気軽にお問い合わせください。
　キャンセルする必要がある場合は、キャンセル料を避けるために事前にお知らせください。イベントの1週間前までは参加費の30%がキャンセル料となります。それ以降は、全額をお支払いいただく必要があります。
　日時：3月27日、午後6時から午後9時まで
　場所：XYZホテルのHIルーム
　参加費：1人あたり10,000円
*イベント当日の宿泊が必要な場合、XYZホテルの客室を5,000円割引で予約できます。詳細はこの手紙に含まれています。
1 このお知らせは何についてか？
A　新しいクラスの紹介
B　ホテルのご案内
C　最後のホームルームへの招待
D　先生の紹介
E　同窓会への招待
2 今月何をする必要があるか？
A　主催者に電話をかける
B　主催者に参加費を支払う
C　参加の返事
D　担任の先生に感謝する
E　XYZホテルの部屋を予約する
3 イベントの5日前にキャンセルした場合、料金はいくらか？
A　15,000円
B　10,000円
C　7,000円
D　5,000円
E　3,000円

問3

❶【D】"temples" がキーワードになる。
13行目の let's explore numerous shrines and **temples** together. The more you know about Japanese history, the more you will enjoy visiting these places.
（一緒に多くの神社と寺を探索しましょう。日本の歴史について知っていることが多いほど、これらの場所を訪れるのが楽しみになります）
これにより、正解は D の「日本の歴史に関する知識」

❷【B】エミリーに関する正しいものを選ぶ問題。メール本文の最初の1文をまず読むとよい。本文の最初の1文（5行目）がヒント。
Congratulations on passing your **international student examination**!（留学生試験合格おめでとうございます！）

これより、エミリーは留学生と判断できる。また、文章に日本のことが多く書かれていることから、日本の大学に入学するとわかるので、正解は B。

❸【E】"remarkable" で検索すると、19行目に Considering your **remarkable** abilities とあるので、この段落の情報をヒントにする。
20行目：Your proficiency in both Japanese and English（日本語と英語の堪能さ）
25行目：Additionally, you are a talented violinist and athlete!（さらに、あなたは優れたヴァイオリニストであり、アスリートでもあります！）
これらより、彼女は様々な才能を持っていることがわかる。答えは E。

問3 【和訳例】
エミリー・アンダーソンさんへ <Emily0625@XXXXXXX.com>　日付：20xx年5月07日(金)
件名：Re: エキサイティングなニュース！！

　留学生試験に合格おめでとうございます！私は、様々な選択肢の中から私たちの大学を選んでくれてとても嬉しいです。素晴らしい決断をしたと信じています。9月にお会いできることを楽しみにしており、1年間一緒に勉強できることを心待ちにしています。

　あなたは日本の歴史と文学に興味があると聞いています。日本に到着したら、一緒に多くの神社と寺を探索しましょう。日本の歴史について知っていることが多いほど、これらの場所を訪れるのが楽しみになります。私たちは歴史の知識を共有できます。

　あなたの素晴らしい能力を考えると、私はあなたが私たちの大学で人気のある学生になることに疑いの余地はありません。日本語と英語の堪能さ、そして多くの漢字を読み書きできる能力は印象的です。あなたのお母さんが日本人だと聞いていますが、おそらく母国で日本語を学ぶのは大変だったことでしょう。さらに、あなたは優れたヴァイオリニストであり、アスリートでもあります！

　私たちの大学、この街、またその他のことについて質問があれば、どうぞ遠慮なくお知らせください。私はいつでもあなたのお手伝いをします。

❶　送り主によれば、何がお寺巡りをもっと楽しくするか？
A　日本語能力
B　彼らをよく知る仲間
C　お寺に詳しいツアーガイド
D　日本の歴史に関する知識
E　事前準備と具体的な計画

❷　エミリーについて正しいのは次のうちどれか？
A　彼女は留学生の試験を受ける直前である
B　彼女は日本の大学に入学する留学生である
C　彼女は日本に興味を持つドイツ人の両親の娘である
D　彼女はこのメールの送信者の家庭教師になる
E　彼女はプロのバイオリニストとしてコンサートのために来日する

❸　エミリーはなぜ素晴らしいのか？
A　彼女は一人で日本に来るから
B　彼女は優れた大学に受かったから
C　彼女はドイツ語が話せるから
D　彼女は大学の人気者だから
E　彼女は多才な人だから

問4

1【B】 "lunch"で検索する。

10行目にif you have hamburgers or noodles for **lunch**, try adding some salad or soup to the meal.（ランチにハンバーガーや麺類を食べる場合、一緒にサラダやスープを加えてみてください）とあるので、答えは**B**のハンバーグと新鮮なサラダ。他の選択肢は文章に書かれていないので不適切。

2【C】文の趣旨を問う問題。初めの1文と最後の1文を読む。

1行目：Eating well is crucial for your physical and mental health.（食事を良く摂ることは、体と精神の健康にとって非常に重要です）

22行目：Hopefully, this will help you maintain good physical health.（これが良好な身体の健康を維持するのに役立つこと

を願っています）より、最も適切な選択肢は**C**。他は著者の主張に書かれていないので不適切。

3【A】6行目：Being mindful of your food choices can still have a positive impact.（食事の選択に注意を払うことは、良い影響を与える可能性があります）とあり、Aの選択肢と同様のことを述べている。著者の主張に近いのは**A**。

Dと迷うかもしれないが、**「健康が一番重要である」とは文章の中で述べていない**ので不適切。

時間がかかり厄介な問題だが、制限時間が来たら選択肢をざっと読んで、一般的な考え方として**A**と答えてもよい。

問4　【和訳例】
　食事を良く摂ることは、体と精神の健康にとって非常に重要です。毎日健康で美味しい食事を準備してくれる人がいるなら、それは素晴らしいことです。しかし、そんな人が周りにいない場合や、バランスの取れた食事を用意する時間があまりない場合でも、心配しないでください。食事の選択に注意を払うことは、良い影響を与える可能性があります。

　まず第一に、毎回の食事にさまざまな食品を取り入れることを目指してください。たとえば、ランチにハンバーガーや麺類を食べる場合、一緒にサラダやスープを加えてみてください。スープやサラダの代わりにフルーツとヨーグルトに置き換えることもできます。

　第二に、たくさんの種類の料理を食べてみてください。コンビニ弁当を頻繁に利用している場合、異なる種類を試してみることを考えてみてください。外食の際には、毎回メニューから異なる料理を試してみてください。

　小さな変化でも大きな違いを生むことがあります。完璧でないとしても、必要な栄養素とビタミンの一部を摂取することができます。これがあなたの良好な身体の健康を維持するのに役立つことを願っています。

1　著者はおそらくどのランチの選択を提案するか？
A　チーズバーガーと牛乳
B　ハンバーグと新鮮なサラダ
C　ホットドッグとオレンジジュース
D　ハンバーグとパスタ
E　麺とおにぎり

2　文章によると、どの文が正しいか？
A　私たちは学校で正しい食事の仕方を学ぶべきだ
B　自分で料理することが外食よりも良い
C　食事に気をつければ、病気にならないかもしれない
D　外食はできるだけ少なくすべきである
E　お弁当は健康によくない

3　著者が発言する可能性が最も高いのはどれか？
A　毎日何を食べるかを考える必要がある
B　料理を作ってくれる人と一緒に暮らすべきだ
C　昼食にハンバーガーを食べてはいけない
D　健康は私たちの人生の中で何よりも重要だ
E　ささいなことは重要ではない

4章 【模擬テスト】英語／論理的読解 ▶本冊234〜241ページ

問1

1 【B】"Washington D.C." と "Hawaii" で検索し、時差の表記を探す。

11行目に**Washington D.C.** follows Eastern Standard Time and is six hours ahead of **Hawaii**, which follows the Hawaii-Aleutian Standard Time. (ワシントンD.C.は東部標準時帯にあり、ハワイアリューシャン標準時帯にあるハワイより6時間進んでいます)と記載がある。時差は「6時間」で、「8時間」と記載のある設問文は正しくないのでB。

2 【A】"longitude" と "time zone" で検索する。3行目に経度が何を決めるかの記載があり、**Longitude** decides a region's time zone. (経度は各地域の標準時を決定します)と説明している。本文と一致するのでA。

3 【B】"New Year" で検索する。

13行目：when Washington D.C. celebrates **New Year**'s Day with cheers, Hawaiians are not even in the same year. (ワシントンD.C.で新年を祝う歓声が上がっているとき、ハワイではまだ新年になっていないのです)とある。

設問文の「ハワイは新年になっている」は正しくないのでB。

問1　【和訳例】
　次の文を読み、それに続く設問文に最も適した説明を選びなさい。

　アメリカ合衆国は、西経77度(ワシントンD.C.)から西経157度(ホノルル)に広がる広大な国です。経度は各地域の標準時を決定します。15度ごとに、進行方向に応じて1時間を加算または減算します。米国には6つの異なるタイムゾーンが存在します。
　たとえば、ハワイの人々が午前7時に朝食の準備をしているのに対し、ワシントンD.C.の人々は午後1時に遅い昼食をとっています。ワシントンD.C.は東部標準時帯にあり、ハワイアリューシャン標準時帯にあるハワイより6時間進んでいます。従って、ワシントンD.C.で新年を祝う歓声が上がっているとき、ハワイではまだ新年になっていないのです。

A：本文に含まれる情報または主張により、設問に書かれている内容は明らかに正しい、または論理的に導くことができる。
B：本文に含まれる情報または主張により、設問に書かれている内容は明らかに誤っている、または逆のことを述べている。
C：追加の情報がなければ、設問に書かれている内容が正しいか間違っているか、または論理的に導けるかどうかを判断できない。

1 ワシントンD.C.とハワイの時差は8時間である。

2 この文章によれば、経度は地域の標準時を決定する。

3 ワシントンで新年を祝う時、ハワイはすでに新年になっている。

模擬テスト・解説

問2

1 【C】"sumo"、"most popular" がキーワードになる。**文章のどこにも"popular"の単語、または類語は見つからない。**相撲の「人気」に関する情報は見当たらない。この文章からはわからないので C。

2 【A】"traditional practice" がキーワードで、これを本文では "**strict ceremonial manners**" で言い換えている。

1行目：not everyone knows it began as a Shinto ritual to pray for peace, family prosperity, fertile agriculture, and successful fishing. That is why Sumo follows **strict ceremonial manners.**（平和、家内安全、五穀豊穣、豊漁などを祈願する神道の儀式が起源であることはあまり知られていません。これが、相撲が厳格で儀式的な作法を維持する理由です）

相撲の起源は神道の儀式であることが、厳格で儀式的な作法を維持する理由である、と書かれている。明らかに正しいので A。

3 【A】"traditional" と "modern" がキーワード。本文では "traditional" が "historical" に言い換えられている。

18行目：People have diverse opinions, some advocating for respecting these customs for their **historical** value, while others believe they should be adapted to **modern** times（「歴史的価値のある伝統的な慣習を尊重すべきだ」「現代に合わせて慣習を変えるべきだ」など、さまざまな意見があります）とある部分から判断をする。

「伝統的意見と現代的意見の対立」と表現している設問文を検証する。

伝統的な慣習を尊重する➡伝統的意見
現代に合わせて慣習を変える➡現代的意見
設問文は本文から論理的に導けるので A。

問2 【和訳例】
　次の文を読み、それに続く設問文に最も適した説明を選びなさい。

　相撲が日本最古の国技であることは広く知られています。しかし、平和、家内安全、五穀豊穣、豊漁などを祈願する神道の儀式が起源であることはあまり知られていません。これが、相撲が厳格で儀式的な作法を維持する理由です。
　大きくて健康的な力士は、神道の神々への敬意を象徴しています。このような宗教的および文化的伝統を際立たせる最も壮観なイベントの1つは、明治神宮で横綱（最高位力士）が「奉納土俵入り」を行う式典です。これは神々に身も心も捧げる行事です。
　しかし、これらの伝統的な行事は現代の社会において時折問題視されることもあります。例えば、性差別的な側面があるという点です。プロの力士は男性ばかりで、女性は土俵に立つことさえできません。「歴史的価値のある伝統的な慣習を尊重すべきだ」「現代に合わせて慣習を変えるべきだ」など、さまざまな意見があります。

A：本文に含まれる情報または主張により、設問に書かれている内容は明らかに正しい、または論理的に導くことができる。
B：本文に含まれる情報または主張により、設問に書かれている内容は明らかに誤っている、または逆のことを述べている。
C：追加の情報がなければ、設問に書かれている内容が正しいか間違っているか、または論理的に導けるかどうかを判断できない。

1　相撲は日本で最も人気のスポーツである。

2　相撲が伝統的な慣習を今日まで守り続けている理由は、その宗教的な性質のためである。

3　今日の相撲をめぐる論争の根本的な原因は伝統的意見と現代的意見の議論である。

問3

■【C】"originated"がキーワードになる。**文章には、コーヒーの発祥した地域に関する記載は一切ない。文章からは判断できないためCが正解。**

※Aと回答したくなるが、回答がAになるのは例えば「コーヒーの発祥の国は不明である」などと文章に明確に記載がある場合。**本文はそもそも、発祥について記載が一切ないのでC（判断できない）を選ばなければいけない。**

■【B】"snacks"で検索をする。

10行目：These establishments not only serve coffee but also offer pastries and **snacks** to accompany it（カフェや喫茶店は、コーヒーを提供するだけでなく、コーヒーに添えるお菓子や軽食も提供する）

これにより、設問文は明らかに誤っているのでB。

■【A】"contributed"や"culture"のキーワードで検索すると、18行目に以下の記載がある。

coffee has played and continues to play a important role in our culture.（コーヒーは我々の文化に重要な役割を担ってきており、これからも続けていく）

上記の文から、設問文は著者の主張と一致するのでA。

問3 【和訳例】
次の文を読み、それに続く設問文に最も適した説明を選びなさい。

　世界中の人々がコーヒーを楽しんでいるが、産地が異なれば味も異なる。例えば、イエメンのモカ、ジャマイカのブルーマウンテン、ハワイのコナはすべて味が異なる。また、同じ地域でも農園ごとに味が異なる。この多様性こそが、コーヒーが歴史を通じて人々に愛されてきた理由の1つだ。
　また、カフェや喫茶店は、知識人や芸術家がコーヒーを飲みながら交流する場としても魅力を持っている。カフェや喫茶店は、コーヒーを提供するだけでなく、コーヒーに添えるお菓子や軽食も提供するため、お菓子の発展にも貢献してきた。最近では、カフェやコーヒーハウスでも、コーヒーの表面に泡立てたミルクで絵を描く楽しい「ラテアート」など、クリエイティブなコーヒーの提供方法を模索している。
　このように、コーヒーは我々の文化に重要な役割を担ってきており、これからも続けていく。

A：本文に含まれる情報または主張により、設問に書かれている内容は明らかに正しい、または論理的に導くことができる。
B：本文に含まれる情報または主張により、設問に書かれている内容は明らかに誤っている、または逆のことを述べている。
C：追加の情報がなければ、設問に書かれている内容が正しいか間違っているか、または論理的に導けるかどうかを判断できない。

■　コーヒーが発祥した国については、明確にはわかっていない。

■　菓子類はカフェや喫茶店では提供していない。

■　コーヒーは文化の発展に貢献してきた。

模擬テスト・解説

問4

❶【A】"surface text" と "philosophy" がキーワードになり、冒頭に以下の記載が見つかる。
Japanese literature is very popular abroad, attracting many enthusiastic fans who wish to comprehend not only the **surface content** but also the deep **philosophical ideas** concealed within the text.（日本文学は海外で非常に人気があり、多くの熱烈なファンを魅了している。彼らは表面のテキストだけでなく、行間に潜む深い哲学的な意味も理解したいと思っている）これにより設問文は正しいのでA。

❷【A】"Gorin-no sho" に関する記載を探す。
4行目：'Gorin-no-sho,' authored by the renowned Japanese swordsman Miyamoto Musashi between 1643 and 1645, shortly before his death（1643年から1645年にかけて、有名な日本の剣豪、宮本武蔵が書いた『五輪書』は、彼が亡くなる直前に書かれ）これにより設問文は正しいのでA。

❸【B】"sword matches" に関する記載を探すと、同じ意味の"sword duels"を見つけることができる。
9行目：Musashi survived more than 60 life-or-death **sword duels**, owing to his strong self-discipline and determination to emerge victorious and stay alive.（武蔵は60回以上の生死を賭けた剣闘を乗り越えることができた。それは彼の厳しい自己鍛錬と勝利と生存への強い決意のおかげだ）
つまり、**武蔵が剣闘から生還できたのは、厳しい自己鍛錬と勝利と生存への強い決意のおかげであり、剣術に頼っていたからではない。**設問文は誤りなのでB。

問4 【和訳例】
次の文を読み、それに続く設問文に最も適した説明を選びなさい。

　日本文学は海外で非常に人気があり、多くの熱烈なファンを魅了している。彼らは表面のテキストだけでなく、行間に潜む深い哲学的な意味も理解したいと思っている。1643年から1645年にかけて、有名な日本の剣豪、宮本武蔵が書いた『五輪書』は、彼が亡くなる直前に書かれ、この点で広く読まれた日本文学の一つである。

　彼の生涯を通じて、武蔵は60回以上の生死を賭けた剣闘を乗り越えることができた。それは彼の厳しい自己鍛錬と勝利と生存への強い決意のおかげだ。本は戦術と剣技に関するガイドブックの形をしているが、よく見ると世界と人生の深い解釈が現れる。その中心的なメッセージは、真の熟達は単に技術だけでなく、「何も持たない精神」を受け入れることから生まれるということであり、それによって命を脅かすような困難な状況において素速く対応することができるようになるのだ。

A：本文に含まれる情報または主張により、設問に書かれている内容は明らかに正しい、または論理的に導くことができる。
B：本文に含まれる情報または主張により、設問に書かれている内容は明らかに誤っている、または逆のことを述べている。
C：追加の情報がなければ、設問に書かれている内容が正しいか間違っているか、または論理的に導けるかどうかを判断できない。

❶ 日本文学の熱心なファンは、表面のテキストのみではなく、その哲学も理解しようとしている。

❷ 武蔵は晩年に五輪書を書いた。

❸ 武蔵が常に剣闘から生還できたのは、剣術に頼っていたからである。

「玉手箱」受検の心構えとコツ

最後に、「玉手箱」受検の心構えとコツを紹介しておきます。

1 受検時に使う電卓の計算と入力に慣れておきます。

また、受検の直前に「できなかった問題」を復習し、【即解法】（14、48、68ページ）と【攻略のポイント】（118、142ページ）を一読しておきます。

特に「四則逆算」を受検する場合は、**本冊49ページの「□＝（＝□）の式にする方法」が自然にできるまで習得**しておくことが大切です。

2 問題を読んで、まったく解けそうにないときでも、あせらない。

画面下の回答数の割合が消費時間の割合よりも大きい（回答数の帯が時間の帯より右に出ている）ことを確認しながら受検していれば大丈夫です。解けそうにない問題に出くわしたら、回答数の割合が消費時間の割合と同じになった時点であきらめて次の問題に進みます。先に進むほど難しくなっていくので、前半をなるべく速く回答して時間の余裕を作ることも必要です。

ただし、**確実な正解が出せる問題で取りこぼしをしないことのほうが大切**なので、あせらず自分の実力に見合ったペースで進めていってください。

3 わからなくても、全部の選択肢から適当に選んではいけません。

ありえない選択肢を消して、候補を絞ってから選びます。これだけで得点は大きく変わってきます。

仮に自力で正解できた問題が50％だった場合で考えてみましょう。前半で50％を正解し、そこで制限時間が過ぎたら50％で終わります。しかし、当て推量でも未回答の50％の問題に回答すれば、玉手箱の選択肢は3〜5つなので、正解していた50％に約10〜17％の上乗せができて60〜67％になります。さらに、候補を2つに絞って選択肢を選ぶことができれば約25％の上乗せで75％になります。75％を獲得できれば、ほとんどの企業で合格圏です。

本番では**50％以上を正解しておき、わからない問題は候補を絞ってから選ぶという意識で全問に回答**してください。

本書をここまでマスターしたあなたなら、必ず本番の玉手箱を通過できます！自信をもって、検査に臨んでください。

玉手箱 &C-GAB 超実戦問題集

史上最強

別冊 解答・解説集